옛 사람의
발길을 따라가는

우리 건축 답사 2

옛사람의 발길을 따라가는
우리 건축 답사. 2

최종현 교수의
인문지리 기행

© 최종현 2010

초판 1쇄 발행 2010년 12월 10일
1판 2쇄 발행 2011년 6월 24일

지은이. 최종현

기획. 최명렬 (주)단우건축사무소
자료정리. 한미연 정호균
교정교열. 조윤주

펴낸이. 김수기

편집. 신헌창 한고규선 여임동
제작. 이명혜

디자인. workroom

펴낸곳. 현실문화연구
출판등록. 1999년 4월 23일 제300-1999-194호

주소. 110-090 서울특별시 종로구 교북동 12-8, 2층
전자우편. hyunsilbook@paran.com
문의. 02.393.1125(편집), 02.393.1128(팩스)

ISBN 978-89-6564-005-9(04900)
　　　978-89-6564-003-5(세트)

이 책의 판권은 지은이와 현실문화연구에 있습니다.
이 책 내용의 전부 또는 일부를 재사용하려면
반드시 양측의 서면 동의를 받아야 합니다.

최종현 교수의
인문지리 기행

옛 사람의
발길을 따라가는
우리건축 답사 2

감사의 글

책을 마무리하며 먼저 생각나는 분들이 있다. 이 땅에서 태어나 삶을 꾸리면서, 그 삶의 흔적들을 이 땅 위에 남기셨거나 글로 기록해 전해주신 여러 세대의 선조들. 그리고 격변의 시대인 근·현대를 살아내면서 경험했던 것들을 글과 말로 후세에게 전해준 분들. 그 분들은 이 책이 만들어지는 데에 말로 표현할 수 없을 만큼의 깊은 영향을 주셨다. 책을 만드는 데에 근본적인 도움을 주신 그 분들에게 이 작은 책을 바치고자 한다.

필자가 이 땅의 사람들이 삶을 영위했던 근거와 그 흔적들을 본격적으로 추적한 것은, 소위 '근대'가 그 무시무시한 기관을 본격적으로 가동하기 시작한 시기와 일치한다. 5·16 군사 쿠데타로 정치권력을 잡은 주체 세력은 '우리도 한번 잘 살아보자'는 구호 아래, 1960년대 말 '농촌 새마을 사업'을 범국민운동으로 전개했다. 이와 더불어 수자원 확보를 위해 국토 여러 곳에서 댐 공사가 추진되었다. 이 운동이 진취적인 결과를 가져왔다고들 하지만 그와 동시에 우리의 전통 취락과 주거 건축이 무차별하게 파괴되었다. 이 사업과 비례해 철거 이주민들도 생겨났다. 그들은 누대로 살아오던 정든 고향을 떠나 낯선 어디에서 자리 잡아야 하는 절박한 과제를 외부적인 강요로 떠안아야 했다.

당시 나는 약관의 나이로, 도시학에 깊은 관심을 갖고 있던 젊은 건축역사 학도였다. 유럽으로 유학을 떠나 그곳에서 선진 학문과 문화를 익히고, 고국으로 돌아와 도시 건축 문화 부문에서 꿈을 펼치는 것이 나의 계획이었다. 그런 미래를 위해 내 나름대로 준비를 하던 시기, 농촌 새마을사업이 시작되었다. 나의 눈에 그 사업은, 기나긴 역사를 거쳐 뿌리를 내리며 우리 겨레가 품어온 가장 중요한 문화 요소들, 즉 전통 취락과 전통 건축을 무자비하게 파괴하고 궤멸시키는 과정으로 보였다.

유럽, 유학, 선진 학문과 문화 같은 내 꿈들은 들끓는 더위에 증발되어 사라져버렸다. 우리나라에서 급하게 할 일들이 엄청나게 많으며, 그 일을 할 수 있는 시간이 터무니없이 모자란다는 생각이 나를 압박했다. 우선 전국 곳곳에서 흔적도 없이 사라져가는 역사의 현장을 찾아가 실측하거나, 그것이 여의치 않으면 사진이라도 찍어 놓아야 한다는 생각에 온통 사로잡혔다. 나는 1970년대 초부터 80년대 말까지 교수직도 접어버리고 집안 일도 팽개친 채 필사적으로 전국토를 돌아다녔다. 한편으로 무책임한 처사였다고 생각되기도 한다. 그러나 내게 있어 이 시기는 가장 활동적이고 밀도 있는 연구 작업이 이어진, 행복한 시기였다고 기억된다.

경제적으로 어렵고 쫓기는 생활 속에서도 주변 친구들의 직접적인 도움으로 1990년대까지 연구 작업을 계속할 수가 있었다. 항상 활기차게 5~6명이 떼를 지어 다닌 답사에는 최기수, 이학동, 정승모, 이원교, 권오영 등이 단골로 참여하였다. 이들과 함께 토론하면서 시각도 넓히고 지식의 깊이를 다져가며 즐겁게 공부했다. 이학동 교수가 항상 앞장서서 기획을 하고 분위기를 잡아주었다. 모두들 훌륭한 논문을 쓰고 각각의 분야에서 연구 활동을 하고 있는 이 친구들에게 깊은 애정과 감사를 보낸다.

쉽지 않은 오랜 연구를 가능하게 해준 또 하나의 집단이 있다. 단우건축, 모람건축 소장님들이 바로 그들이다. 김원규, 이승권, 최명철, 강영건, 이정규, 손두호, 허준구, 김흥수, 임홍래 등은 대학 강사료만으로 궁핍하게 지내며 답사에만 미쳐 있는 나에게 그간 전국 각지를 누비며 갈고 닦은 지식 보따리를 풀어보라는 권유를 해왔다. 한 달에 한 번 정도 건축사무실 직원을 위해 강의를 해달라는 최명철 소장의 제의를 승낙하면서 시작된 강의가 17차에 걸쳐 계속되었다. 내친 김에 강의와 더불어 답사도 해 보자는 제안으로 매년 봄 4월 말 경에 답사를 떠난 것이 13차에 이르렀다. 이 강의와 답사들이 모아져서 책으로 만들어지게 되었다. 그동안 지루하고 재미없는 답사를 잘 참고 따라준 단우·모람의 모든 구성원들에게 감사드린다.

답사 진행을 다른 사람에게 물려주고 물러날 때가 되었다는 생각에 답사 진행을 사양했는데, 이왕이면 그동안의 답사 내용들을 정리해 책자로 만들어보자는 제의를 거절하지 못하고 선뜻 받아들여 시간을 보낸 지 3년여가 흘렀다. 교수직 은퇴가 목전에 이르러 이것저것 정리할 일들도 많아 심리적으로 허둥대는 터에 이렇게 거칠게라도 책을 만들게 되었다.

책이랍시고 만들고 보니 잊지 못할 선배님, 선생님 두 분이 떠오른다. 이제는 고인이 되신 두 분은 지금의 나를 있게 만든 정신적 지주이시다. 먼저 대학 시절 은사이시고 《서양건축사정론》이라는 책을 저술하신 박학재(朴學在) 선생님. 고인이 되신 지 올해로 어느덧 30년이 되신다. 학생 시절 천방지축으로 나대는 필자를 넓은 이해심과 자비로움으로 감싸 서양건축사 연구실로 품어 안으시면서, 끝까지 감싸주신 스승이다. 한때 서양건축사를 포기하고 우리 것을 해야 되겠다고 말씀드렸을 때, "재미가 없을 걸…… 해보아라!" 하시던 말씀이 지금도 생생하다. 현재 세계도시사, 조경학, 도시 설계 등을 가르치고 있는 나를 보시면 무슨 말씀을 하실까? 이 분은 항상 내 가슴에 머물러 계신다. 또 한 분은 강병기 선생이다. 내가 '건축은 한계가 있구나'라고 생각하고 메소포타미아, 헬레니즘 시대 히포다모스식의 도시를 상기하면서 도시에 대한 집착이 깊어가던 와중에 도시공학과가 생기면서 이 분이 부임하셨다. 선생의 〈도시론〉을 청강하면서 강의의 진미를 깨우쳤다. 시시때때로 도시설계 연구실 문을 두드리면서 드나들었고 선생은 항상 웃으면서 말을 받아주셨다. 게다가 나에게 소중한 실무 경험의 기회를 주셨다. 1970년대 초 경주 보문단지 관광개발 사업 프로젝트의 조경 부문에, 그리고 1980년대 초 서울 사대문 안 도시설계 프로젝트에 나의 참여를 허락해주셨는데, 이것이 계기가 되어 필자는 건축학에서 도시학으로 방향을 전환하게 되었다.

감사의 글

이 책을 만드는 데 직접 도움을 준 고마운 분들이 있다. 우선 거칠고 무딘 글체를 쉽고 정갈한 글로 다듬어 독자들이 부담 없이 읽게 해준 조윤주 선생, 복잡하고 읽기 난해한 지도와 사진을 선별하고 배열하는 데 노력을 아끼지 않은 제자 한미연 차장과 서민욱 군이 있다. 허술한 내용의 책을 책답게 분장하느라 디자인 책임을 수행한 워크룸에게도 감사의 말을 전하고 싶다. 또 한양대학교 도시역사 및 이론 연구실의 김윤미와 김영일의 자질구레한 수많은 수고를 언급하지 않을 수 없다. 졸업 후 연구실을 떠나 현업에 종사하면서도 휴가 중 시간을 내어 책의 편집을 도와준 정호균의 노고도 잊을 수 없다.

경제적 전망이 불투명한 이 책의 출판을 기꺼이 받아들여준 현실문화의 김수기 사장과 편집진에게도 깊이 감사드린다. 끝으로 항상 깊은 애정을 가지고, 까칠하면서도 섬세하게 매사를 지켜보는 나의 아내, 나의 모든 글을 항상 먼저 읽고 문장부터 글귀 마지막 단어에 이르기까지 꼬집고 따져 고쳐주면서 용기를 북돋아준 최은숙에게 깊은 애정과 감사의 마음을 전하고 싶다.

2010년 6월 25일 더운 바람 속 자군당(子群堂)에서
최종현

권 2

2부
옛 도시와 서원의 건축
그리고 인문지리

1 곳곳에 스민 임금의 권위 / 16
　　– 전북 지역의 관아 건축

2 역사의 완료가 아닌 축적 / 64
　　– 경주의 도시계획과 터 잡기

3 길이 생기자 많은 것이 달라졌다 / 108
　　– 경남 덕유산 지역의 서원과 민가 건축

　보론. 사람들은 도시를 만들었다 / 166
　　– 옛 지도에 나타난 도시

3부
건축, 조선 지식인의 삶을 품다

1 조선 시대의 오디세이 / 190
　　– 우암 송시열의 삶을 따라가는 여정

2 남명 선생이 지리산에 이르기까지 / 232
　　– 남명 조식의 삶을 따라가는 여정

3 학문과 이념이 지리를 만들다 / 280
　　– 퇴계 이황과 안동

　보론. 무이구곡을 아십니까 / 312
　　– 우리나라 무이구곡과 원림의 역사

우리 옛 건축이 자리를 잡는 방법
— 정면성의 법칙

권 1

**1부
옛사람의 발길을 따라가는
우리 옛 건축 답사**

1 서울에서 남한강의 물길을 거슬러 올라가다
— 《도담행정기》를 따라가는 여정

2 옛사람들은 왜 동쪽 바다로 갔을까
— 강원도 관동팔경을 따라가는 여정

3 우리가 의외로 알지 못하는 풍경
— 경남 남해안 지역의 건축

4 해안선을 따라 절이 지어진 이유
— 전남 해안 지역의 사찰 건축

5 노래를 읊으며 자연을 바라보다
— 전남 가단문학과 정자

6 넉넉한 경치, 풍요로운 문화
— 충남 해안 지역의 건축

7 역사는 지형과 건축으로 남는다
— 강화도의 간척사업

보론. 옛사람들의 자연관
— 옛 산수화와 원림

일러두기

대동여지도

옛사람들은 우리나라의 국토체계를 하나의 조직으로 보았습니다. 백두산에서 지리산까지의 백두대간을 중심으로 한 산 체계가 바로 그것입니다. 《대동여지도》는 이러한 국토관을 바탕으로 만들어진, 국토의 구조를 표현한 지도입니다.

반면 요즘 우리가 흔히 쓰는 지형도는 지형을 사실 그대로 담은 지도입니다. 위성사진과 같이, 있는 그대로를 표현하였지만 특별한 국토관(혹은 전통 국토관)이 담겨 있지는 않습니다.

산맥도

현대의 지형도에 옛사람들의 국토관을 바탕으로 그린 것이 '산맥도'입니다. 산맥도는 《대동여지도》와 같은 방식의 지도입니다.

《대동여지도》는 산세의 흐름이 강조되어 있고, 큰 범위의 지형만 간략하게 표현되어 있어 읍치, 산 등 주요 지점들의 위치와 길을 쉽게 파악하기가 어렵습니다. 그래서 현재의 지형도에 산맥도를 그려 이해를 돕고자 했습니다.

산맥도는 지형도에 익숙한 현대인들에게 옛사람들의 국토관을 효과적으로 이해할 수 있는 수단이 됩니다. 그리고 현대에 들어서면서 각종 개발로 변한 국토를 반영하였으며, 세부적인 지형까지 알 수 있습니다.

그래서 답사집의 각 장 앞부분에 《대동여지도》와 산맥도를 넣고 답사 위치를 표시해, 옛사람들의 국토관을 쉽게 이해할 수 있도록 비교하였습니다.

일러두기

해동지도

1750년대 초, 47.0X30.5cm, 8책,
서울대학교 규장각

«해동지도»는 1750년대 초에 제작된 군현지도집입니다. 이 지도집에는 조선전도, 도별도, 군현지도뿐만 아니라 세계지도, 외국지도, 관방지도 등이 있습니다. «해동지도»는 민간에서 제작된 지도집이 아니라 국가적 차원에서 정책을 결정하는 데 활용된 관찬 군현지도집입니다. 또한 당시까지 제작된 모든 회화식 지도를 망라하고 있다는 점에서 중요한 의의가 있습니다.

«해동지도»는 지도를 중심으로 지리지(지역 정보에 대한 내용을 글로 쓴 책)를 결합한 책자입니다. 군현지도를 살펴보면 지도 주위로 지역 정보에 관한 글이 적혀 있는 것을 알 수 있습니다.

지도에는 산계(山界), 수계(水界), 읍치를 중심으로 한 지형지물들을 표시하였습니다. 또한 도로도 빼놓지 않고 그려넣었습니다. 지역 정보는 호구, 전결, 곡물, 군병, 건치연혁, 산천, 군명, 고적, 역원, 서원, 불우(佛宇), 토산 등의 항목과 방위를 표시하는 방면주기를 담고 있습니다.

각 장 뒷부분에는 답사에서 둘러본 도시에 해당하는 ‹해동지도 군현지도›를 넣어, 그 시대의 국토와 사회 현황을 가늠해볼 수 있도록 하였습니다.

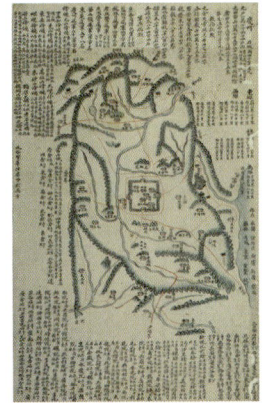

옛 도시와 서원의 건축

그리고

인문지리

곳곳에 스민
임금의 권위

전북 지역의
관아 건축

이번에는 전북 일원을 답사하면서 읍성과 읍치를 중심으로 관아 건축의 특징을 살펴보겠습니다. 아울러 근처에 있는 절들의 건축적인 특징과, 채석강에서 옛 간척사업의 흔적도 찾아볼까 합니다.

관아는 그 지역 행정의 중심입니다. 관아에는 객사, 동헌, 아헌의 세 가지 건축물을 포함하고 있습니다. 그런데 이와는 별개의 건물이기는 하지만 향교 역시 저는 관아에 부속된 것으로 파악하곤 합니다. 통치 이념인 유교의 사상과 철학을 교육하기 위해 나라에서 지은 건물이 곧 향교이기 때문입니다.

'지도식'으로 이해하는 관아 건축

관아 건축을 살펴보려면 앞 장에서 설명했던 〈청구도〉의 '지도식'을 다시 자세히 보는 것이 도움이 됩니다. 지도식을 살펴보면 읍치가 해당 지역의 가장 중앙에 위치합니다. 즉 임금의 명을 받아서 임명된 그 지방의 수령이 머물러 갖가지 정사를 처리하는 관아 건축물들이 지역의 중심에 놓인 것이죠.

그럼 읍치의 중심이 되는 것은 무엇인가요? 바로 관아의 객사입니다. 평지 건축물에서는 가장 중심에 배치되어 있는 건물이 가장 중요합니다. 읍치의 중앙에는 관아가 있고, 그 관아의 중심에 객사가 있습니다. 즉 객사가 관아 건축에서 가장 중요한 건물인 것이죠. 그 이유가 무엇일까요? 객사가 임금의 권위를 상징하기 때문입니다.

임금은 직접 모든 지방에 내려와서 방방곡곡을 다스리지는 못합니다. 하지만 왕조 사회에서 지역을 다스리는 주체는 임금입니다. 물리적으로 그 지역에 내려와 있진 못하지만 상징적으론 임금이 그곳에 있는 것입니다. 지역의 중심지에는 임금을 상징하는 사물이 실제로 보관되어 있었고, 그 지역의 벼슬아치는 임금의 권위를 대행했습니다. 그런 이유로 객사는 관아 건물에서 가장 가운데 위치하면서 임금을 상징합니다. 그리고 객

대동여지도
곳곳에 스민 임금의 권위

전북 지역에는 주목할 만한 읍성과 관아, 사찰 건축이 위치한다.

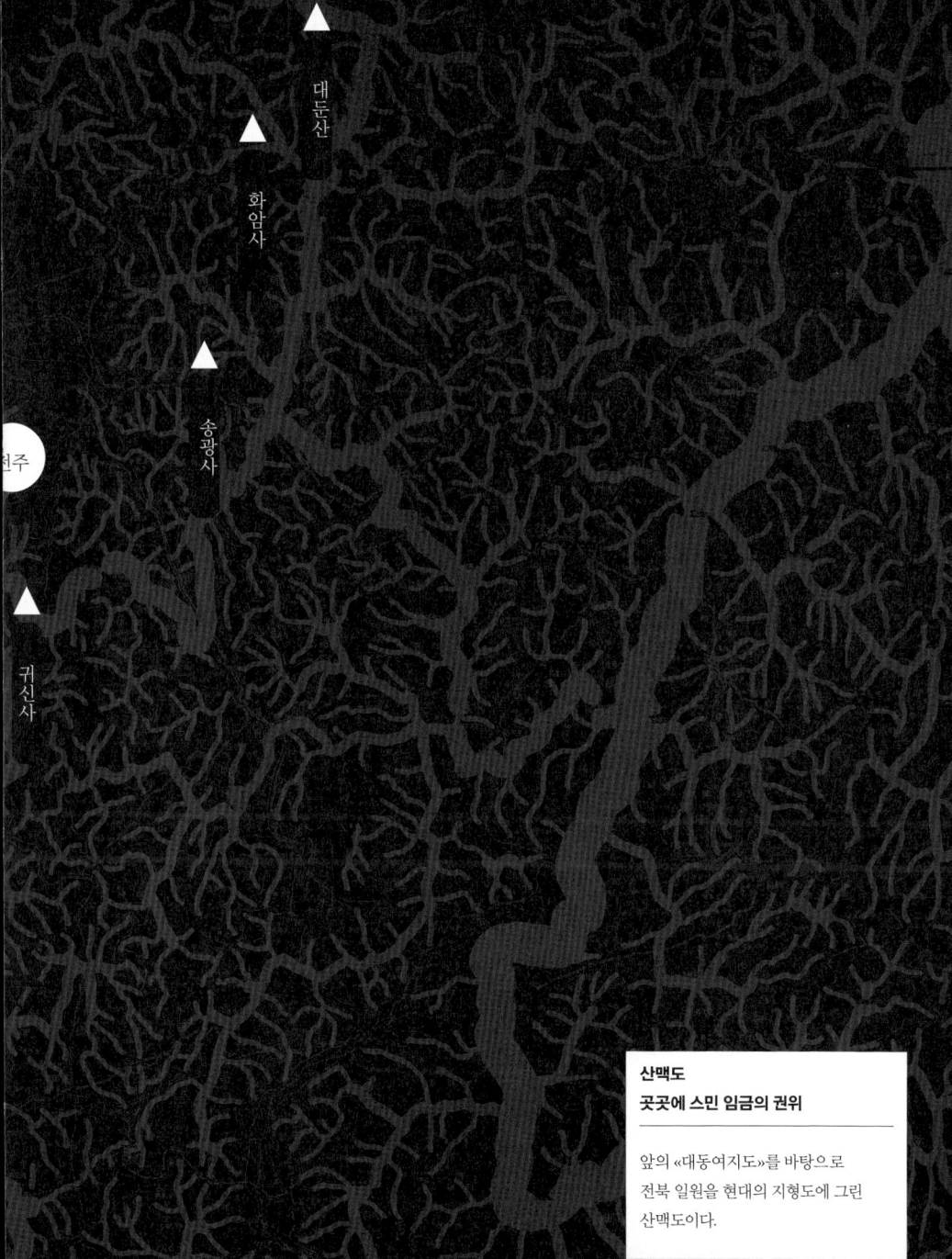

산맥도
곳곳에 스민 임금의 권위

앞의 «대동여지도»를 바탕으로 전북 일원을 현대의 지형도에 그린 산맥도이다.

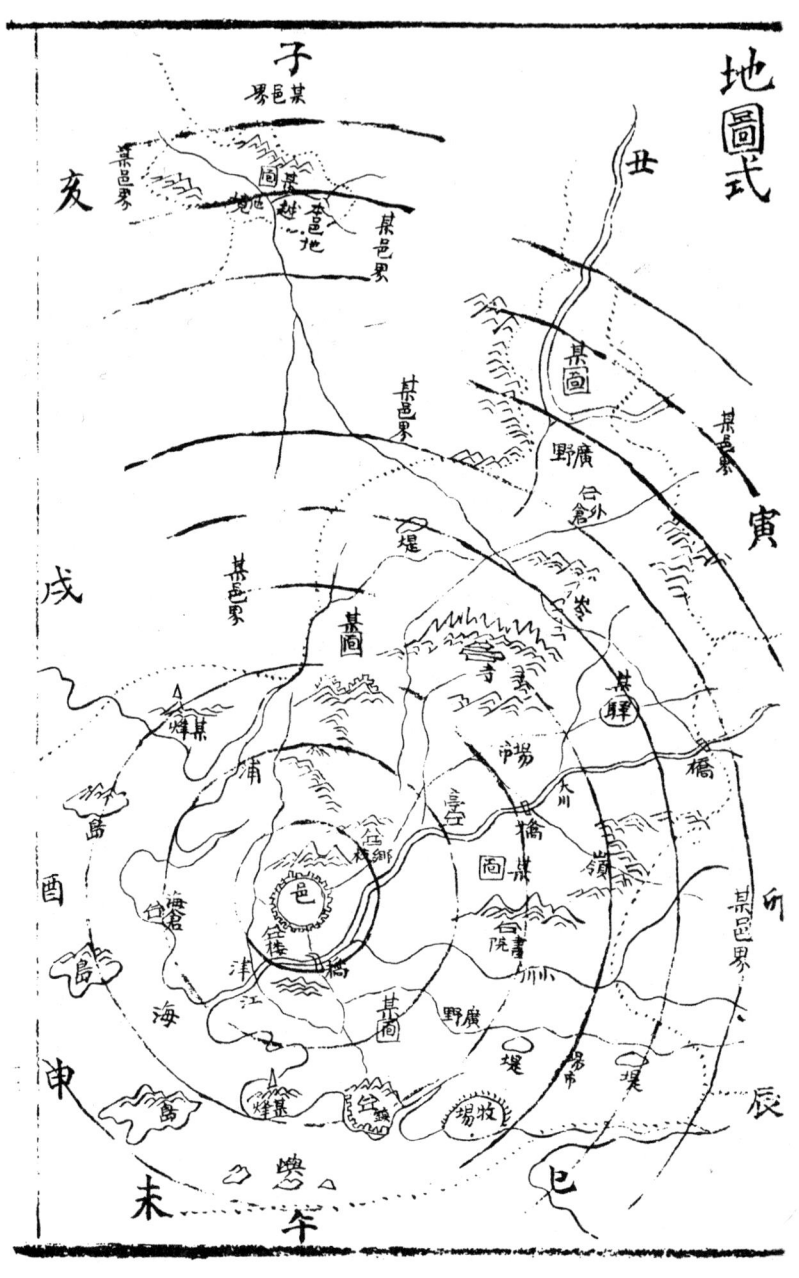

〈청구도〉 중 지도식 부분, 김정호 편, 필사본영인, 22.3x17cm, 1834

사 지붕이 관아의 다른 건물보다 높은 솟을지붕을 하고 있는 것이 지도식에서도 나타납니다. 가운데를 높이는 형식은 유교적 권위의 상징입니다. 궁궐도 그렇고 향교도 그렇습니다.

객사 외에 관아를 구성하는 주요 건물은 동헌과 아헌입니다. 동헌은 현대를 살아가는 우리에게도 익숙한 명칭입니다. 이곳은 관아를 대표하는 벼슬아치가 생활하는 공간입니다. 지역에 따라 부사(府使)일 수도, 목사(牧使)일 수도, 군수(郡守)일 수도, 현감(縣監)일 수도 있습니다. 아헌은 행정의 실무를 담당한 사람들의 공간입니다. 그러니 임금의 권위와 다스림을 상징하는 객사가 가장 높고, 그 다음으로는 동헌·아헌의 순서가 되는 것입니다.

잠깐 이야기를 옆으로 돌리자면 우리나라의 읍치 형태는 두 가지가 있습니다. 지도식에서 보이듯 관아 건물만 있는 읍치가 있고, 백성들의 집 즉 민호를 끌어안고 있는 읍치가 있는 것입니다. 그 중에선 관아 건물만 있는 형태가 보다 일반적이었습니다.

고려 말에는 나라가 혼란해진 틈을 타서 왜구들이 자꾸 침략해 들어왔습니다. 바닷가에 사는 백성들이 피해를 입게 되자 나라에선 강가나 바닷가에 있던 읍치를 내륙으로 옮기게 되었습니다. 그렇게 백성들을 대피시키는 과정에서 조선 문종 때부터 세조 때까지 민호를 끌어안은 형태의 읍치가 많이 생겼습니다. 충청도의 해미읍성, 전라도의 고창읍성, 낙안읍성 같은 곳들이 바로 민호를 읍성 안으로 끌어안은 형태의 읍성들입니다. 이 지역들은 전부 왜구들이 바다에서 접근해 들어와 침입하기 쉬운 곳이었습니다. 원래의 읍치가 있던 자리에서 내륙 쪽으로 깊숙이 옮겨 들어와 새 읍치가 생기게 되었고, 백성들의 집을 포함시킨 읍성을 쌓았던 것입니다. 요즘은 읍성으로 관광을 가시는 분들도 많은데, 가서서 이런 관점으로 건축물을 봐도 새로울 것 같습니다.

1권의 첫 부분에서 말씀드렸듯이, 지도식에 그려진 원들 사이의 거리가 각각 10리라고 했습니다. 중심에서 10리씩 따져가며 원을 그렸습니다. 읍치에서 10리 안쪽 뒤편으로 무엇이 있습니까? 산이 보이지요? 이 산이 해당 읍치의 '진산'이 됩니다. 산을 등지고 읍치의 자리를 잡았는데, 읍치의 남쪽 방향으로도 산이 보입니다. 남쪽에 마주 보이는 산을 '안산'이라고 합니다. 진산과 안산의 봉우리를 연결한 축선 위에 읍치가 놓여 있습니다. 읍치는 부, 목, 군, 현의 중심지입니다. 정치적으로도 행정적으로도 중요한 곳이니, 건축의 정면성 개념에 충실하게 정석으로 건물을 배치하는 것이 마땅합니다.

저는 옛 건축이며 문헌을 공부하는 과정에서 고산자 김정호를 다시 보게 되었습니다. 그가 그린 지도는 정말로 객관적인 사실에 충실합니다. 예를 들어 이 지도식에 표현된 읍치 앞에 선이 그려져 있는데, 이것은 물을 표현한 것입니다. 그런데 물 중에서도 어떤 물은 두 개의 선으로 표현되었고 어떤 물은 하나의 선으로 표현되었습니다. 왜 그랬을까요?

두 줄로 나타낸 선은 '배가 다닐 수 있는' 강을 표현한 것입니다. 아주 작은 배라 할지라도 배가 물을 따라 오갈 수 있는 물줄기는 모두 두 개의 선으로 표현했는데 마치 오늘날의 지도에 표현된 도로처럼 보입니다. 그런 관점에서 본다면 지도식에 두 개의 선으로 표현된 물줄기는 곧 물길인 셈입니다. 김정호의 «대동여지도»에도 이런 원칙은 아주 세밀한 부분까지 지켜지고 있습니다.

지도식에 등장하는 읍치 근처까지 두 개의 선으로 표현된 물길이 있습니다. 여기까지는 배가 다니는 곳이었습니다. 물 위로 다리가 보이고, 그 앞쪽 물가에 '누(樓)'가 있습니다. 물가에 누가 있는 건 얼핏 보면 대수롭지 않아 보입니다. 여행을 하다 정자나 누각이 있어도 예사롭게 흘려보고 지나가는 사람들도 많습니다. 경치 좋은 곳에 누, 즉 누각이 있는 게 뭐 특별할까 싶지만 사실 누에 대해 주목할 필요가 있습니다.

조선 시대의 사대부들은 손님이 찾아오거나, 일이나 공부로 피곤해

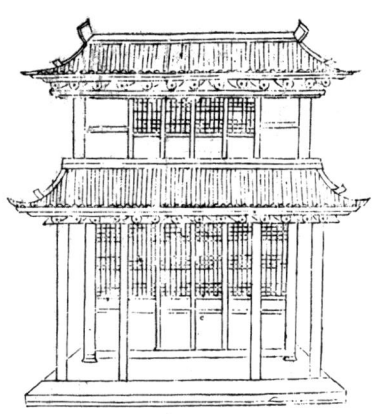

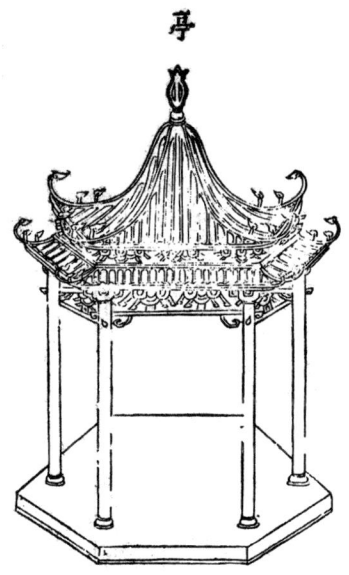

▲ 누(樓), 《삼재도회(三才圖會)》 영인본, 백지(百之), 26.5x19cm, 중국 명나라
▼ 정(亭), 《삼재도회(三才圖會)》 영인본, 백지(百之), 26.5x19cm, 중국 명나라

지면 곧잘 누대에 올랐습니다. 휴식도 취하면서 자연풍광도 구경하고, 시문도 읊고 했을 것입니다. 이런 여가문화에서 누(樓)와 대(臺), 정(亭)이 발전합니다. 이런 누·대·정이 들어선 입지는 '관아 원림'의 시초라고 보아야 합니다. 동양, 특히 중국 문화권에서는 관아 원림이라는 독특한 조경 분야가 있습니다. 우리나라의 경우 누·대·정의 입지를 잘 보면 관아 건축과 관련이 있다는 점을 발견할 수 있습니다.

읍치, 즉 관아에서 10리 안쪽에는 또 무엇이 있습니까? 관아 뒤쪽, 진산 부근을 보면 향교가 있습니다. 조선 시대가 유교를 중심으로 백성을 지배했고, 유교의 논리로 정치를 한 시대란 사실은 다들 알고 있습니다. 이런 사실은 당대의 건축에도 드러나 있습니다. 읍치, 즉 관아에서 가장 가까운 곳에 향교가 있는 것입니다.

향교는 그 지역 유림들의 거점이 되는 장소이고, 또 유교의 논리를 교육시키는 곳입니다. 이것이 전국적으로 모든 지역에서 읍치 10리 안쪽에 있습니다. 어느 읍치를 가도 그렇습니다. 향교는 읍치 주산의 한쪽 언저리에 위치합니다. 일단 좌측이 기본이 되지만 우측 언저리에 있는 경우도 많습니다. 국가의 이데올로기가 지역의 건축물에까지 구현되어 있는 것입니다.

지도식을 보면 주산에서 한참 뒤쪽으로는 산성이 있습니다. 세 개의 원만큼 떨어진, 즉 읍치에서 30리 정도 거리에는 봉수(烽燧)가 있습니다. 그리고 진(鎭)도 있습니다. 진은 요즘의 표현으로 경비 초소라고 할 수 있습니다. 봉수, 진, 초소 같은 시설은 외적이 침입했을 때 방어를 하기 위한 시설로 중요합니다. 이처럼 생활에 필수적으로 중요한 시설은 읍치로부터 30리의 반경 안에 다 있습니다. 물길도 이 안에 있습니다. 이로 보아 물자와 사람이 오가는 통로인 물길은 생활에 꼭 필요한 요소였던 것을 알 수 있습니다.

절은 읍치에서 30리 밖으로 떨어진 아주 깊은 산 속에 표시되어 있습니다. 이것으로 조선 시대에 사찰이 받았던 푸대접을 짐작할 수 있습니다. 〈청구도〉가 만들어질 당시 도시에 있던 사찰은 이미 거의 폐사가 되었던 상황이라고 봐야 합니다. 서울의 경우만 해도 중종 때 지금의 정동에 있던 서울의 마지막 사찰에 유림들이 불을 질러 7일 동안이나 계속 불탔다는 기록이 있습니다. 정동은 원래 태조 이성계의 계비인 강비의 능인 정릉이 있던 곳입니다. 그곳에 있던 중흥사라는 원당사찰이 불에 탄 것인데, 지금도 이화여고 구내에는 아직도 당시의 석등이 불에 그슬린 모습으로 남아 있습니다. 학교의 국사 선생님 한 분이 맞은편 동네에 있던 석탑을 지금 자리로 옮겨 세웠다고 하는데, 직접 그 선생님과 인터뷰했던 기억이 납니다.

그 외에 읍치에서 20리, 30리 정도 되는 곳에 서원이 있습니다. 서원이란, 그 지역 출신의 유림 중에서 학문이 뛰어나고 국가에 이바지한 바가 지대한 유학자를 기리기 위해 만든, 사당과 교육을 겸하는 일종의 사학 기관입니다. 서원이 있다는 것은 그곳에서 교육을 받을 사람들이 사는 곳, 즉 취락이 있다는 얘기입니다. 창고, 즉 창(倉)도 이쯤에 있고, 제(堤), 그러니까 농경용수를 모아두는 저수지도 이 정도 위치에 흔히 배치되곤 합니다. 저수지가 있다는 것은 농경지가 있다는 말도 됩니다.

읍치의 배치에서 한 가지 재미있는 것은 시장의 위치입니다. 원래 읍치의 각 문 주변에 장이 서는 것이 원칙입니다. 이른바 5일장입니다. 읍치의 문은 네 방향으로 각각 나 있는데, 흔히 읍치 북쪽은 산이 많으니까 입구는 그쪽을 제외한 세 곳인 경우가 많습니다. 이 문 주변으로 번갈아가면서 각각 다른 날에 5일마다 장이 열립니다. 이 5일장에 접근하기 어려운 지역도 당연히 있었을 것입니다. 읍치에서 10리나 20리 거리에 사는 사람들은 장을 보러 올 수 있지만 30리, 40리 거리에 사는 사람은 그게 어렵습니다. 그래서 읍치로부터 30, 40리 지역에 장시(場市)라는 시장이 5일 주기로 섭니다.

이런 시장 가운데에서는 관아에서 인정하는 시장도 있지만, 인정받지 못하는 시장도 꽤 많이 있었습니다. 관에서 묵인해주기도 하고 자연적으로 발생한 시장도 있었습니다. 대표적인 사례를 전라남도 화순 운주사 근처의 중장터(中村場)에서 찾아볼 수 있습니다.

요즘은 운주사라 하면 다닐 운(運), 기둥 주(柱)라는 글자를 씁니다. 하지만 원래 이 절의 이름은 구름 운(雲)에 머무를 주(住)자를 썼습니다. 운주사 근처에 가면 '중촌'이라는 곳이 있는데, 그 동네에선 예전에 '중이 장을 보던 곳'으로 전해집니다. 그렇지만 제가 보기에 그 유래는 근거가 희박한 이야기입니다. 중촌이란 방금 보았듯이 산간에 있는 여러 마을의 '가운데' 위치한 마을을 가리키는 용어입니다. 그곳 즉 중촌에 장이 선 것을 중촌장, 중장터라 불렀던 것입니다. 운주사 근처에 있는 중촌은 운주사에서 약 7리 정도 떨어진 곳에 있습니다. 절과 가깝다 보니 절의 스님들이 장을 보던 곳이라는 유래가 전해지는 것인데, 실은 인근 읍치에서 보자면 읍치와 뚝 떨어져 있는 위치에 자연적으로 발생한 사설 시장입니다.

고창, 무장, 흥덕에서 보는 관아 건축

그럼 본격적으로 고창읍성을 봅시다. 고창읍성[1]은 《신동국여지승람》에 현의 남쪽 4리 거리에 향교가 있다는 구절이 있습니다.[2] 이 구절에 의하면 역으로 향교의 위치를 통해 원래 읍치의 자리를 미루어 짐작할 수도 있습니다. 이런 방식으로 추론해보면, 고창읍성은 현재의 자리보다 좀 더 남서쪽, 바다 가까운 곳에 있었습니다.

앞서 말씀드렸듯이 이곳은 왜구의 침략을 피하기 위해 읍치를 내륙으로 옮기면서 읍성의 규모를 크게 키운 경우에 해당합니다. 고창읍성의 객사는 산기슭에 위치하고 있고, 산자락의 둔덕을 타고 동헌과 아헌이 배치된 것을 보실 수 있습니다. 건물은 서쪽 능선에 동북향으로 앉아 있습니다. 이런 읍성은 전시에 민호들을 읍성 안으로 들어오게 해서 보호하는 역할을 하기 위해 건설된 형태라고 했습니다. 성벽 높이도 높고, 창고도 성 안에 존재합니다. 읍성 자체가 산을 끼고 축성되었습니다. 실제 지형에서는 향교가 읍성과 마주보고 북쪽에 있는 것을 볼 수 있습니다. 이런 배치 양상은 이 지역만의 특징입니다. <청구도>의 지도식에서 확인한 원칙을 감안해 볼 때 읍치의 이동이 있었음을 짐작할 수 있는 부분입니다.

지도에서는 객사, 동헌, 아헌의 3대 관아 건축물뿐만 아니라 창고, 누, 연못을 확인할 수 있습니다. 이들 중에서 독특한 건축물로는 옥(獄)이 있습니다. 옥은 말 그대로 감옥입니다. 우리나라의 감옥은 원래 엽전처럼 둥근 담 안에 네모난 건물이 들어 있는 형태입니다. 그것이 우리 감옥의 특징적인 건축 형태입니다. 한양의 옥사터 역시 그런 형태입니다. 천원지방의 원리에 입각해 지어진 것으로 보입니다.

객사에는 임금을 상징하는 물건이 보관되어 있다고 했습니다. 그게 무엇인지 아십니까? 바로 전패입니다. 살아 있는 임금의 전패이니 '생위(生位)'인데, 궐패(闕牌) 또는 전패(殿牌)라고 불립니다. 여기에 관아의 우두머리가 아침저녁으로 문안 인사를 올리고, 밖에 다녀오거나 손님이 오거

고창읍성 입구

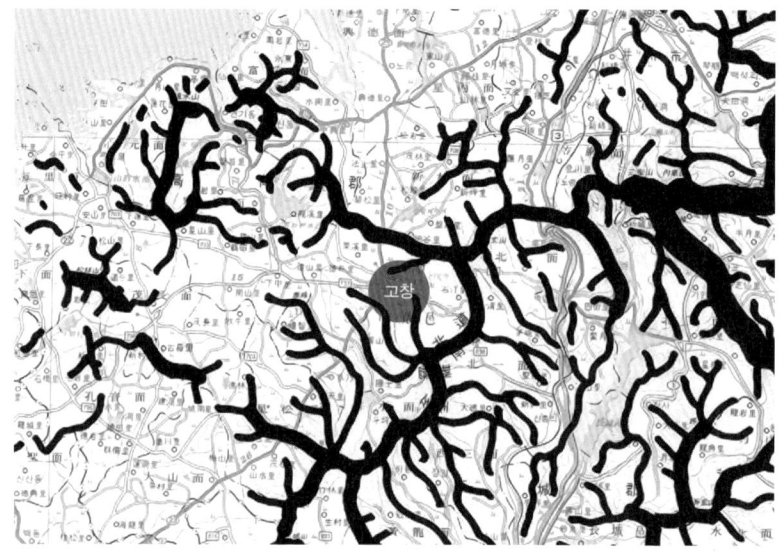

▲ 고창현, 《해동지도》
  중앙에 원형으로 표시된 부분이 읍치이며 우측 건물이 향교이다.
  실제 지형에는 북쪽에 위치하는데 본 지도에서는 우측에 배치되었다.

▼ 고창 주변 산맥도
  《해동지도》 고창현 지도를 옛사람들의 국토관에 따라 현대 지형도에 표현한 지도이다.

나 하면 또 인사를 합니다.

　고창읍성의 누는 성문 안에 있습니다. 누는 원래 문 밖에 있었는데 이곳의 특성상 성문 안으로 옮겼습니다. 또한 고창읍성에는 남문이 없는데, 독특하게도 읍성은 북향을 하고 있습니다. 읍성과 마주보는 향교는 남향을 하고 있습니다.

다음은 무장읍성을 보겠습니다. 행정구역으로는 고창군 무장면에 속합니다. 이곳엔 교역 규모가 제법 큰 염전이 있었습니다. 무장 읍치에서 북으로 30여 리에 이르는 곳에 염정(鹽井)이 있었는데 약수(藥水)라 명명했다고 합니다. 이런 환경이 염전을 유명하게 만든 원인입니다.
　고려 때 창건된 사찰로 알려진 선운사(禪雲寺)도 무장현의 영역에 있었습니다. 선운사의 가람 배치는 일반인들이 이해하기 쉽지 않은 형태인데 창건 이후 오늘날까지 변형이 심해 원칙에 맞춰 조리 있게 이해하기가 더욱 어렵게 되고 말았습니다.
　무장읍성[3]의 남문에 진무루(鎭武樓)가 있어서 진, 즉 국가를 보위하는 군사시설의 기능을 겸하고 있습니다. 성을 들어서면 바로 객사가 있습니다. 예전엔 객사 옆 동헌 쪽, 지금의 초등학교 뒤쪽으로 오래된 매화가 있었는데 이젠 없어졌더군요.
　무장읍성은 그 자체로는 큰 특징이 있진 않습니다. 동헌도 사실 방어의 기능을 꾀하곤 있지만 그 방어가 실질적이라기보다는 상징적인 기능에 그치고 있다고 봐야 할 것입니다. 고창읍성과는 가까운 곳에 있으니 비교해서 보는 맛이 있습니다. 오히려 무장읍성 근처에서 주목할 곳은 향교입니다. 읍치에서 10리 정도 떨어진 곳에 있는데 입지가 무척 좋습니다. 논자락에 솟아오른 낮은 산에 의지해 있는데 독립적이면서도 경관이 아주 좋습니다. 소나무도 좋고요. 이런 점들을 종합해 볼 때 이 지역은 과거 꽤 살림살이에 여유가 있는 풍족한 지역이었던 곳으로 보입니다.

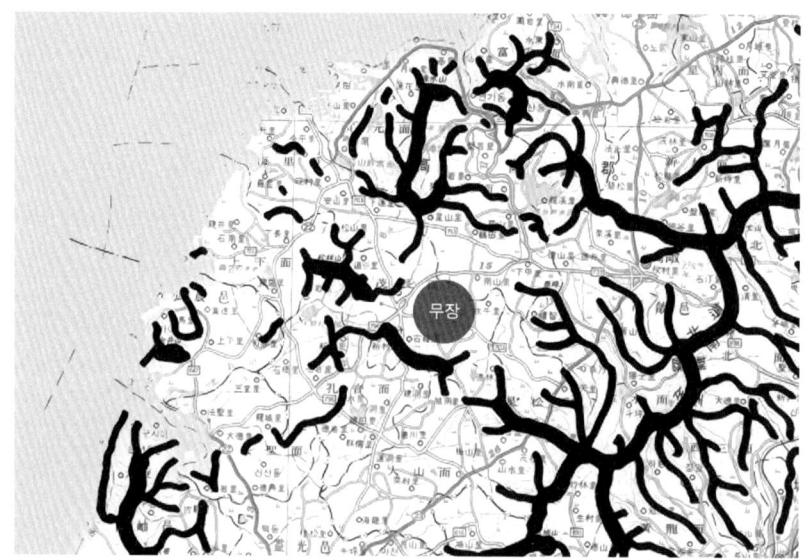

▲ 무장현, «해동지도»
읍성에서 북동쪽 길을 따라가면 선운사가 위치한다. 향교는 읍치의 동쪽에 위치한다.

▼ 무장(茂長) 주변 산맥도
«해동지도» 무장현 지도를 옛사람들의 국토관에 따라 현대 지형도에 표현한 지도이다.

이 근처엔 또 하나의 읍치가 있습니다. 흥덕현인데, 행정구역으로 고창군 흥덕면입니다. 요즘도 소금이며 젓갈로 유명한 곰소만이 바로 흥덕 땅입니다. 이 지역의 소금이 가벼워서 젓갈도 맛있습니다. 바다에서 나는 물산도 풍부하고 평야가 넓어 만석꾼이 많았던 지역이죠. 부안·고부·고창을 잇는 통로로 교통도 편리했습니다. 이 지역은 고려 시대에 청자를 만들던 가마터가 많이 남아 있기도 합니다.

흥덕의 동헌은 그 자체로는 두드러진 특징이 별로 없습니다. 대신 이곳 역시 무장과 마찬가지로 향교가 볼 만합니다. 읍치를 뒤로 하고 서쪽을 향해 고개를 넘으면 넓은 들이 펼쳐져 있는데, 향교는 그 넓은 들의 북쪽 낮은 산자락에 남향으로 멀리 바다를 바라보고 있습니다. 입지가 열려 있고 시야가 넓고 광활하게 펼쳐져 있어 경치가 매우 좋은 곳입니다.

이런 관아 건축들을 둘러보면서 제가 거듭 말씀드린 정면성의 원칙에 따른 배치를 확인해 보시면 재미있을 겁니다. 관아의 중심이 되는 객사, 그 객사의 중심에서 정면과 뒤쪽을 확인해 보세요. 그러면 그 입지가 제대로 된 곳인지의 여부를 알 수 있습니다. 중심축을 연결한 선 위에 산

흥덕향교

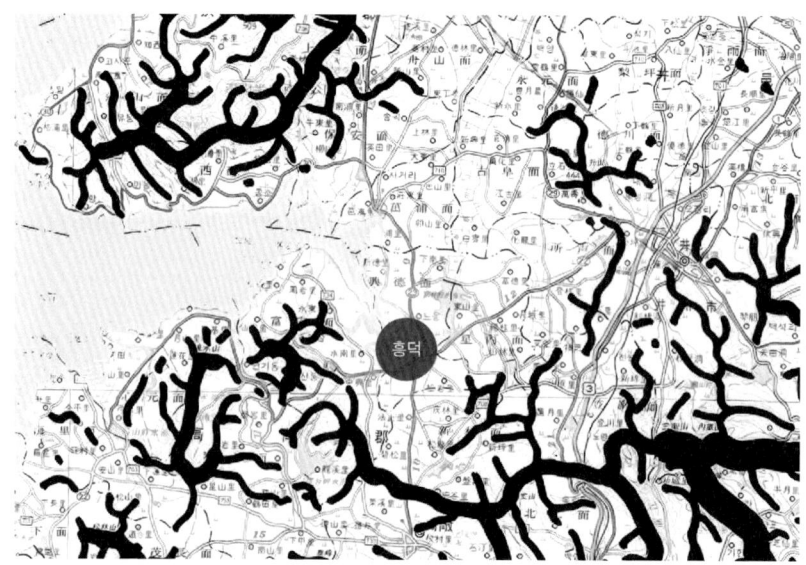

▲ 흥덕현, «해동지도»
읍치의 서쪽에 고개 넘어 향교가 위치하고 있다.

▲ 흥덕(興德) 주변 산맥도
«해동지도» 흥덕현 지도를 옛사람들의 국토관에 따라 현대 지형도에 따라 표현한 지도이다.

봉우리나 그 산을 대신할 만한 다른 큰 자연물들이 있다면, 그 입지는 정면성의 원칙을 구현하고 있다 볼 수 있겠습니다.

야단법석을 펼치던 선운사의 가람 배치

이 지역에는 관아 건축 외에도 유명한 절들이 많습니다. 먼저 가장 유명한 선운사를 살펴보겠습니다. 앞서 잠깐 언급하기도 했지요.

선운사는 원래 수행에 정진하는 선승들이 모여 있던 절입니다. 선(禪)은 선승, 운(雲)은 구름을 뜻하니, 구름떼처럼 선승들이 많다는 뜻입니다. 선운사로 진입하려면 물 위의 다리를 건너서 누 밑으로 들어가야 합니다. 스님들은 만세루 밑으로 들어가지만 일반인들은 만세루를 돌아 진입하는 것이 옳습니다.

선운사 대웅전과 영산전, 팔상전 등의 건물군과 만세루 사이에 평면으로 네모난 공간이 있습니다. 이곳은 원래 야단법석을 하던 공간입니다. 대규모의 설법인 야단법석을 벌이자면 이름 높은 수도승들이 많아야 했

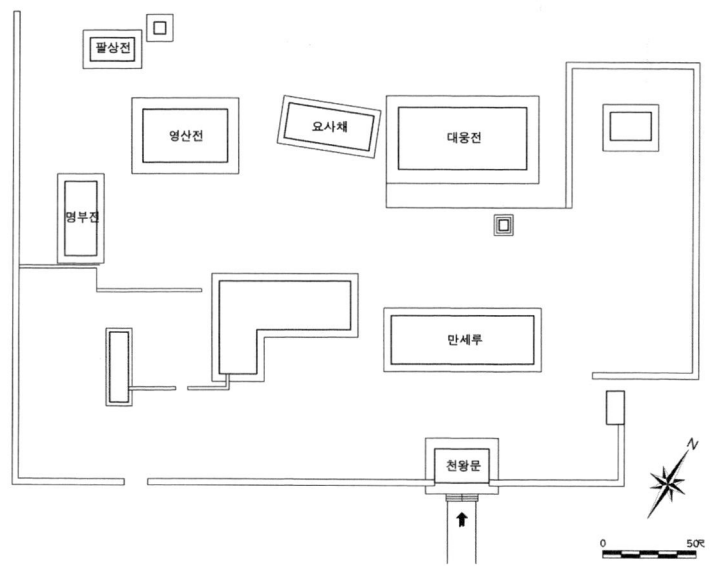

선운사 배치도

선운사 전경

을 것입니다. 선운사는 말씀드렸듯이 조선 시대 이전에는 전라도 일대에서 수도승이 많은 큰 규모의 사찰로 유명했던 곳입니다.

야단법석 같은 법회를 왜 실내에서 하지 않고 야외에서 벌였는지 궁금하지 않으십니까. 거기엔 목조 건축의 한계가 작용하고 있습니다. 목조 건축은 다섯·일곱 간 이상 크게 짓기가 어렵고 또 구조상 내부에 기둥이 있어야 합니다. 즉 구조적으로 실내 면적이 제한되는 것입니다. 따라서 실내에 대형 탱화를 걸거나 많은 인원이 한번에 들어가 앉을 수가 없습니다. 그래서 고려 시대 이전의 대규모 법회는 마당을 중심으로 벌어졌고, 절에서는 이 마당의 확보가 중요했습니다. 나중엔 이런 구조도 변화해갔습니다만.

그런 이유로 조선 시대 이전의 큰 사찰들에서는 마당이 방형이고, 금당 쪽에 당간지주(幢竿支柱)가 있어서 괘불을 걸 수 있도록 되어 있습니다. 당간지주에는 괘불을 거는 고리도 두 개 있습니다. 이런 형태의 기원은 티베트에서 찾을 수 있습니다. 어쨌든 마당의 조성이 절을 배치할 때

선운사 비보림
선운사에 도착하기 전 진입로의 좌우로 연결된 비보숲은 고려 시대에 조성되어 관리되고 있는 것으로 추측된다.

가장 중요한 조건이었던 시대가 있었습니다. 야단법석을 위한 방형의 마당을 확보하려다 보니 선운사는 절의 배치 자체가 난해해져버렸습니다. 건축 배치의 핵심이라 할 만한 정면성의 원칙이 깨져버리고 만 것입니다.

일반적으로 절에서 가장 중요한 건물, 즉 위계가 가장 높은 건물은 대웅전입니다. 그 대웅전 뒤로 산봉우리가 보이고 앞쪽으로도 산이 하나쯤 보여야 원칙인 것이죠. 그러나 선운사의 대웅전에선 산봉우리가 정면으로 보이지 않습니다. 선운사에서 가장 위계가 높은 위치에 자리 잡은 건물은 팔상전입니다. 팔상전은 부처의 일생을 다룬 팔상도가 있는 건물인데, 선운사 팔상전에서 바라보면 앞산 봉우리의 병풍바위가 제대로 보입니다. 선운사에 들어오며 마주쳤던 만세루와 팔상전은 서로 대각선 위치에 있습니다. 팔상전은 앞 산봉우리가 보일 뿐 아니라 산의 맥이 이어지는 자리에 배치되어 있습니다.

선운사로 들어가는 입구에는 숲이 있습니다. 이 숲은 절의 입지를 잡을 때 비보 개념으로 조성한 비보탑과 더불어 조성된 비보림입니다. 입지

선운사 비보탑
바위 위에 조성된 3층 석탑은 고려 시대 양식으로 추정되는 비보탑이다. 추사 김정희가 쓴 비석이 눈에 띈다.

에서 동쪽이 터져 있기 때문에 숲을 조성해서 가린 것이죠. 이 비보탑의 양식이 고려 시대의 것이기에 선운사의 창건 연대를 고려로 보는 것입니다. 이런 사실들을 알고 선운사를 보면 네모난 절의 마당이 평범해 보이지는 않으실 겁니다.

내소사의 진입로

내소사는 사람들이 많이 찾는 사찰입니다만 저로선 안타까움이 많은 곳이기도 합니다. 진입로가 너무나 크게 달라져 예전의 고풍을 찾아볼 수 없게 되었기 때문입니다. 오래 전 제가 처음 내소사를 찾아갔을 때 이 지역은 무척 외진 곳에 속했습니다. 그렇지만 절의 진입로가 무척 특징적이어서 인상에 남았습니다.

원래 내소사는 일주문이 없는 대신 절 밑의 마을과 절의 경계에 큰 느티나무 세 그루가 서 있었습니다. 이곳을 지나면 주목이 죽 들어서 있는 진입로가 나옵니다. 그래서 진입로를 따라 절로 진입하는 효과가 상당했습니다. 주목은 높이 자라는 나무라 그 사이로 사람이 걸어가면 마치 공간이 좁아지는 듯한 효과를 느끼게 합니다. 마치 월정사의 옛날 진입로에서 느끼는 기분 같았지요.

진입로에서 다리를 건너면 나무가 마치 캐노피(canopy, 건축에서 제단, 상(像), 옥좌(玉座) 등의 위에 기둥으로 받치거나 매달아놓은 덮개)처럼 드리워져 있습니다. 나무들이 양쪽으로 늘어서서 수직감을 강조하면서 양편 나무 가지들이 윗부분에서 맞붙어 터널 효과를 낳았던 것입니다. 이런 폐쇄감은 절에 도착하여 공간이 열리면 갑자기 시각적으로 확 트이는 효과로 급변합니다. 옛 진입로에는 주로 단풍과 벚나무가 있던 기억이 납니다. 진입로의 이런 숲길을 걸어가노라면 어느 순간 절이 한눈에 들어왔었습니다.

진입로를 걸어서 절로 들어가는 과정에서 극적으로 펼쳐졌던 그런 시

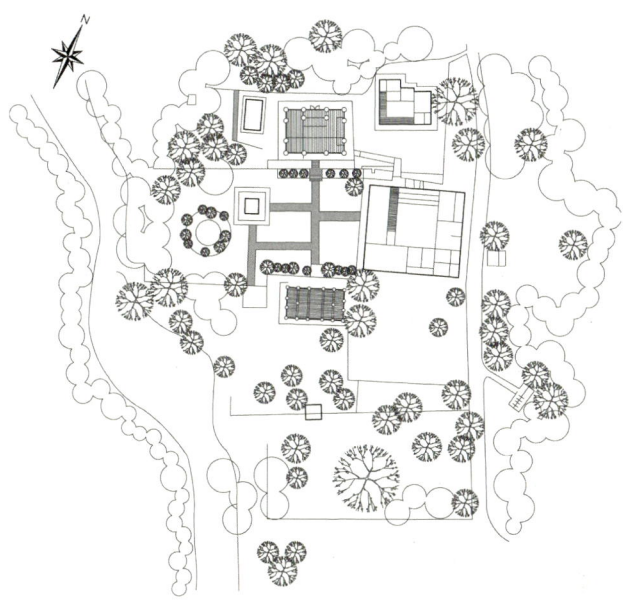

▲ 내소사 진입로 경관

▼ 내소사 배치도

내소사 전경

각적 연속 관계들이, 아쉽게도 지금은 사라져버렸습니다. 버스가 다니는 것을 기준으로 도로가 새로 생겼고, 절로 들어가는 진입로도 바뀌어 버렸기 때문입니다. 내소사의 옛 진입로에서 받았던 감동을 떠올리면 참으로 아쉽습니다.

건축은 그 건물 자체만 놓고 볼 것이 아닙니다. 건물이 놓인 위치, 그 건물로 진입하기까지의 과정에 모두 이야기가 있습니다. 우리 옛 절들은 원경에서 볼 때와 근경에서 볼 때의 시각적 효과를 다 고려해서 진입로를 만들었습니다. 선운사에서 누 밑으로 진입하는 것 역시 좁고 낮은 곳으로 몸을 숙였다 다시 고개를 들었을 때 눈앞에 절이 펼쳐지는 시각 효과를 얻기 위한 계산에서 나온 것입니다.

우리 옛사람들은 나무 한 그루도 예사로 심지 않았습니다. 내소사의 진입로는 건물 없이 나무를 심는 조경 디자인만으로 경관을 극적으로 연출해낸 훌륭한 사례였습니다. 특히 내소사 설선당(說禪堂)의 중정식(中庭式) 건축 평면은 기존의 지형을 훼손시키지 않고 높낮이의 차이를 이용해서 건축물 등을 연결하고 있습니다. 그래서 다양한 공간적 특성을 나타냈습니다. 자세히 들여다보면 특이한 공간 질서를 맛볼 수도 있습니다. 이런 사례가 조선 시대 들어와서 점점 없어지고 현대에 와서 편의 위주의 개발로 인해 훼손되고 있으니 안타까운 일입니다.

낚싯바늘처럼 휘어진 개암사의 진입로

인근의 개암사 역시 진입이 독특하며 연출이 고상한 입구를 갖춘 사찰입니다. 개암사의 현재 진입로는 댐으로 만들어진 저수지를 옆에 끼고 절로 들어가는 형태입니다. 새로 놓인 도로가 저수지를 감아돌면서 사하리(寺下里)까지 진입되고 있고, 사하리부터는 반대편의 산자락 밑으로 도로형이 바뀐 것입니다.

하지만 개암사에 있었던 원래의 진입로는 그렇지 않았습니다. 깊은

저수지 바닥면의 경사면을 의지해서 사하리를 지나면서 절의 통로가 이어져 있었습니다. 원래의 형태는 절 아래의 사하촌에서 시작해서 길이 꼭 낚싯바늘처럼 굽은 형태로 돌아 들어가게 되어 있었는데, 그 길 양쪽으로는 느티나무를 심어 놓아서, 길을 돌아 절을 향해 걸어가면서도 절의 전체적인 경관이 눈에 들어오지 않았었습니다. 길의 방향과 가로수가 사람의 동선을 유도하여, 절의 옆쪽으로 해서 절 안으로 들어가도록 되어 있었던 것입니다.

그러므로 개암사의 굽은 진입로는 시각적인 목적지, 즉 사찰 경내 건축물들의 모습을 그 배경이 되는 산의 풍경과 더불어 보이도록 연출해냅니다. 볼거리를 만들어준 것이죠. 길의 끝에 절을 배치하였으며 정면 아닌

개암사 진입로 경관

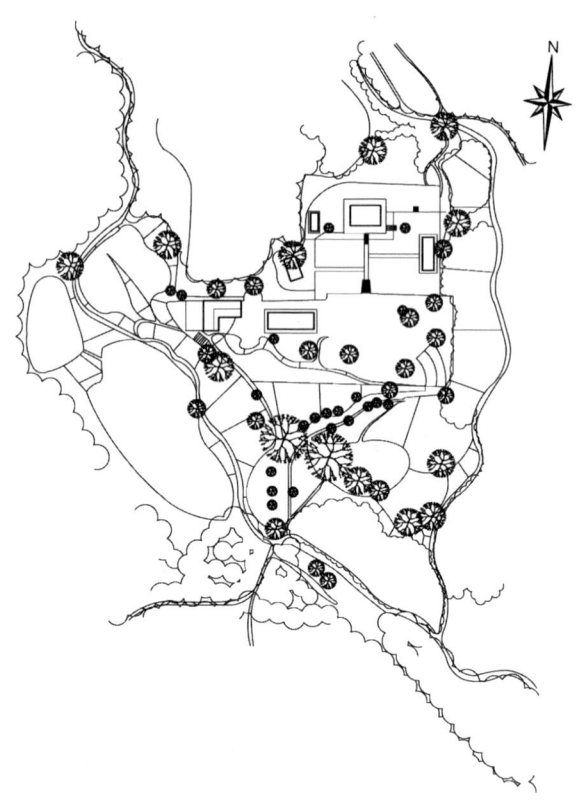

측면에서 보이도록 연출한 것에도 다 이유가 있습니다.

배치도를 보면 더 쉽게 이해할 수 있는데 개암사는 주산과 가람의 배치가 일직선상에 있지 않습니다. 지리적인 특성상 뒷산의 주봉으로부터 옆으로 산자락이 흘러내리는 형태입니다. 정면에서 보게 된다면 이런 결점이 두드러질 것입니다. 그래서 이 진입로를 만들었던 옛날 사람들은 진입로를 뒤틀어 절을 옆에서 보도록 함으로써 정면성 배치에 어긋난 가람의 배치를 시각적으로 교정하는 효과를 낳게 했습니다. 강하게 휘어진 진입로를 만들고 나무를 심어 시각 효과를 연출했던 것입니다.

개암사 배치도

이렇게 건축적으로 교묘하게 설계된 옛 진입로를 사용하지 않고 현대에 들어 인위적으로 길을 다 바꾸어버렸으니, 과연 현대 건축이 과거보다 발전한 것인지 묻고 싶습니다. 원래 우리나라의 길은 직선이 없습니다. 사찰이며 마을의 길 모두 그렇습니다. 곧은 길은 귀신이 다니는 통로라는 믿음이 있어서라고 전해집니다. 궁궐 건축만이 예외입니다. 조선 시대 한성부의 운종가라 불리던 종로 역시 세심히 관찰해보면 직선이 아닌 완만한 곡선이 교차되는 도로이며, 이것에 연결된 육조거리, 창덕궁을 연결하는 길, 종묘를 연결하는 길이 직선으로 되어 있습니다. 궁궐의 내외부에는 직선의 길을 조성해 놓았습니다. 그곳은 임금이 계시는 신성한 곳이니 일반적인 믿음에서 예외가 되었을 것입니다.

귀신사, 금산사, 화암사

김제시 모악산 자락에 있는 귀신사(歸信寺)는 금산사의 말사(末寺)로, 백제 시대에 창건되었고 좀 독특한 면을 지니고 있습니다. 특이하게도 이 절에서는 티베트 불교의 영향을 받은 라마교의 흔적, 즉 남근석을 발견할 수 있습니다.

귀신사는 원래 전주부에 속해 있었습니다. 고려 공민왕 때는 300여 명의 왜국 기마병이 주성(州城)을 함락하고 이 절에 주둔하고 있었는데, 병마사 유실(柳實)이 격퇴하였다고 기록에 남아 있습니다.

귀신사는 금산사만큼 규모가 큰 절이었는데 백제 시대의 삼층석탑, 사자상, 남근석을 제외하고는 임진왜란 당시 대부분 소실되었다고 합니다. 그리하여 절의 규모가 많이 축소되었고 조선 시대의 건물인 대적광전 이외에는 별다른 뚜렷한 유적을 남기지 못하고 대찰의 면모를 잃은 지 오래입니다.

본사인 금산사와 말사인 귀신사의 입지를 비교해보면, 구성산과 모악산을 연결하는 산줄기로 둘러싸여 있으면서 그 사이에 가로놓여 형성

된 산줄기에 의해 나뉜 두 개의 계곡을 두 절이 각각 점유하고 있는 형국입니다. 금산사는 남쪽, 귀신사는 북쪽 계곡에 있습니다.

두 사찰의 입지를 좀 더 상세히 비교해보면 금산사는 모악산 서편에서 서쪽을 향해 열려 있는 형국이어서 마치 모악산의 서편 품에 안겨 있는 듯하고, 귀신사는 모악산에서 북서쪽으로 뻗어 올라가 구성산으로 연결되는 지류에서 다시 한 번 갈라져 나가 남서쪽을 향해 열린 모양으로 자리를 잡았습니다. 그런데 귀신사는 임진왜란 때 훼손된 이후 절을 다시 지으면서 대웅전을 지금 자리에 앉혔는데 그게 원래와는 다른 위치입니다. 원래의 대웅전은 백제 시대에 조성된 탑을 기준으로 해서 자리를 잡아야 합니다.

화암사는 금산에 있는 조그만 절입니다. 이 절은 작지만 건축적으로는 아주 재미있습니다. 흔히 밀도가 높고 조밀하게 꽉 짜인 상태를 가리켜 영어

인공위성 사진으로 본 모악산과 구성산 사이의 귀신사

로 '컴팩트(compact)하다'라는 말을 쓰곤 하는데, 화암사야말로 좁은 면적 안에 여러 가지 기능의 건물들이 오밀조밀 들어가 있는 컴팩트한 작은 사찰입니다.

화암사의 우화루(雨花樓)와 주 건물의 위치를 잘 보십시오. 진입하는 방법이 매우 독특합니다. 계단으로 갔다가 휘어지고, 좁은 곳을 통해서 다시 움직입니다. 평면도를 보시면 우화루와 극락전이 일축선상에 있는 것이 확실하게 드러납니다. 화암사의 중심 건물은 바로 고려 시대에 세워진 이 극락전입니다. 극락전과 불명당 사이에 아주 작은 건축물을 배치해서 주봉과 자연을 대할 수 있도록 시각적으로 연출하고 있는 배치를 눈여겨보십시오.

화암사에 직접 가서 보시면 아시겠지만 사찰의 규모가 작음에도 불구하고 무척 짜임새 있게 느껴집니다. 공간적인 제약을 세밀한 계획으로 극복하여 훌륭한 효과를 거둔 것이죠. 우화루라는 이름의 '우'는 '천우제

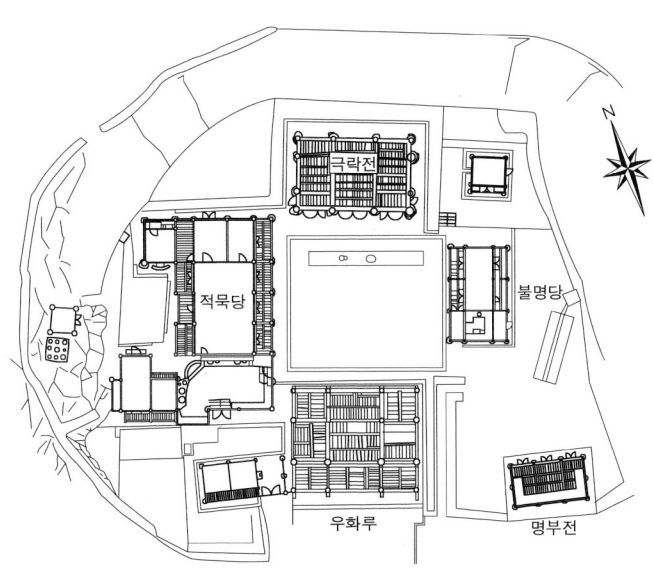

화암사 배치도

화암사의 현재 모습

화(天雨諸花)'의 약칭으로 꽃비가 내리는 것을 의미합니다. '당나라 대종(代宗) 초기(966~969)에 장안 대동방 운화사(雲花寺)에서 엄(儼)이라는 스님이 경(經)을 강하는데 하늘에서 꽃비가 내려 지상에서 한 자쯤까지 내려와서는 사라지고는 했다. 밤이 되자 촛불을 켠 것처럼 환하게 방을 밝혀주니 황제가 소식을 듣고 명을 내려 절의 이름을 우화사라고 고쳤다'는 고사에서 연유합니다.

채석강의 간척사업과 벽골제

그 외 이 지역에서 관심을 가지고 보시면 좋을 것이 채석강의 간척사업과 벽골제입니다. 오늘날 채석강은 유명한 관광지입니다. 그런데 이 채석강에서 옛 간척사업의 흔적을 찾아 보신 분들이 있을까요?

간척이라고 하면 근대의 국토 개발이라고 생각하시겠지만 사실 우리나라는 고려 때부터 간척사업을 해왔습니다. 예를 들면 태안에 있는 굴포는 고려 때 수로를 인공적으로 뚫으려다 못한 지역인데, 이 지명은 그 사업의 흔적이 이름에 남은 것입니다. 김포에도 굴포라는 지명이 있는데 그곳에는 현재 수로를 하나 뚫었던 것이 남아 있습니다.

고려 때 간척으로 인한 농경지 확장이 가장 활발했던 지역은 1권에서 살펴보았던 강화도입니다. 이곳은 47년간 고려의 도읍이기도 했죠. 지도를 잘 보면 간척의 흔적을 여러 곳에서 발견할 수 있습니다. 이때 축적된 노하우를 다른 곳에 적용했던 것입니다.

채석강은 17세기, 조선 시대 효종 때부터 행궁을 설치하면서 간척사업이 진행된 지역입니다. 이때는 나라 여러 곳에서 농경지를 확대하려는 시도가 있었습니다. «조선왕조실록»에는 구체적인 시기가 상세하게 기술되어 있지는 않지만 다른 기록 자료들로 추정이 가능합니다.

전라도 지역에서 이런 사업의 예를 두드러지게 보여준 지역은 바로 진도와 노화도(보길도 북쪽)입니다. 제 견해로는 우리나라에서 토목 분야

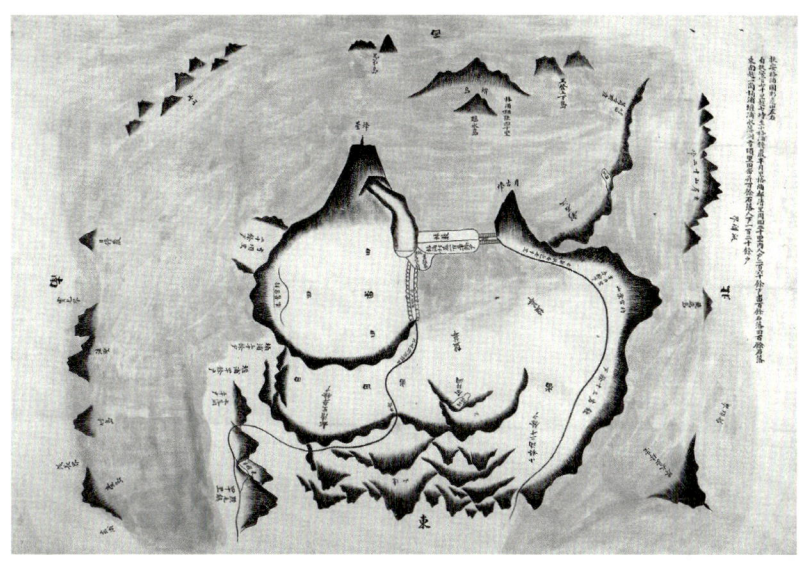

▲ 전라도 부안 채석강 지도, 영남대학교박물관 소장

▼ 채석강

의 지식에 있어선 윤선도가 누구에게도 뒤지지 않는 실력자였던 것 같습니다. 그의 끈질긴 노력으로 노화도와 진도 일대에는 대규모 간척이 실행되었습니다. 지금도 노화도에는 벌목이란 곳이 있는데 이름 그대로 간척에 필요한 나무를 베었던 곳입니다. 그 나무를 기둥으로 박아서, 즉 파일로 해서 바다를 메워 농경지로 만들었습니다. 그런 토목 지식과 배경이 있었기 때문에, 윤선도는 나중에 효종 승하 이후 능을 수원의 화성 쪽에 쓰자는 의견에 반대했습니다. 그는 토목공사에 있어선 송나라의 유명한 소식(蘇軾, 소동파)에 비견될 만한 인물입니다. 소식은 문장가로 유명하지만 송나라 당시 가장 유명한 토목 전문가이기도 하였습니다. 윤선도 역시 문장가로만 알고 있는 후대 사람들이 많지만 토목의 전문가였다는 점이 이채롭습니다.

채석강 일대의 간척은, 정확한 시기는 알 수 없지만, 제 견해로는 윤선도 때보다는 후대의 일로 보입니다. 현재 남아 있는 옛 지도들을 통해 지형의 변화를 비교해 유추해본 결과입니다.

김제의 벽골제는 학교 때 교과서에서 다들 배우셨듯 저수지입니다. 축조 시기는 «삼국사기»와 «삼국유사»에 각각 신라 비류왕(比流王) 27년(330)과 26년(329)으로 기록되어 있습니다. 그렇지만 이 시기의 김제 지방은 백제와 신라가 대립하던 시기에 백제가 지배하는 영역이었기 때문에 백제의 사실(史實)이 후대에 와서 신라 역사에 잘못 편입된 것으로도 볼 수 있습니다. 그런 사항을 고려하여, 백제 기준으로 보면 벽골제는 비류왕 27년에 축조된 것으로 볼 수도 있습니다. 벽골제의 조성 연대를 333년으로 추정하는데 이때는 마한이 백제에 통합되기 전입니다. 마한이 축조했을 가능성도 없지 않습니다.

벽골제(碧骨堤)는 벼농사를 짓기 위해 물을 가둬 둔 저수지인데, 건립 당시엔 농업 기술이 발달하면서 벽골제처럼 돌을 쌓아 물을 가둬 두

벽골제의 모습

는 시설을 여러 곳에 만들었을 가능성도 배제할 수 없습니다. 저는 벽골제라는 독특한 이름이 혹시 일반 명사는 아닐까 하는 추측도 혼자서 조심스럽게 해 보곤 합니다.

'제(堤)'는 한자어 그대로 저수지라는 의미를 가지고 있으니 떼어놓고 생각하고, 우선 벽골이라는 말을 봅시다. 한자 자체의 의미만으로는 뜻을 설명하기 어렵습니다. 당시 우리말의 벼라는 단어를 음차하여 '벼의 고을'이라는 뜻을 한자의 벽골로 표현했을 가능성도 충분히 있지 않을까 합니다. 벼농사 기술과 함께 제를 쌓는 기술도 유입된 것이 아닐까 하는 생각입니다.

제천의 의림지 같은 경우엔 저수지를 만든 주체도 기록에 분명히 나와 있고 이름 역시 의미가 분명합니다. 하지만 벽골제는 그렇지 않습니다. 그러니 벽골제란 마한 당시의 벼농사 기술 유입과 함께 여러 곳에 축조되었던 저수지를 가리키는 일반 명사가 아닐까라는 추측도 가능해집니다. 《조선왕조실록》을 보면 벽골제의 관리 여부를 놓고 조선 시대까지 왈가왈부 말이 많았던 것을 알 수 있습니다. 조선 태종 때 벽골제를 보수했는데 세종 때 무너진 것을 방치했다는 기록도 나오고 과연 이것을 관리해야 하는가에 대해 논란이 많았다고 합니다.

이상으로 관아 건축을 중심으로 전북 일원의 여러 건축물들을 살펴보았습니다. 평면도나 지도를 볼 때, 그리고 현장에서 건축물을 볼 때 먼저 건물부터 보는 습관들이 있는 분들이 꽤 많으실 겁니다. 하지만 제가 말씀드린 여러 가지 사항들을 기억에 담아두시고, 그 건물에 다가가는 진입로, 그 건물이 앉아 있는 방향, 건물과 건물 사이의 배치에 우선 관심을 가져 보십시오. 옛 건축이 여러분들에게 또 다른 의미로 다가올 수 있을 것입니다.

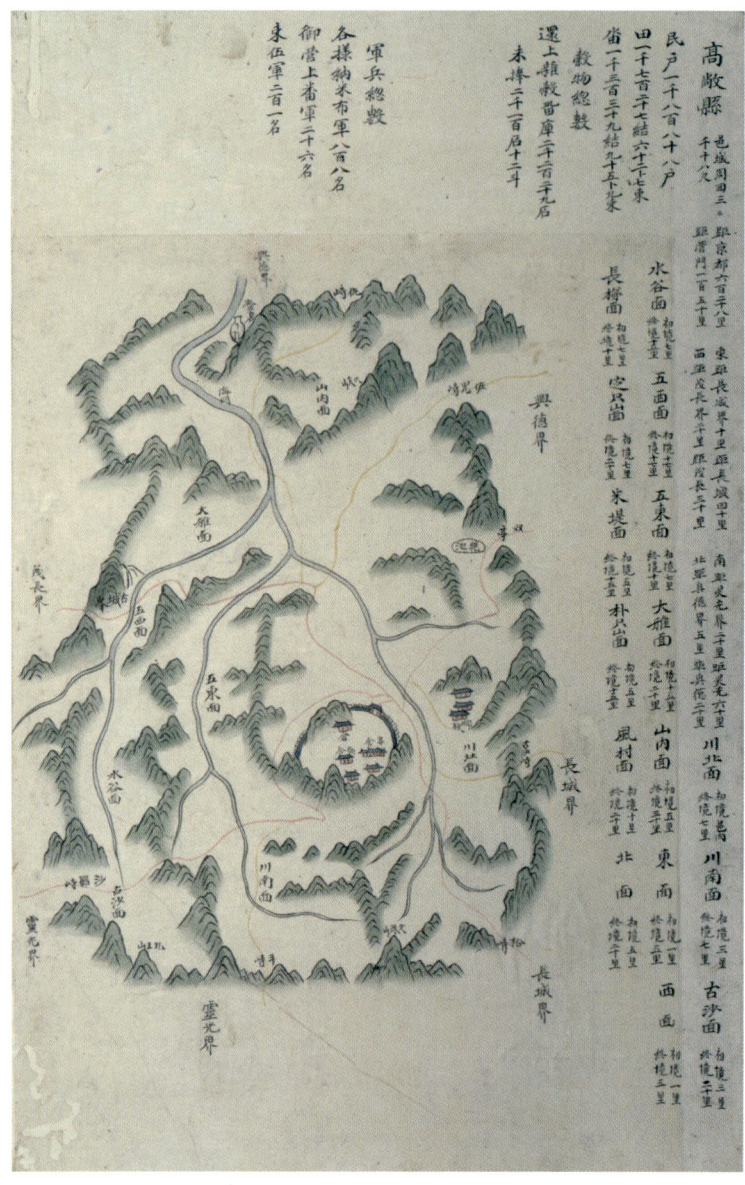

고창읍성은 전시에 민호들을 성 안으로 들여 보호하기 위한 읍성 형태이다. 객사는 산기슭에, 동헌과 아헌은 산자락의 둔덕을 타고 배치되었다. 성벽 높이도 높고, 창고도 성 안에 있다. 읍성은 산을 끼고 축성되었다. 향교는 읍성과 마주보고 북쪽에 있다. 이런 배치 양상은 이 지역만의 특징이다.

무장현, «해동지도»

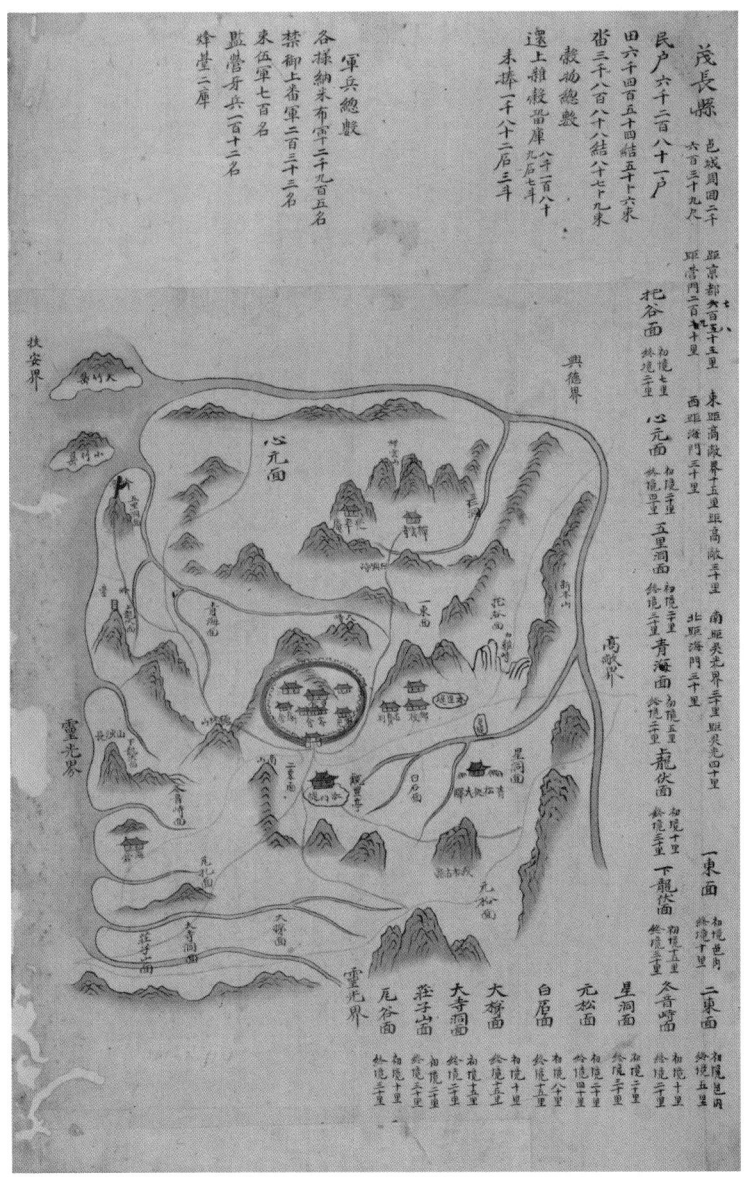

행정 구역으로는 고창군 무장면에 속한다. 이곳엔 교역 규모가 제법 큰 염전이 있었다. 읍치에서 북으로 30여 리 이르는 곳에 염정(鹽井)이 있었는데 약수(藥水)라 명명했다 한다. 이런 환경이 염전을 유명하게 만든 원인이다. 고려 때 창건된 사찰로 알려진 선운사(禪雲寺)도 무장현의 영역에 있었다.

흥덕현, 《해동지도》

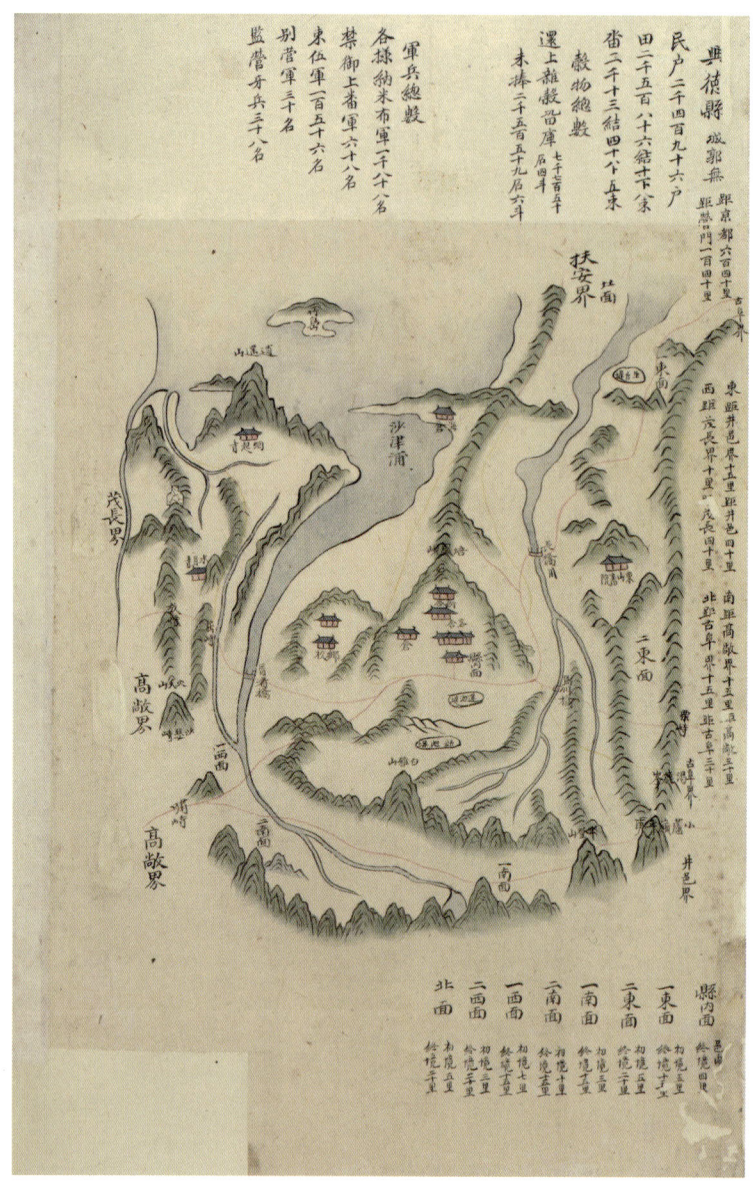

요즘도 소금이며 젓갈로 유명한 곰소만이 바로 흥덕 땅이다. 이 지역의 소금이 가벼워서 젓갈도 맛있다. 바다에서 나는 물산도 풍부하고 평야가 넓어 만석꾼이 많았다. 부안·고부·고창을 잇는 통로로 교통도 편리했다. 이 지역은 고려 시대에 청자를 만들던 가마터도 많이 남아 있다.

김제 모악산 자락에 있는 귀신사는 금산사의 말사(末寺)로, 백제 시대에 창건되었다. 구성산과 모악산을 연결하는 산줄기로 둘러싸여 있으며 그 사이에 가로놓인 산줄기가 만들어낸 두 개의 계곡을 두 절이 각각 점유하고 있는 형국이다. 금산사는 남쪽, 귀신사는 북쪽 계곡에 있다.

금산군, 《해동지도》

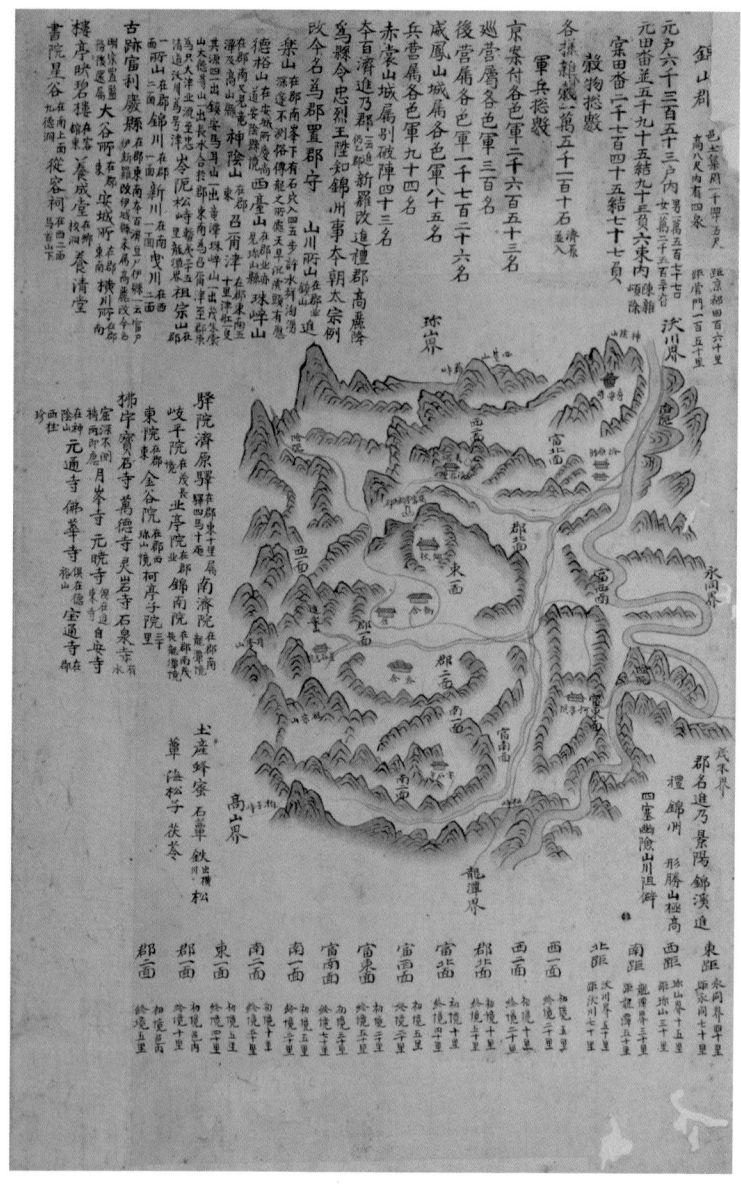

금산에 있는 화암사는 작지만 건축적으로는 아주 재미있다. 흔히 밀도가 높고 조밀하게 꽉 짜인 상태를 가리켜 영어로 '컴팩트(compact)하다'라는 말을 쓰곤 하는데, 화암사야말로 좁은 면적 안에 여러 가지 기능의 건물들이 오밀조밀 들어가 있는 컴팩트한 작은 사찰이다.

부안현, 《해동지도》

오늘날 유명한 관광지인 채석강은 17세기, 조선 시대 효종 때부터 행궁을 설치하면서 간척사업이 진행된 지역이다. 이때는 나라 여러 곳에서 농경지를 확대하려는 시도가 있었다. 《조선왕조실록》에는 구체적인 시기가 상세하게 기술되어 있지는 않지만 다른 기록 자료들로 추정이 가능하다.

역사의 완료가
아닌 축적

경주의 도시계획과
터 잡기

경주는 우리 국민 누구에게나 익숙한 지역일 것입니다. 안 가 본 사람이라도 왠지 가봤다고 생각하게 되는 곳이기도 합니다. 반면 경주는, 우리가 가장 크게 오해하고 있는 도시이기도 합니다. 경주라고 하면 '신라와 통일신라의 수도'라는 사실이 먼저 떠오릅니다. 그렇다면 통일신라 이후의 경주에 대해 우리가 알고 있는 건 무엇일까요?

경주에 대해 오해하기 쉬운 것

경주는 통일신라 이후에도 역사가 지속된 곳입니다. 고려와 조선을 거치면서 계속 역사를 축적해온 도시라는 말입니다. 그럼에도 우리는 통일신라 다음의 경주는 마치 존재하지 않는 곳이라는 착각을 하곤 합니다. 학자들이나 보통 사람들도 저지르기 쉬운 오해입니다.

경주에 대해서 우리가 저지르기 쉬운 또 한 가지의 잘못은 이 도시를 단순히 문화와 종교적인 관점에서만 바라보는 일입니다. 분명 경주에는 종교와 관련된 유적이 많습니다. 하지만 그 이전에 경주는 삼국을 군사적으로 통일한 신라라는 나라의 수도입니다. 신라는 문치로 나라를 다스린 국가가 아닙니다. 삼국과 전쟁을 했고, 나중에는 당나라와도 전쟁을 한 국가입니다.

그렇다면 수도 경주에는 통일을 위한 군사 시설이나 전쟁에 대비한 시설이 분명히 존재했을 것입니다. 그런 면에 대해 아직까지 학계의 관심이 별로 없는 것 같아 아쉽습니다. 전쟁을 치르려면 무기를 생산하는 시설이나 무기고가 있었을 것이고, 식량을 비축하기 위한 식량 창고가 있어야 합니다. 또한 전쟁에서 기동력을 확보하기 위한 준비, 그 시대 같으면 말을 기르는 곳에 대한 흔적이 남아 있어야 하는 것이 이치로 따져 옳지 않을까요? 역사학계에서 이런 면에 관심을 두고 연구를 해주셨으면 하고 희망해 봅니다.

대동여지도

역사의 완료가 아닌 축적

신라 시대부터 조선 시대까지 경주는 주요 거점의 하나였다.

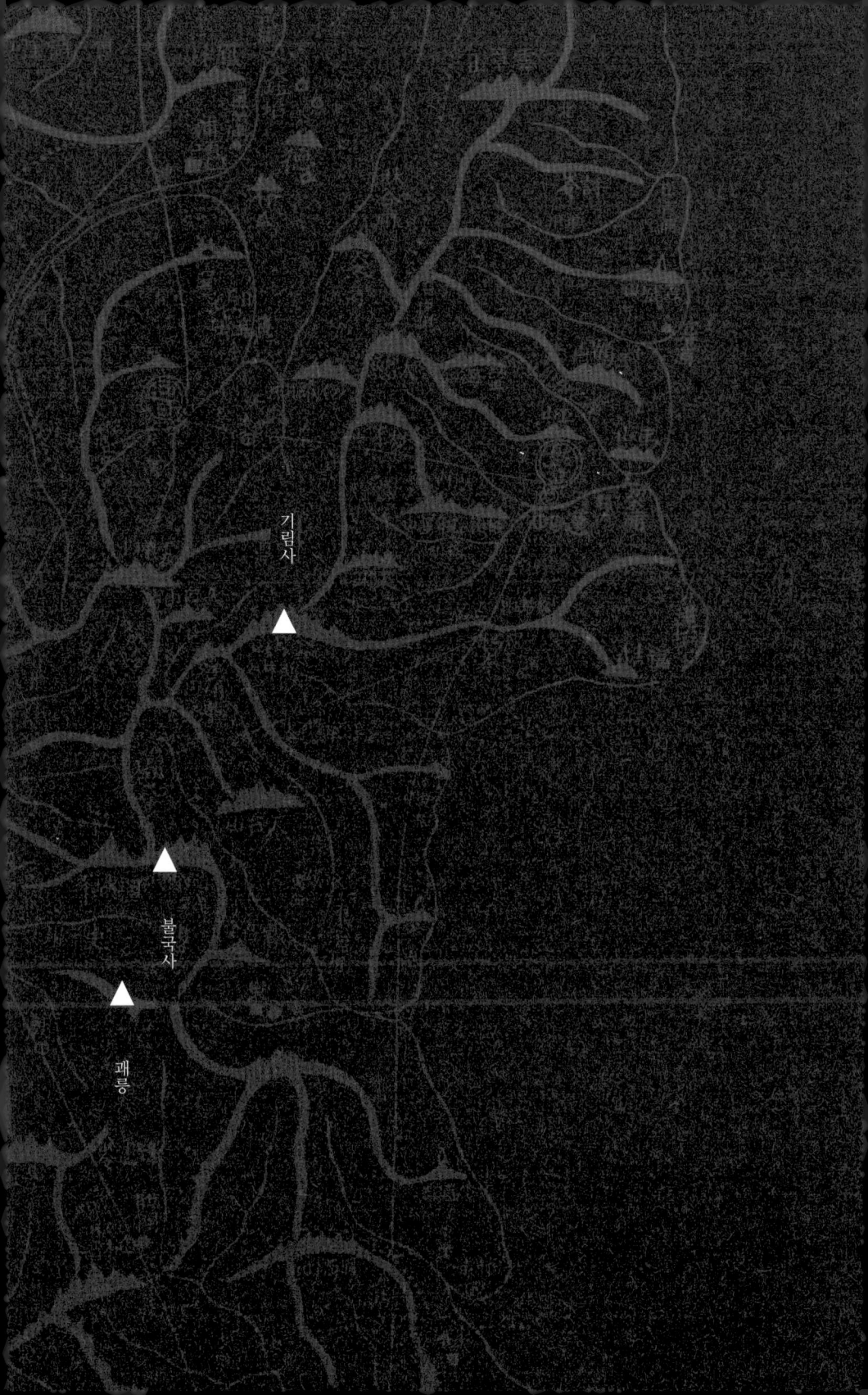

산맥도
역사의 완료가 아닌 축적

앞의 «대동여지도»를 바탕으로
경주 부근을 현재 지형도에 그린
산맥도이다.

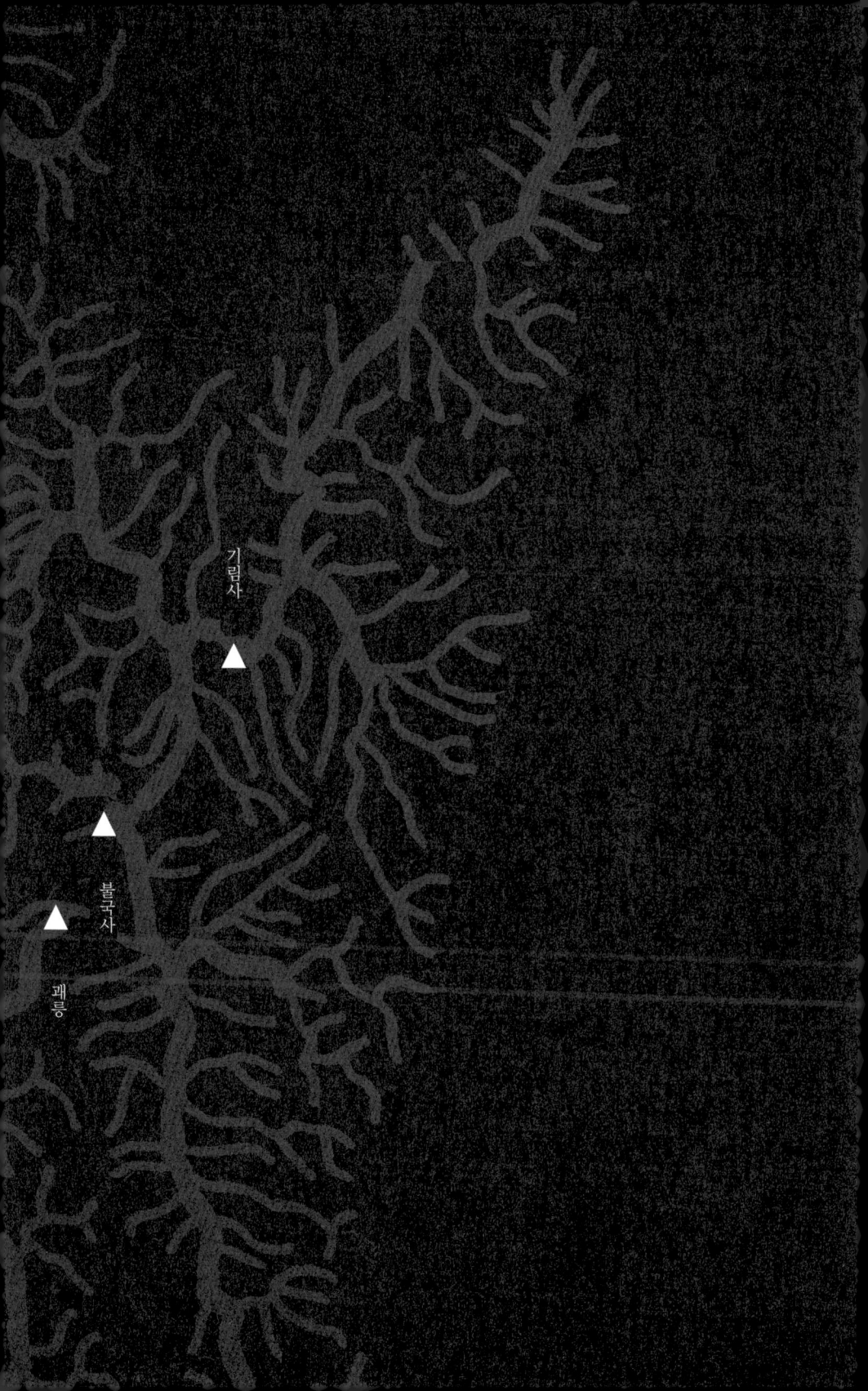

경주가 겪어온 도시의 영욕

경주읍성은 조선 시대에 축조되었습니다. 성 자체만 보면 그렇게 규모가 있다고는 할 수 없습니다. 성은 조선 시대의 것인데 한쪽에 고려 시대 말에 지은 객사 한 부분이 남아 있습니다. 이런 점을 고루 살펴보면 경주는 신라 이후에도 이 일대의 행정적 중심이었음을 알 수 있습니다.

《신증동국여지승람》 경주부 산천 조를 보면 경주가 옛 신라의 수도인 계림, 서라벌이었음을 증명하는 구절이 나옵니다. "낭산(狼山)은 부의 동쪽 9리에 있는 진산(鎭山)이라, 토함산을 동악(東嶽), 금강산을 북악(北嶽), 선도산을 서악(西嶽), 함월산을 남악(南嶽)이라 불렀다"고 되어 있습니다. 토함산과 북형산 등은 중사(中祀)[1]에 들었다는 기록도 보입니다.

읍성은 과거 신라와 통일신라 시대 경주 영역의 많은 부분을 포기하고 일부만 에워싸고 있습니다. 입지로 판단하여 볼 때 조선 초기에 읍성을 지으면서 경주 도심에 있던 신라의 많은 유적을 일부러 눌러버리고 읍치를 만들어 썼던 것으로 보입니다. 세조 때 최선복이란 사람이 경주에 부임해서 읍성의 마무리를 했다는 것이 기록에 있습니다. 성의 형태는 전형적인 방형입니다.

이 터에는 삼국 시대부터 건물이 있었는데 이후 고려 시대에 관아 건물이 들어섰습니다. 당시의 객사 중 일부가 남아 있다고 앞서 말씀드렸습니다. 그리고 조선 시대에는 이 고려 시대의 관아 건물을 중심으로 읍성과 읍치를 배치한 것으로 보입니다.

고려 시대의 경주는 대단히 쇠락했었습니다. 이전 왕조의 수도였으니 어쩌면 당연한 일인지도 모릅니다. 심지어 고려 시대에는 경주를 유배지로 쓰기도 했습니다. 고려 의종은 정중부 일파의 난으로 왕좌에서 밀려난 뒤에 거제도로 간 후 다시 계림(경주)으로 옮겨져 객사에 갇혀 있다가 명종 3년(1173) 10월 곤원사 연못가에서 이의민(李義旼, ?~1196)에게 살해되었습니다.

〈경주 읍내 전도〉, 작자 미상, 채색필사본, 1800, 문화재연구소 소장

당대의 경주 관아는 쇠락해가는 도시 경주의 중심이었습니다. 동경(東京)이라 이름 붙여졌으나 잊혀져가는 도시였다고 보입니다. 그러다 이곳의 핵심 지역이 조선 시대에 들어 다시 수용된 것입니다.

집경전은 조선 태조의 영정을 보관하던 곳으로, 왕권 강화의 목적이 담겨 있는 건물입니다. 그리고 조선 시대에 이 지역에 집경전을 설치한 것을 보면 그 시대에는 경주라는 도시를 꽤 중요하게 여겼음을 알 수 있습니다. 집경전 건물은 사라져 정확한 위치를 알 수 없습니다. 경주여중 자리에 유허비(遺墟碑, 선인들의 자취가 남아 있는 곳을 기리기 위해 세운 비)가 남아 있지만, 건물 배치는 짐작하기 어려웠습니다. 그런데 집경전을 짓고 난 후 그림으로 표현한 기록이 남아 있습니다. 그 그림을 보면 굉장히 큰 숲이 보이거든요. 그것을 잘 관찰하면 다시 과거의 입지를 추측하는 것이 가능해집니다.

읍성과 집경전 자리만 잘 관찰해도 경주라는 도시가 겪어온 영욕을 읽을 수 있습니다. 고려와 조선을 거치면서 위상이 어떻게 달려졌는지 알 수 있습니다. 지금도 경주를 본관으로 하는 성씨들이 많지 않습니까? 이 사실은 경주 지역 사람들이 오래도록 정치적인 기반을 잃지 않았음을 의미합니다. 즉 경주 출신 인물들이 꾸준히 중앙 정권에 진출해서 관료로 활동을 했다는 증거인 것입니다. 이처럼 우리가 예사롭게 생각하는 성씨의 본관에도 그 지역과 성씨의 역사가 담겼습니다.

산의 냇물을 끌어들인 포석정

포석정은 너무나 유명한 건축물입니다. 술잔을 물 위에 띄워 돌렸다는 사연을 모르는 사람이 없을 정도입니다. 술잔을 물에 띄워 돌리는 풍습은 중국 도가사상의 영향으로 당나라 때부터 많이 유행하던 일입니다. 중국화에 기록이 남아 있는 예도 많습니다. 원래 중국 고대부터 전해오던 풍습으로 매년 3월 상순에 시행되던 것을, 삼국 시대 위나라 때 3월 3일로 그 날짜가 정해졌습니다. '물가에 모여 연회를 열어 음식을 먹는데 불길한 재액을 떨어버린다'는 의미가 있었다 합니다.

이 풍습이 후대까지 전해져 구부러진 수거(水渠, 도랑) 가장자리에 모여 연회를 하는데, 물 위에 술잔을 띄워 놓고, 그것이 흘러 돌아서 자기 앞에 와서 머물기 전에 취해서 마시는 것을 '유상곡수(流觴曲水)'라 합니다. 진(晋)나라 시기에 이 풍습을 흠모하여 왕희지가 난정(蘭亭)에서 재현한 후 난정에 대한 시(詩)와 기(記)를 쓰고부터 유상곡수가 더 유명해졌다고 합니다. 신라는 당나라와의 교류가 돈독했으니 포석정도 중국 문화의 영향을 받은 것이라 생각하는 것도 자연스럽지 않을까 합니다.

우리가 포석정을 이야기할 때 잊기 쉬운 이야기가 있습니다. 물이 흘러 술잔이 움직였다고 하는데, 어떤 힘에 의해 물이 흘렀을까요? 포석정 자체는 높낮이 차이가 거의 없어 수로에 단순히 물을 붓는다고 해서 흘러가지는 않을 테니 말입니다.

포석정 뒤쪽에는 남산에서 포석정 주변으로 흐르는 냇물이 있습니다. 제가 보기에는 통나무를 파서 단순하게 만든 수로를 위쪽에서부터 이어서 포석정에 물을 끌어댄 것 같습니다. 그렇게 되면 물이 흘러내려 오는 힘이 있으니까 술잔을 돌릴 수 있는 것이죠. 《신증동국여지승람》 경주 산천 조 문천(蚊川) 항의 불계시(祓禊詩)에 "영화(永和)의 난정(蘭亭) 같은 성한 모임 뒤라서 사양하리"라는 구절도 등장합니다. 다른 항목에서가 아닌, 바로 문천이라는 냇물의 조항에 이 구절이 등장하고 있음에 주목해야 합니다.

이런 추론은 다른 용례를 통해 방증할 수 있습니다. 양산보가 만든 소쇄원은 조선 초기의 건축물인데, 그곳에 가면 폭포가 떨어지기 전 지점에 통나무로 만든 수로를 설치한 것을 볼 수 있습니다. 옛 절에 가면 통나무를 파서 만든 수로를 쓴 흔적도 무척 많습니다. 중국 문화권의 한 가지 특징은 수로를 목조로 만들었다는 점입니다. 이 특징은 약점으로 작용하기도 합니다. 이런 수로를 로마 시대처럼 돌로 만들었다면 지금까지 남아 있을 텐데, 목조로 만들어 후세까지 남아 있는 건축물이 없습니다. 당나라 시대의 발달했던 문화도 건축물로 남은 유적은 몇 되지 않습니다. 만리장성도 원래는 흙으로 축조되고 무너지면 다시 쌓고 다시 쌓고 한 것인데 그러면서 석조로 다시 축조한 것입니다. 천 년이 넘는 오랜 세월에 걸쳐 몇 겹이 겹친 것입니다.

그렇다면 당나라의 문화적 영향을 많이 받았던 신라답게 목조로 만든 수로가 산의 냇물에서 포석정까지 이어져 있었음직하지 않습니까? 지금에야 그 목조 수로가 없어졌지만 과거에는 수로가 있어 물이 흘렀다고 보는 편이 훨씬 더 합리적인 것 같습니다.

신라의 발상지로 알려진 나정

나정(羅井)은 박혁거세의 탄생 전설과 관련된 곳입니다. 박혁거세가 왕으로 추대되고 왕실이 조성되었던 신라의 발상지입니다. 제가 나정에서 궁금한 것은 과연 기록 속의 나정이 현재의 유적과 같은 모습인가라는 점입니다. 나정은 신라 초기에 건축된 곳일까요? 우물이 성소(聖所)로서 지금까지 전해져 오는 특별한 원인, 까닭이 있는 것일까요?

현재는 나정 발굴을 위해 원래 나정 주위에 있던 엄청난 소나무들을 다 벌목한 상태입니다. 이 나무들 역시 역사의 한 부분임을 생각하면 안타까운 일입니다. 오래된 나무들이 우거진 풍경 자체가 이곳에 온 사람들에게 얼마나 많은 감흥을 느끼게 합니까. 시간의 흐름과 역사의 형성 같은 것들을 피부로 느낄 수 있게 되죠.

일단 현재 나정 주변 유적은 전형적인 조선 시대의 건축 기법에 의한 것들입니다. 영조 때 비석을 만들면서 담장도 둘러쳤습니다. 그럼 영조 이전의 나정은 과연 어떤 모습이었을까요? 제가 추측하기로 신라 초기의 나정을 통일신라 즈음에 다시 손본 것 같습니다. 지금까지 알려진 발굴 자

▲ 발굴되기 이전 우리에게 알려졌던 나정 전경
▼ 나정 발굴 유구 전경. 경주 문화재연구소

료와 현장 답사로 판단해보면 나정 주변은 8각형 평면과 그 4면을 둘러싼 회랑으로 되어 있었음을 알 수 있습니다.

여기에서 이 팔각형의 8이란 숫자에 주목해야 할 필요가 있습니다. 불교에서 8이란 숫자는 헬레니즘의 수(數) 철학에서 비롯된 것입니다. 석가모니 당시의 인도는 헬레니즘의 영향을 크게 받고 있었습니다. 헬레니즘 문화의 시원인 지중해권에서는 모든 것을 '8'이라는 숫자로 보려는 철학적 흐름이 있었어요.

반면 중동을 중심으로 한 아리안족 유목문화는 7이라는 숫자를 우위에 둡니다. 유목민들은 항상 이동해야 하니 지리를 아는 것이 중요했고 하늘의 북두칠성이 이동의 지표가 되었을 것입니다. 그 영향으로 7이 제일 중요한 숫자가 되었겠지요. 색채도 7색 체계로, 삼원색이 중심에 있고 주변에 4방위의 색이 있습니다. 반면 중국 문화에서 중요한 숫자는 5죠. 오행 논리에 근거를 두었습니다. 한국도 그 영향을 받았습니다. 그래서 몸도 5부위, 색깔도 5색을 기본으로 합니다.

불교는 인도라는 국가의 민족적 기원을 볼 때는 7이 중심 숫자가 되지만 헬레니즘의 영향 때문에 8에도 많은 의미를 부여했습니다. 초기 얀트라의 연꽃 꽃잎도 8개인 걸 볼 수 있습니다. 8이라는 숫자가 도형으로 형상화되면 팔각입니다. 초기 불교 사원은 가운데에 스투파라는 탑이 있고 가장자리를 둘러가며 승려들이 수행하는 개개인의 방 같은 회랑이 있습니다. 이것이 인도 사원 건축의 기본형입니다. 바로 이 인도 불교 사원의 건축적 문법이 나정에 반영되어 있습니다. 방형 즉 사각형과 팔각형의 배치는 불교식 가람 배치의 원형이라고 보는 것이 옳다고 봅니다.

나정의 이런 배치가 신라 초기의 것일까요? 저는 그렇지 않다고 생각합니다. 팔각형 형태와 회랑의 등장은 불교가 받아들여진 이후에 들어왔을 것입니다. 예를 들어 이차돈의 순교 이후에 건립한 탑은 바로 팔각형 형태입니다.

또한 신라 초기에 과연 이런 배치의 건축물을 구성할 수 있을 만한 여력이 있었을까요? 신라는 서로 다른 부족국가들 사이의 전쟁과 융합으로 세워진 나라입니다. 건국 초기에 박혁거세의 유적을 이렇게 정비하기란 힘들었다고 보는 것이 자연스럽습니다. 삼국을 통일한 후 평화기, 여러 가지로 상황이 안정된 이후 신경을 써서 나정을 다시 조성했을 것입니다. 그 때엔 불교도 신라의 중심적인 종교로 자리 잡았을 테니 그 영향을 받은 팔각형-사각형 배치가 당연하지 않았겠습니까.

역사 유적은 단순히 특정한 한 시기의 반영이 아닙니다. 오히려 역사는 결과보다는 과정이 훨씬 중요합니다. 그래서 시간을 거치면서 켜켜이 쌓여가는 과정을 살피는 것이 역사 공부에서 가장 소중한 일이라고 생각합니다. 서울은 조선 시대, 경주는 신라 시대라는 식의 접근과 이해는 곤란하지 않을까요.

경주의 오릉과 괘릉

경주라고 하면 도시 이곳저곳에 놓인 왕릉이 떠오르는 분들도 많을 겁니다. 왕릉 중에서도 삼릉과 오릉은 여행객들이 특히 많이 찾는 곳입니다. 그중에서 오릉은 박혁거세와 그 문중의 능으로 알려져 있습니다. 제가 보기에도 그 견해는 옳은 듯하지만, 오릉의 묘제에 대해서는 고찰을 더 해야 할 필요성이 있습니다. 신라의 초기부터 후대까지의 시간 동안 이 능에도 많은 변화가 있었을 가능성을 생각해야 합니다. 즉 신라 초기 왕의 무덤이라 해서 그 당시의 묘제가 현재의 능에 그대로 반영된 것은 아니라는 말입니다.

일본 교토에 가면 해자(垓子, 능(陵)·묘(墓)·원(園) 등의 경계를 대개 땅을 파서 도랑을 만듦)가 있는 능이 있습니다. 물길이 묘를 둘러싸고 있는 독특한 형태의 능이라고 말들 합니다만, 저는 이런 형태의 묘제가 백제나 신라에서 넘어갔을 가능성도 생각해봐야 하다고 생각합니다.

현재의 오릉은 조선 영조 때 만든 숭덕전과 주변의 여러 석물들을 포함해 오릉이라 부릅니다. 그렇지만 능 자체만 놓고 볼 때는 그 구조가 독특합니다. 교토의 해자가 있는 능처럼 주위로 물길이 흘렀을 가능성이 충분한 형태입니다. 신라 시대 이후에 축적된 역사와 신라 당시의 원형을 분리해서 경주를 봐야 한다는 제 말씀을 다시 한번 상기해주시길 바랍니다.

잘 살펴보면 오릉 주변의 숭덕전 옆쪽에서부터 쭉 돌아가며 뚝버드나무가 자란 흔적이 있습니다. 왕버드나무라고도 하는 뚝버드나무는 물가에 자랍니다. 여기에서는 죽은 뚝버드나무의 흔적과 이끼 등을 발견할 수 있습니다. 이 나무들 주변을 다시 잘 관찰하면 나무 주변이 다른 지형보다 약간 내려앉아 있는 걸 볼 수 있습니다. 그 흔적들이 오릉 남쪽 주변으로 가깝게 감아 돌고 있습니다. 이런 것을 보면 초기의 오릉 주변으로 물줄기의 흐름이 있었다는 사실을 확인할 수 있습니다.

앞서 말했던, 고려 의종이 이의민에게 죽음을 당한 장소인 곤원사는 오릉 서남쪽에 위치해서 연못에 의해 남북으로 나뉘었을 것으로 보입니다. 곤원사는 현재 오릉 주차장이 포함된 오릉의 서남쪽 지역으로 추정할 수 있습니다. 즉 담엄사의 서쪽이 됩니다.

결론적으로, 제가 보기에 오릉은 물에 둘러싸여 있던 묘지군인 것입니다. 교토에만 있는 것으로 일본이 자랑하는 해자가 있는 묘제가 이곳 경주에도 있었다고 저는 거의 확신합니다. 또한 곤원사는 오릉의 원당 사찰이었을 가능성도 배제할 수 없습니다.

오릉에 묻혀 있다고 전해지는 박혁거세의 부인 알영은 알영정이라는 우물에서 태어났다는 전설이 있습니다. 박혁거세의 탄생 역시 우물과 관련이 있죠? 옛날에 우물은 대단히 중요한 의미가 있었습니다. 물가에서 떨어진 내륙에서는 우물을 중심으로 취락이 형성되었습니다. 오릉은 알영정 가까운 곳에 있습니다. 박혁거세의 능이라고 하면서 박혁거세 집안의 땅이 아닌, 알영 부인 집안의 영역에 있는 것이 이채롭습니다.

박혁거세와 알영의 '결혼'은 서로 다른 '부락'이 박혁거세 가문에 의해 '통합'되었음을 상징하는 것일 수 있습니다. 두 부락이 통합되면서 세력이 확장되어 왕권까지 수용할 수 있었던 것으로 보는 것입니다. 그런 점에서 오릉의 위치 역시 통합을 공식화하며 이 통합 영역이 불변의 것임을 과시하는 의미가 있다고 할 수 있지 않을까요?

그렇다면 묘지 주변에 물을 흐르게 하던 신라 초기의 묘제 형태가 달라진 요인은 무엇이었을까요? 저는 신라가 가락국과 교섭하면서 묘지 입지가 달라졌을 것이라 생각합니다. 석탈해가 나중에 산으로 올라갔다는 기록을 다들 아시죠? 이것을 석탈해 때에 이르러 묘지가 높은 산 쪽으로 올라갔다고 해석할 수도 있습니다. 물과 가까운 곳이 아니라 산 쪽입니다. 반면 김씨인 미추왕 때는 경주 시내로 묘지가 이동합니다. 천마총 등의 능은 경주 시내 낮은 곳에 있지 않습니까.

기록으로 짐작해보자면 석탈해는 남방계 인물입니다. 바다 쪽에서 등장하죠. 그래서 높은 지형에 있는 묘지를 선호했을 수도 있지 않을까 합니다. 반면 산족(山族)으로 추정되는 미추왕 일문은 묘지를 평지에 씁니다. 이들과 비교해 볼 때 박혁거세는 일찍이 북쪽에서 내려와서 현지인들과 동화된 일족이 아닐까 추측할 수 있습니다.

저는 신라 시대 묘지의 입지에서 이런 문화 교차와 교섭을 읽고 싶습니다. 해자를 끼고 묘지 입지를 정하던 박혁거세 시대의 양식은 그 직후 석탈해 일문에 의해 산에 묘지를 쓰는 형식으로 바뀌었습니다. 그 후 김씨 집안으로 왕권이 넘어가면서 묘제는 다시 바뀝니다. 그때부터는 봉분을 원형으로 하고 주변에 호석이 들어갑니다. 후기로 가면서 석물들이 다양해지며 묘 앞으로 어도(御道), 신도(神道) 같은 것이 나타납니다. 묘제의 변천을 보면 신라 초기의 역사를 알 수 있다는 말입니다.

괘릉은 신라 시대의 가장 후기에 속하는 능입니다. 제가 이 괘릉 지역을 답사한 것은 통일 신라 즈음 경주라는 도시의 영역이 어디까지였고 중심이 어떻게 변하였는지를 살펴보고자 해서입니다.

괘릉은 묘제의 의전이 구체적으로 구현된 형식을 보여줍니다. 봉분과 석물들, 제를 지낼 때 쓰이는 어도(신도)가 다 있습니다. 신도 좌우로 문인석과 무인석도 있죠. 이 호석(護石)들이 서역 사람을 모델로 만든 것이 특징입니다. 아마 이 호석 석물의 기원이 그쪽에 있는 것이 아닐까 합니다.

또한 신도와 봉분의 방향성이 정면에 보이는 산과 산봉우리, 뒷산 봉우리를 잇는 정면성의 축에 입지해 있다는 사실도 명료하게 보입니다. 앞뒤의 산봉우리를 축으로 한 입지가 선명하다는 말입니다. 뒤쪽 산봉우리에 올라가서 보면 이런 사실을 더욱 잘 확인할 수 있습니다.

오릉 항공사진(문화재대관_경상북도)

다보탑과 석가탑의 형태가 다른 원인

불국사는 너무나 유명한 절입니다. 불국사의 입지는 높은 산자락입니다. 왜 그곳에 있을까요? 불국사가 있는 곳은 경주에서도 가장 지형이 가파른 곳인데 말입니다. 이렇게 가파른 곳에 절터가 들어가려면 토목 및 측량 기술이 발달했어야 하는데, 그렇다면 그와 유사한 기술을 사용한 다른 흔적이 경주 내에서 발견되어야 하지 않겠습니까?

그 고민 과정에서 제가 주목한 곳이 바로 남산 동록에 있는 절터입니다. 이곳은 부석사보다 훨씬 연대가 앞서고 쌍탑 역시 먼저 만들어졌습니다. 제가 보기엔 이 절 배치 역시 불국사와 마찬가지로 절터에 동서로 쌍탑이 함께 들어가 있는 가람 배치인 것 같았습니다. 그래서 몇 번이고 다시 가서 확인을 해보았습니다.

그 결과 발견한 사실은 쌍탑 두 개의 지반이 서로 다르다는 점이었습

괘릉

니다. 일반적으로 쌍탑은 지반이 거의 같은 곳에 두 탑의 크기와 체적이 서로 비슷하도록 축조합니다. 그런데 이 남산 쌍탑의 경우 서쪽은 지반이 단단합니다만 동쪽 지반은 흙을 다져 성토(盛土, 흙쌓기)한 것이라 단단하지 못합니다. 두 탑 지반의 내구력 강도가 균일하지 않다는 말입니다. 그런데다 탑 규모는 기단부부터 무척이나 큽니다. 어마어마한 돌을 기단부에 깔아놓고 그 위에 삼층이 올라갔습니다. 또한 두 탑 중의 하나는 비례가 잘 맞아 섬세한데 하나는 조금 투박한 형태를 하고 있습니다. 지반이 약한 곳에 있는 탑의 형태가 더 투박해 보입니다.

두 탑의 이런 비대칭성에서 생각나는 곳이 없으십니까? 바로 불국사의 쌍탑인 다보탑과 석가탑이 이와 비슷합니다. 다보탑과 석가탑은 쌍탑

남산 삼층 석탑 전경

이면서도 조형적 개념과 크기가 다릅니다. 저는 남산 쌍탑을 보면서 이곳과 불국사의 쌍탑이 비대칭적인 형태를 띤 데에는 그럴 만한 이유가 있다는 생각을 하게 되었습니다.

지반이 약한 곳에 탑을 올리려면 어떻게 해야 할까요? 돌로 계속 지반을 다져서 축조해 쌓아가며 큰 장대석을 받쳐서 탑 아래 부분이 흔들리지 않게 해놓아야 합니다. 그 위에 흔들리지 않게 탑을 쌓으려면 아무래도 형태에 제약을 받을 수밖에 없습니다. 불안정한 지반 위에 탑을 올리기 위해서는 섬세한 형태보다는 크고 무거운 덩어리로 지반을 고르게 압박해서 누르는 형태라야 안정적이겠지요. 그리하여 무게로 인해 탑이 버틸 수 있습니다.

불국사가 자리잡은 터도 남산의 쌍탑지처럼 지반이 균일하지 않습니다. 불국사는 동북쪽에서부터 절토(切土, 땅깎기)하고 서남쪽으로 성토를 해서 조성했습니다. 남산 쌍탑지와는 방향이 반대입니다. 쉽게 설명하자면 지금의 다보탑 자리는 원래의 지면을 절토했기 때문에 지반이 단단한 반면, 석가탑 자리는 다른 곳에서 흙을 가져다 메운 곳이기에 지반이 약하다는 말입니다.

그렇다면 다보탑과 석가탑의 형태가 다른 원인을 이해할 수 있지 않을까요? 다보탑은 목탑 형식입니다. 경쾌하고 섬세한 형태로, 아직도 안정적입니다. 반면 석가탑은 균열 등의 문제로 해체와 보수를 거듭하고 있습니다. 섬세한 형태의 다보탑은 세월이 지나도 멀쩡히 잘 견디는데 단순한 형태의 석가탑이 왜 계속 문제를 일으키는지 의문을 가져본 적은 없으신가요. 앞서 말한 지리적, 건축적인 이유를 이해하지 않으면 사물이나 현상의 본질을 보지 못합니다.

다보탑과 석가탑의 형태 차이에 대해서는 불교 원리로 설명하려는 이론도 있었는데 제가 보기에 그것은 종교적 태도이긴 하지만 과학적인 태도는 아니라고 할 수 있습니다. 저는 도시건축 전공자이기 때문에 토목

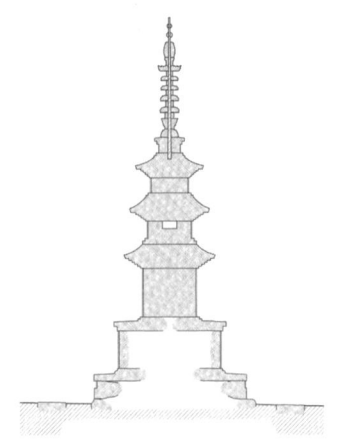

석가탑과 동서단면도

역사의 완료가 아닌 축적

다보탑과 동서단면도

과 도시건축의 입장에서 불국사를 바라보게 됩니다. 불국사에 들어간 토목 기술의 수준은 매우 높습니다. 불국사의 유명한 축대 옹벽 같은 것도 예사롭지 않습니다. 지반이 약한 곳에 성토를 해 절을 지었기 때문에 물이 있으면 토압으로 부하가 걸리게 됩니다. 그래서 물을 빼내기 위해 축대를 쌓은 것입니다. 불국사 나한전 서쪽 부분이 침하되는 이유도 이렇게 전체적인 관점에서 바라봐야 옳을 것입니다.

불국사보다 연대가 더 오래된 곳이 남산 쌍탑지입니다. 쌍탑지를 보고 불국사를 보면 신라의 건축과 토목기술의 수준이 눈에 들어옵니다.

예술적, 문화적인 시각으로 유적들을 보는 것도 물론 의미 있습니다. 그렇지만 좀 더 객관적이고 과학적인 근거, 증명할 수 있는 근거에 바탕하여 과거를 읽을 필요가 있지 않겠습니까?

백률사와 칠불암, 그리고 두 절의 남북 축 위에 놓인 황룡사

우리나라 불교 건축·미술 가운데 인도 힌두교의 영향을 받은 예는 그리 많이 남아 있지 않습니다. 그 몇 안 되는 곳 가운데에 경주의 백률사와 칠불암이 있습니다.

칠불암은 절 자체가 중요하다기보다는 바위에 새겨진 마애석불에 의미가 있습니다. 이 바위에는 뒤에 세 분, 앞에 네 분의 부처가 새겨져 있습니다. 앞서 말씀드렸던 인도 아리안 민족의 수 철학에서 7이라는 숫자가 중요했음을 다시 한번 상기해주십시오.

칠불암 불상은 토함산을 향합니다. 토함산 서쪽에는 불국사가 있고 동쪽에는 석굴사 즉 석굴암이 있습니다. 큰 산의 경우 산마루를 기준으로 거의 대칭이 되는 위치에 절이 각각 하나씩 있는 배치에 대해선 제가 앞서 말씀드렸습니다.

칠불암에서 정북향으로 선을 그어 연장해보면 황룡사지의 중심축을 지나서 금강산(金剛山) 백률사(栢栗寺) 뒷산과 맞보는 것을 알 수 있습니다. 또 황룡사의 금당지에서 좌우로 축을 연결해보면 축선 상에 명활산과 선도산이 대응합니다. 명활산, 금오산(남산), 선도산, 소금강산 등을 축선으로 연결했을 때 황룡사라는 절이 경주 시가지의 중심을 잡아줍니다. 황룡사의 시각적인 역할은 이런 산세를 도시 구역으로 규정하는 물리적 장치로 볼 수 있습니다. 이러한 사실에 대해 이어서 곧 설명하겠습니다. 저는 칠불암의 위치를 조금 더 거시적 관점에서, 즉 산과의 관계에서 바라보고자 합니다. 바로 황룡사지와의 관계입니다. 다시 말씀드려 조금 더 큰 시점에서 경주라는 도시의 외곽(edge)과 가람 배치가 어떻게 되었는지를 밝히고자 하는 것입니다.

황룡사가 어떤 절인지는 이제 많이 알려져 있습니다. 그 엄청난 규모 역시 널리 알려졌습니다. 황룡사지의 중심에는 탑이 있습니다. 탑이 절의 중심에 있으니, 그 탑지의 정면을 밝히면 황룡사지의 입지, 즉 정면성에 대해

경주 남산 칠불암

서도 밝혀질 것입니다. 황룡사지가 어떤 원칙에 따라 입지를 잡았느냐는 의문 말입니다.

황룡사 탑지의 한가운데서 정면을 바라보면 신기하게도 멀리 칠불암과 백률사지를 연결한 축이 됩니다. 즉 칠불암과 백률사를 이은 가운데에 황룡사의 중심이 놓여 있습니다. 그렇다면 백률사와 칠불암은 황룡사보다 먼저 생긴 사찰이면서 각각 산자락에 앉은 것이라고 보는 편이 자연스럽습니다. 두 절을 이은 축 위에 새로운 절을 지은 것입니다. 저는 이 사실을 발견하고 신라 시대에도 건축물의 입지를 정할 때 정면성 법칙을 따랐다는 사실을 확인할 수 있었습니다. 사실 제가 우리 건축의 입지와 좌향, 정면성에 대해 확신을 가지고 이야기하게 된 것도 여기에서부터입니다. 그 이전에는 추론이나 가설 수준이었는데 황룡사 입지의 정면성을 발견하면서부터 저의 가설을 뒷받침해주는 증거를 찾은 셈입니다.

황룡사가 어떤 절입니까? 신라 후기 진흥왕대에 이 자리로 궁궐을 옮기려고 했습니다. 그런데 용이 나타나는 바람에 대신 그 자리에 절을 지었

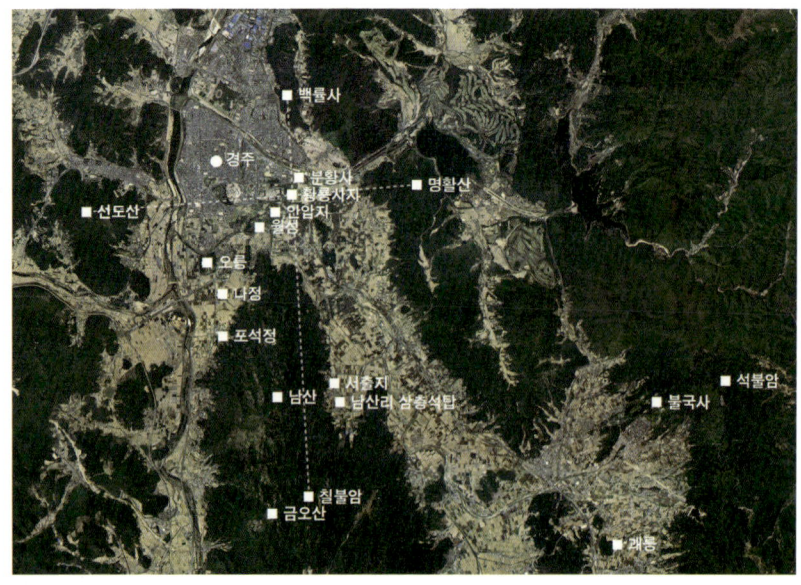

남산 삼층 석탑 위치도(위성사진)

다고 했습니다. 이 전설로 미뤄보면 그 당시엔 불교 세력이 왕실 세력을 압도할 만큼 우세했지 않나 싶습니다. 불교 측에서 궁궐을 이전하는 왕실의 상황을 좌우할 수 있었다는 말이죠.

황룡사 탑의 입지가 남북으로 멀리 백률사와 칠불암을 축으로 하고 있다면 동서의 축은 멀리 위치하고 있는 명월산성과 선도산을 이음으로써 이루어집니다. 황룡사는 이 동서와 남북 축선상의 교차점에 세워진 것입니다. 이 교차점을 중심으로 해서 앞뒤로 건물이 배치되었습니다. 칠불암에 올라가시면 이 사실을 한번 눈으로 확인해보시는 것도 좋겠습니다.

서출지: 안압지 이전 시기 신라 원림 건축

서출지(書出池)[2]는 신라 21대의 왕인 소지왕(炤知王)의 전설이 있는 곳입니다. 전설은 전공이 아니라 잘 모르니, 건축적인 입장에서 서출지를 살펴

서출지

보려 합니다.

서출지의 전설은 유명하지만 다시 한번 되짚어볼까 합니다. 488년 신라 소지왕이 정월 대보름날 천천정에 거동했는데 까마귀와 쥐가 나타나 울었다고 합니다. 쥐가 사람의 언어로 '까마귀를 따라가라'고 했고, 이에 임금이 기사(騎士)에게 명해 까마귀를 따라가게 했습니다. 기사가 남쪽으로 피촌(避村)에 이르렀을 때 돼지 두 마리가 서로 싸우고 있었는데 정신없이 그 모습을 구경하다가 까마귀 간 데를 잃어버렸지요. 그 때 한 노인이 못 가운데에서 나와 글을 받들어 올렸는데, 그 봉투에 '열어 보면 두 사람이 죽고, 열지 않으면 한 사람이 죽는다'라고 씌어 있었습니다. 임금은 "두 사람이 죽는 것보다는 한 사람이 죽는 편이 낫겠다"고 말했지만 일관(日官, 삼국 시대 천문관측과 점성(占星)을 담당하던 관원)이 아뢰기를, "두 사람이라는 것은 서민을 말함이요, 한 사람이라 함은 임금입니다"라고 했습니다. 임금이 옳다고 여겨 봉투를 열어 보니 "거문고 갑에 활을 쏘라"고 써 있었습니다. 임금이 궁으로 들어가서 거문고 갑에 활을 쏘았는데, 그 속에는 바로 내전에서 분수(焚修, 부처 앞에 향불을 피우고 도를 닦음)를 하던 승려가 숨어 있었습니다. 왕비와 몰래 간통하던 차에 왕을 해치려 간계를 꾸몄던 것입니다. 왕비와 승려는 죽음을 당하고 노인이 나온 연못을 서출지라고 불렀다죠. 그런데 이 소지왕 때는 이차돈이 순교하기 이전이라서(528), 승려가 등장하는 대목의 진실 여부가 불확실합니다.

서출지는 동향으로 토함산을 향하고 있습니다. 토함산 쪽은 물이 내려오는 방향입니다. 물이 내려오는 쪽에 둑을 만들어 물이 들어오고 나가는 것을 조정한 것으로 보입니다. 물이 한쪽으로 빠지게 해서 둑 앞을 지나게 했고, 이 둑이 무너지지 않게 안팎으로 수목을 배치한 것이 보입니다. 안쪽으로는 목백일홍을 심고 뒤쪽으로 소나무를 심었는데 아직도 800년이 넘은 나무 몇 그루가 남아 있습니다. 앞으로는 꽃나무 즉 화목

(花木)을 심고 뒤쪽으로 상록수를 심는 것은 우리 옛 원림의 전형적인 배식 형태입니다.

서출지는 안압지 이전 시기의 신라 원림 건축을 보여주는 사례라는 의미가 있는 곳입니다. 불교 유적이 많은 경주에서 드물게 불교 유적이 아닌 곳이기도 합니다. 전설로 추론하여 볼 때 혹시 서출지는 절과 그 부속 원림이 있던 곳이 아니었을까요? 다시 말해서 원래는 절에 속한 곳이었는데, 절과 왕실 사이에 갈등이 생겼고, 그 결과 이곳이 왕실 소유가 되면서 절은 없어졌다고 볼 수 있는 가능성은 없을까요? 전설에서는 왕이 승려를 죽이는 것으로 나와 있는데, 그 전설의 기원을 절의 조성 과정에서 찾아볼 수도 있지 않겠습니까. 조심스러운 추론입니다만 그럴 가능성도 있다고 봅니다.

분황사와 기림사: 경주에서 가장 오래된 절들

분황사는 경주 시내에 현존하는 사찰 중에서 가장 오래된 절의 하나로, 선덕왕 3년(634)에 창건되었다고 합니다. 분황사는 기림사 다음으로 창건되었으나 중요도 면에서는 훨씬 더 큰 주목을 요합니다. 자장이나 원효 등 통일신라 시대의 유명한 승려들은 다 분황사에 머물렀다고 합니다. 당시 경주 도심에서 가장 유명하고 중요한 절이었던 거죠.

벽돌 모양으로 다듬어 쌓아올린 석탑인 분황사의 모전탑(摸塼塔)도 무척 유명합니다. 건립 당시에는 7층 또는 9층 석탑이었다고 하는데 임진왜란 등을 거치면서 지금은 3층만 남아 있습니다. 탑 형식 자체는 당나라의 영향을 받았고, 전탑 네 모서리에 있는 사자상 석물들은 힌두교의 영향이 있었음을 보여줍니다.

분황사와 더불어 경주권 변방에서 가장 오래된 절인 기림사는, 석가모니와 제자들이 수행했다고 하는 기림정사에서 따온 이름입니다. 이 절에서

분황사 모전석탑

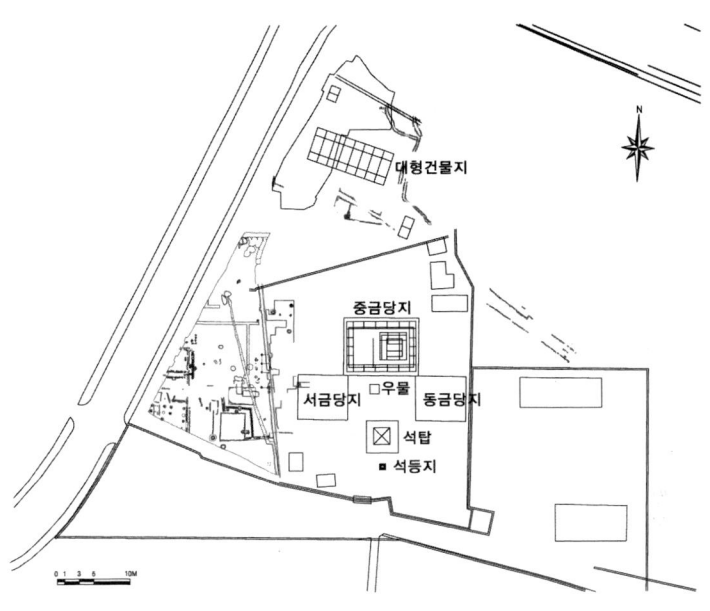

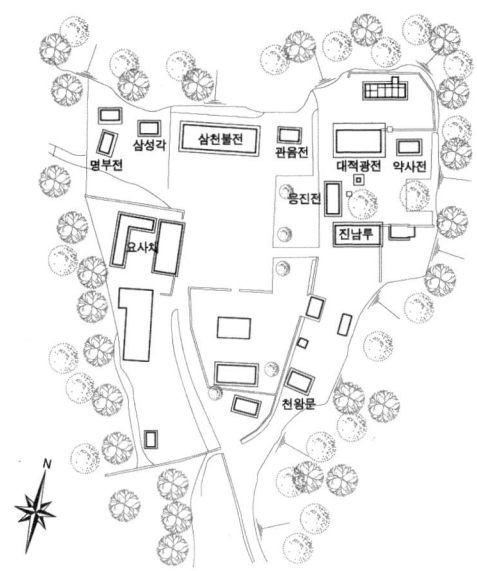

▲ 분황사 발굴조사 유구 현황도

▼ 기림사 배치도

기림사 전경

유심히 관찰해야 할 것은 요사채의 배치입니다.

경주 함월산 자락에 있는 기림사의 요사채는 절에서 가장 높은 곳에 위치하고 있습니다. 매우 독특한 배치라 할 수 있죠. 요사채가 절의 가장 높은 곳, 가장 높은 위계에 위치한 절은 기림사가 유일합니다. 신라 신문왕이 아버지인 문무왕의 수중릉으로 행차할 때 기림사에서 하루를 묵었다고 합니다. 왕이 머문 요사채에 대한 존중이 이렇게 공간의 높이로 표현된 것으로 보입니다.

구조적으로 심오하게 조영된 원림, 안압지

다음은 안압지입니다. 기러기가 날아와 내려앉는다는 의미의 '안압지'라는 이름은 고려 때에 등장한 명칭입니다. 이곳의 이름은 《삼국사기》의 동해전에서 발견됩니다. 안압지는 왕자가 머물거나 궁의 연회를 하는 장소로 쓰였다고 합니다.

《신증동국여지승람》에 "문무왕이 궁궐 안에 못을 파고 돌을 쌓아 산을 만들었으니 무산 십이봉을 모방했으며, 화초를 심고 진기한 새들을 길렀다. 그 서쪽에 임해전 터가 있는데 주추와 섬돌이 아직도 밭이랑 사이에 남아 있다"는 기록이 있습니다. 《삼국사기》를 보면 문무왕 14년(674) 2월 "대궐에 못을 파고 산을 만들어 화초를 심었으며, 진기한 새와 짐승을 길렀다"고 하며, 또 문무왕 19년(679) 8월 "동궁을 처음으로 짓고 안팎 모든 문의 현판 이름을 지었다"고 합니다. 《삼국사기》에는 '무산 십이봉'의 내용이 없습니다. 무산[3]은 중국 사천성 기주부 무산현 동쪽에 있는 산으로 12봉이 빼어나다고 합니다.

안압지에서 중요한 것은 배치입니다. 안압지의 형태를 남동쪽 모서리부터 북서쪽 모서리를 잇는 대각선으로 분할해봅시다. 그렇게 봤을 때 서남방은 전부 기하학적인 형태의 건축물이 자리를 잡고 있습니다. 반면 동북 방향은 완전히 자유로운 선, 자연 곡선으로 되어 있습니다. 이 두 구역의 경계에 있는 대각선상에 접해서 세 개의 섬이 만들어져 있습니다. 요즘은 이 세 개의 섬을 삼신산으로 풀이하는데 사실 문헌 기록에는 삼신산 이야기가 등장하지 않습니다.

황룡사지 근처에서부터 안압지 쪽으로는 냇물이 흐릅니다. 수로를 이용해 안압지로 흘러들어온 물은 폭포에서 낙차가 생기고 다시 흘러 이 세 개의 섬 주위를 휘감아 돕니다. 그리고 다시 빠져나갑니다. 그런 순환으로 인해 연못에 고인 물이 썩지 않을 수 있습니다. 대단히 기능적이고 과학적인 형식입니다. 연꽃을 심은 것도 물을 정화하려는 기능적인 의미가 있습니다.

앞서 이야기했던 안압지의 대각선 축으로 다시 돌아가 봅니다. 제가 보기엔 대각선 기준으로 동북 방향의 절반에서 흙을 퍼서 대각선 아래쪽, 즉 남서 방향에 가산(假山)을 만든 것으로 보입니다. 원래 우리나라 조영의 원리에서는 건축물을 지을 때 자기 구역, 자기 울 안에 있는 것을 밖으로 버린다든가 또는 밖에서 안으로 가지고 들어온다든가 하는 일이 금기였다고 말씀 드린 바 있습니다. 토목이나 건축을 위해 땅을 파면 거기에서 나온 흙을 이용해 그 구역 안에 가산을 쌓았습니다. 현재 서울에 방산시장이 있는 방산동은 청계천을 준설할 때 나온 토사를 끌어내 쌓아 만든 산입니다. 종로 5가 6가 사이 청계천 북쪽으로 가산 하나가 아직도 남아 있습니다. 이것은 대단히 중요한 원칙이었고, 오늘날의 우리도 본받아야 하는 원리라고 생각합니다. 안압지에서도 마찬가지였습니다. 파낸 흙을 다른 곳으로 배출하지 않고 그 구역 안에 산을 만들었습니다.

가산을 직선형이 아닌 자연스런 모습으로 구축한 것도 독특합니다. 그리고 가산이 무너지지 않도록 불규칙적으로 이곳저곳에 큰 돌을 배치했습니다. 땅을 파서 나온 흙이니 양분이 많았을 것입니다. 그래서 이곳 주변에 관목 화목류를 심었습니다.

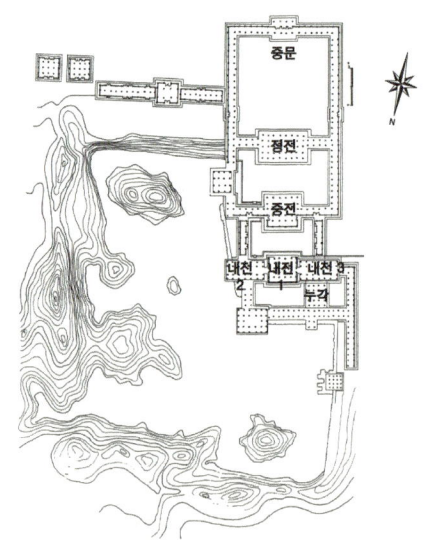

▲ 안압지

▼ 안압지 배치도

안압지의 건축물과 정원, 가산과 화목 등의 배치는 매우 구조적입니다. 안으로 들어가서 걷다 보면 경주 주변 산자락이 병풍처럼 겹겹이 배경으로 보이죠. 지금은 소나무가 심겨져 있지만 제가 볼 때 그건 원래의 배식 수종은 아니었을 것입니다. 사람의 눈높이를 넘는 높은 나무가 있었다면 주변 경치를 보는 데에 방해가 되었을 테니 말입니다.

안압지는 매우 심오하게 조영된 원림입니다. 과학적이고 정밀한 배치를 보여주는 곳입니다. 도시 전체, 경주 주변의 산 전체를 원림 안으로 끌어들이는 안압지의 차경(借景) 기법은 우리나라 원림의 원조라고 평가할 수 있습니다. 그러니 이곳을 연구할 때는 좀 더 과학적인 시각과 방법론을 이용했으면 좋겠다는 아쉬움도 가져봅니다.

안압지에서 흘러나온 물은 궁궐 가운데를 가로질러 시림(始林, 鷄林)을 통해 빠져나갑니다. 경주의 전체적인 지형을 보자면 해자(垓子, 방어용으로 주위를 둘러 판 도랑)가 하나 더 있는 것입니다. 시림은 닭이 울었다는 전설이 남아 있는, 김씨 가문에게 매우 중요한 유적입니다. 당시 석탈해[4]

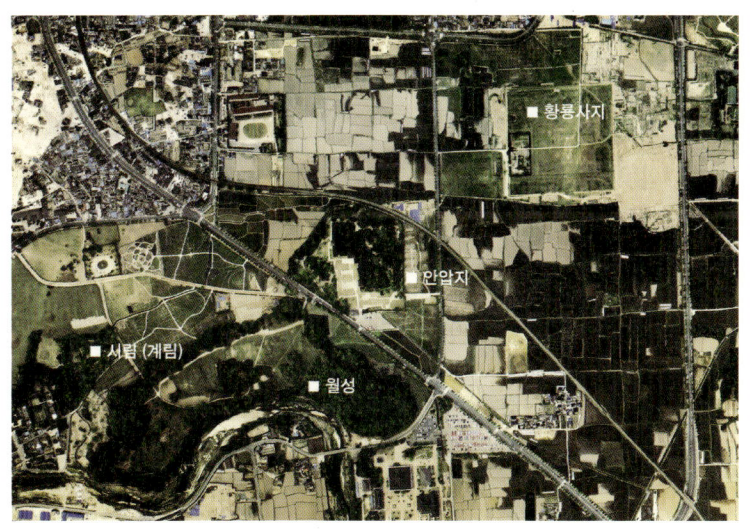

월성 해자
황룡사지에서 흘러나온 냇물은 안압지를 빠져나와 시림을 통해 빠져나간다.

일족은 반월성으로 들어가 높은 곳을 등지고 자리를 잡았습니다. 이에 비해서 김씨 일문은 숲을 등지고 자리를 잡은 것입니다. 숲은 인간에게 대단히 중요한 성소입니다. 높은 산 역시 마찬가지로 성소로 인식되었습니다. 그래서 이 두 일족이 각각 이런 입지에 자리를 잡은 것입니다.

신라 초기의 이런 배치들은 후대에까지 영향을 미칩니다. 예를 들어 경주의 향교는 국자감이 있던 자리에 들어섰습니다. 국자감은 통일신라 때까지의 교육기관입니다. 그 옛날의 뼈대 위에 다시 향교가 들어선 것입니다. 대지는 평지인데 그 가운데 대성전이 있고 앞쪽에는 동무와 서무가 있죠. 그리고 대성전 뒤편으로 명륜당이 있습니다. 평지형 배치의 건축에서 제일 중요한 건물은 가운데 놓이죠? 그러니 향교에서 가장 중요한 건물인 대성전이 중심에 놓이게 된 것입니다.

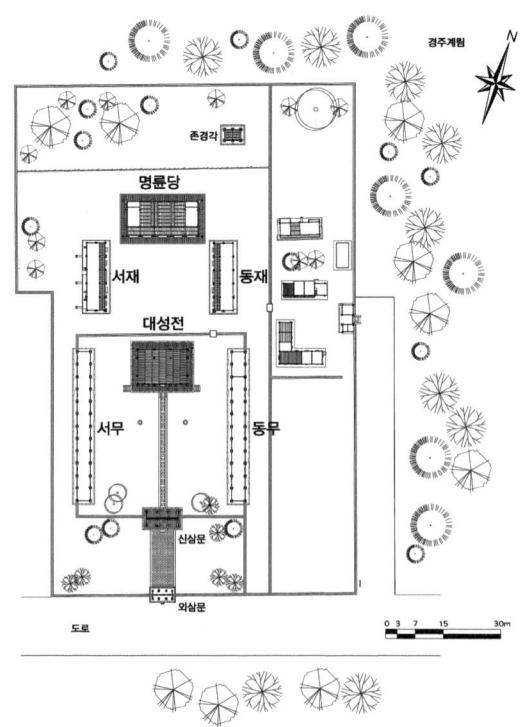

경주향교 배치도

지금까지 경주 지역의 주요 건축물들의 입지를 살펴보았습니다. 사실 경주는 워낙 읽어야 할 것들, 살펴야 할 것들이 많기 때문에 한 번의 답사로는 다 살펴보기가 어렵습니다. 다시 기회가 된다면 못다 말씀드린 부분들을 함께 읽어갈 수 있겠죠.

《신증동국여지승람》에는 경주와 관련되어 집경전(集慶殿), 객관(客館) 등의 항목들이 실려 있습니다. 최부자집, 양동마을, 이조리, 서악서원지, 옥산서원, 충렬사 등의 조선 시대 유적도 있습니다. 또한 '경주 12영'이 있는데 계림영이(鷄林靈異), 오산기승(鰲山奇勝), 포정감회(鮑亭感懷), 문천빙망(蚊川聘望), 반월고성(半月古城), 첨성노대(瞻星老臺), 분황폐사(芬皇廢寺), 영묘구찰(靈妙舊刹), 오릉비조(五陵悲弔), 남정청상(南亭淸賞), 문옥적성(聞玉笛聲), 과유신묘(過庾信墓) 등의 12곳입니다. 경주에 가실 때 이런 기록들을 참고하시는 것도 좋겠습니다.

마지막으로 한 번 더 당부하고 싶은 말은 기존의 문학적, 불교적인 설명만으로 경주를 다 이해했다고 생각하지는 말자는 것입니다. 경주는 한국인 대부분이 평생 한 번쯤 가보게 되는 관광지입니다만 과연 우리가 경주에 대해 알고 있는 것은 제대로 된 역사적 지식일까요? 객관적 사실에 근거를 둔 분석을 배우고 있는 것일까요? 새로운 관점으로 좀 더 차분하고 거시적으로, 그리고 역사성을 이해하면서 경주를 바라봐야 할 때가 아닌가 합니다.

백률사
《신증동국여지승람》, 권21, 경주부, 불우

전사경(全思敬)의 서루기(西樓記)에, "계림에 있는 누관(樓觀)들 가운데에서 백률사의 누가 가장 훌륭하다. 선유 정지상(鄭知常)의 무리가 시를 지어 그 극히 아름다움을 칭찬하였다. 절을 창시한 연월은 고증할 길이 없으나 쇠잔하고 황폐함이 이미 심하여 경치(景致)와는 서로 걸맞지 않는다. 영평군(鈴平郡) 상국 윤승순(尹承順)이 부윤이 되어 온 지 2년 만에 왜구가 이미 물러갔으므로 군사들은 오랫동안 한가하였다.

절의 주지 견해(見海)와 부 판관 심우경(沈宇慶)과 함께 중수할 것을 계획하고, 통례문지후(通禮門祇候) 김정미(金精美)와 안일(安逸) 김군자(金君子)에게 명하여 수졸을 거느리고 그 공사를 독려하게 하였다. 그 앞으로 행하는 것과 뒤를 등진 것과, 보태고 줄이는 구상은 다 윤공의 의사에서 나온 것이다. 그리하여 등림(登臨)하고 관람하기 좋은 것이 옛날보다 배나 더하였다.

이 절은 나라에서 향을 내려주어 왕실의 복을 비는 곳이며, 사대부들이 항상 왕래하는 곳이다. 더구나 신라 고도의 웅장한 풍경 멀리 트인 조망이 모두 이 누에 모여 있다. 옛것을 좋아하는 군자가 아니면 누가 능히 퇴폐된 낡은 건물을 헐어버리고 화려한 새 집을 지어 사방의 유담객들과 즐거움을 함께 하겠는가? 만일 불전을 수리 영조하여 부처에게 복을 바란다고 한다면 윤공의 뜻이 아니다." 하였다.

《신증동국여지승람》에 나타난 백률사

객관
《신증동국여지승람》, 권21, 경주부, 궁실(宮室)

서거정의 동헌기(東軒記)에, "신라가 계림에 도읍하였더니, 고려 태조가 삼국을 통일하매, 나라가 없어지고 경주로 되었다. 조금 뒤에 대도호부(大都護府)로 승격하였으며, 성종(成宗)은 동경유수(東京留守)를 두었고, 현종(顯宗)은 유수를 폐지하고 낮추어 경주방어사로 하였더니, 얼마 가지 않아서 다시 두었으며, 중간에 다시 변고를 겪어 지경주사로 낮추었다. 고종은 다시 유수로 하였고, 충렬왕은 고치어 계림부(鷄林府)라고 일컬었다.

조선 태종(太宗) 15년(1415)에 다시 경주부로 하고, 세종 때에 태조의 화상을 집경전에 모시었다. 경주부는 경상 전도에서 제일 크다. 토지는 비옥하고 평평하고, 백성은 부유하며 많다. 인심은 순박하여 옛날 신라 때에 남긴 풍속이 있다. 여기저기 기이한 승지와 예전 현인들이 끼친 자취가 있어서 전대 인물들의 풍류를 또한 넉넉히 상상할 수 있다. 거정(居正)이 젊었을 때에 영남에 노닐어 여러 이름난 곳을 거쳐 경주에 이르니, 변화하고 곱고 아름다움이 실로 동남 여러 고을 중에 으뜸이었다. 다만 객관의 집이 누추하고 좁아서 비록 의풍루(倚風樓)가 한 채가 있었으나 올라가 조망하여 답답한 심회를 시원히 펴기에는 넉넉하지 못하였다. 이것이 이 고을의 큰 결점이었다.

《신증동국여지승람》에 나타난 경주 객관

나는 그윽이 생각하기를, '경주로 된 것이 고려 때부터 이미 오백년이 된다. 이 고을에 원으로 취임한 어진 이는 몇 사람이며, 유능한 이는 몇 사람이었는지 알 수는 없으나, 어찌 한 사람도 폐해진 객관을 수리한 사람이 없어 이렇게 되도록 했단 말인가' 하였다. 임오년(1462) 겨울에 내가 봉명사신(奉命使臣)으로 경주에 오니, 벗 자헌(資憲) 김담(金淡)이 부윤이었으며, 승의(承議) 신중인(辛仲磷)이 통판(通判)이었다. 감사 복천(福川) 권개(權愷)공이 의풍루 위에서 나를 위하여 주연을 열었다.

내가 전에 생각한 말을 꺼내어 이야기하였더니 부윤이 웃으며 말하기를, '자네가 내 마음을 먼저 알고 있네. 이미 통판과 의논하여 장차 객관을 중수하기로 하고, 재목을 축적하고 기와를 구우면서 시일을 기다리고 있을 뿐이네.' 하였다. 감사가 듣고 그 또한 칭찬하였다. 거정이 말하기를 '경주에 객관이 새로 되는 것에 수가 있는 게로군. 어진 부윤이 있고 어진 통판이 있고, 또 어진 감사가 있어 뜻이 가고 의논이 합치하였으니 일은 기일을 지정하여 할 수 있게 되었군' 하였다.

얼마 안 되어 김부윤은 이조판서가 되어 조정으로 소환되고 계미년(1463) 여름에 봉원(蓬原) 정흥손(鄭興孫) 공이 이어 부윤이 되었다. 신통판이 일의 유래를 자세히 사뢰고, 장차 객관의 옛 터에다 규모를 더 크게 경영하여 지으려고 하니, 고을의 대족(大族)인 지금 영의정 고령부원군 신숙주 공과 대사성 김영유(金永濡) 공이 또 그 일을 가상히 여겨 대목 서휴(徐休)를 보내어 그 공사를 독려하게 하였다. 먼저 대청 5간을 세우니 앞뒤에 툇마루가 있고, 크고 시원하고 널찍하다. 동편과 서편에 헌(軒)이 있으니, 각각 상방(上房)과 협방(俠房)이 있어 서늘하고 따뜻함이 알맞게 되어 있다. 단청을 하니 무늬와 광채가 눈부시게 빛나 보는 사람들이 장하게 여겼다.

갑신년(1464) 겨울에 신통판이 감찰이 되어 돌아가니, 양석견(楊石堅) 공이 후임으로 와 계승해서 수선하여 낭(廊)과 무(廡)를 날개처럼 붙이고, 담을 둘러 쌓아 공사가 이미 완성되었다. 병술년(1466) 봄 정월에 정부윤이 임기가 차서 소환되고, 화성(和城) 최선복(崔善復) 공이 이어 부윤이 되었으며, 2월에는 양통판이 바뀌어 통판 정란손(鄭蘭孫)이 이어 통판이 되었다. 공사가 아직 마치지 못한 것은 두 후가 조치하고도 남음이 있을 것이다.

의풍루(倚風樓)
«신증동국여지승람», 권21, 경주부, 누정

하루는 신공(辛公)이 나에게 말하기를, '경주의 동헌이 장차 새롭게 되었는데 의풍루가 또 불타 버려서 선유(先儒) 가정(稼亭) 이선생(이곡을 가리킴)의 기(記)도 따라 없어졌으니, 경주의 지나간 문적을 증거할 것이 없다. 일의 처음부터 끝까지 알기로는 그대만한 이가 없으니, 바라건대 기를 써주게.' 하였다.

거정이 말하기를 '내가 전일에 경주의 부족한 점이라고 여겼던 것을 두어 분의 힘으로 한번 크게 새로 중수하였으니, 어찌 즐겨 쓰지 않겠는가. 더구나 춘추에서도 공사를 일으킨 것은 반드시 기를 썼으니 그것은 민사(民事)를 중히 여기기 때문인 것이다. 내가 살펴보니 요즘 수령이 된 자는 거의 다 백성을 수고롭게 하고, 많은 사람을 동원하며, 시기는 적당치 못한데 공사를 지나치게 벌여, 누각 하나를 세우고 청사(廳舍) 하나를 영조하는 데에도 정사를 방해하고 백성을 해침이 많았다. 그런데 이제 김부윤, 양통판은 급히 서두르지 않고 백성을 괴롭히지 않으면서 백성 부리기를 때맞추어 하였으니, 이 두 군자 같은 이는 춘추의 예에 있어서도 또한 포장(襃獎)할 만하고 쓸 만한 것이다. 거정은 직책이 예원(藝苑)에 참여하여 있으니 글을 잘 못한다고 하여 사양할 수 없기에, 우선 대개를 써서 돌려 보낸다. 최, 정 두 후의 명성에 관한 것은 계속하여 쓸 사람이 또한 반드시 있을 것이다.' 하였다.

이곡(李穀)의 시 서문에, "내가 동경(東京)의 객사에 이르러 동루(東樓)에 오르니 도무지 아름다운 경치가 없었는데 서루(西樓)에 오르니 사뭇 웅장하고 아름답고 시원히 트여서 성곽과 산천을 한눈에 다 볼 수 있다. 삼장법사 선공(旋公)이 썼다 하는 의풍루 석자가 있을 뿐, 제영(題詠)한 것이 없다. 생각하건대, 이 부는 천년 구도로 옛날 어진 이들이 남긴 자취가 간간이 있으며, 고려에 들어와 동경으로 삼은 지도 또한 곧 오백 년이 되려한다. 번화하고 아름다움이 동남에서 으뜸이 된다.

봉명사신의 절월(節鉞)을 잡고 와서 풍속을 살핀 이(감사를 말함), 병부(兵符)를 쪼개어 받아 지방을 다스린 이(부윤을 가리킴)들 중에 시인묵객들이 많았을 터이니, 내 생각으로는 반드시 홍벽사롱(紅甓紗籠)과 은구옥근(銀鉤玉筋)이 그 사이에 서로 빛날 것이라 하였더니, 이제 본 바로는 다만 빈헌(賓軒)에 써 놓은 절구 한 수만 있을 뿐이다. 그것은 선유 김군유(金君綏)가 처음 지은 것이다. 어떤 이는 말하길 '그동안 객관에 화재가 나서 시를 쓴 현판들이 따라 다 없어졌다.' 한다. 그러나 김씨의 시는 어찌 홀로 불타지 않았으며, 화재 뒤에 지은 글은 또한 어찌 보이지 않는가.

«신증동국여지승람»에 나타난 경주 객관

«신증동국여지승람»에 나타난 의풍루

어떤 이가 하는 말은 징빙(徵憑)하기에 부족하다. 향교의 유생 한 사람이 말하기를 '김군의 시가 우연히 남아 있어 백 년 전의 풍류와 인물을 상상할 수 있습니다. 대개 그때에는 백성들이 순박하고 정사는 간략하여 사건이 있으면 곧 처리하며, 흥이 나면 바로 즐겨 하여서 문부(文簿)가 앞에 펼쳐 있고 중악이 장막 뒤에 있어도 남들이 비난하지 않았으며, 자신도 혐의롭게 여기지 않았더니, 백 년이 지난 뒤에는 조급하고 스스로 닦고 조심하기를 힘써서 한번 찡그리고 한번 웃는 일도 혹이나 때가 아닐까 저어하게 되니, 어찌 감히 경치를 찾아 시를 읊어 썩은 선비들의 비난을 자취(自取)할 수 있었겠습니까. 지금 선생께서는 병부를 받은 절월과 사명도 가리지 않았으며, 심신의 경계와 아름다운 경치를 구경하는 것을 일로 삼아 금강산과 설악산의 높은 산들을 멋대로 보고, 또 철관(鐵關)을 넘어 동해에 들어가서는 성들의 기이하고도 신비스러움을 남김없이 다 구경하였으며 드디어 바다를 따라 남쪽으로 내려와서는 총석정의 옛 비석과 삼일포의 돌에 새긴 붉은 글씨 여섯 자를 손으로 어루만지고, 영랑호와 경포에 배를 띄워 신선이 놀았다는 유적을 찾아보았으며, 성류굴에 촛불을 비춰 그 그윽함과 기이함의 극치를 다 보았습니다. 그리고 마침내 이곳에 이르렀으니, 놀고 구경하는 일에는 마음껏 하였다 할 수 있겠습니다.

그러나 신라 고도의 웅장한 형세와 멀리 트인 조망이 이 누에 다 모였는데, 여기에 한마디의 말씀도 없이 간다면 선생을 위하여 부끄러워합니다.' 하였다. 나는 답하기를, '내가 어찌 말하지 않겠는가. 다만 시인 묵객의 유(流)와 같지 않다. 그러나 여러 고생들의 말에 깊이 느낀 바가 있고, 또 시대의 변함을 살필 수 있다.' 하고 인하여 칠언 사율을 지어 이 루에 오른 것을 표시한다. 시에,

동도(東都)의 문물이 아직도 번화한데
다시 높은 누를 세워 붉은 노을 스치네.
성곽에는 천 년 된 신라 때의 나무요
여염(閭閻)에는 반이 절이었네
구슬 발 걷고 보니 산 빛은 그림 같고,
옥피리 불고 나니 해는 아직 기울지 않았네.
기둥에 비껴 서서 시를 읊고
도리어 스스로 웃노니
다음에 다시 올 때에 벽사롱(甓紗籠) 필요 없다라고 하였다."고 되어 있다.

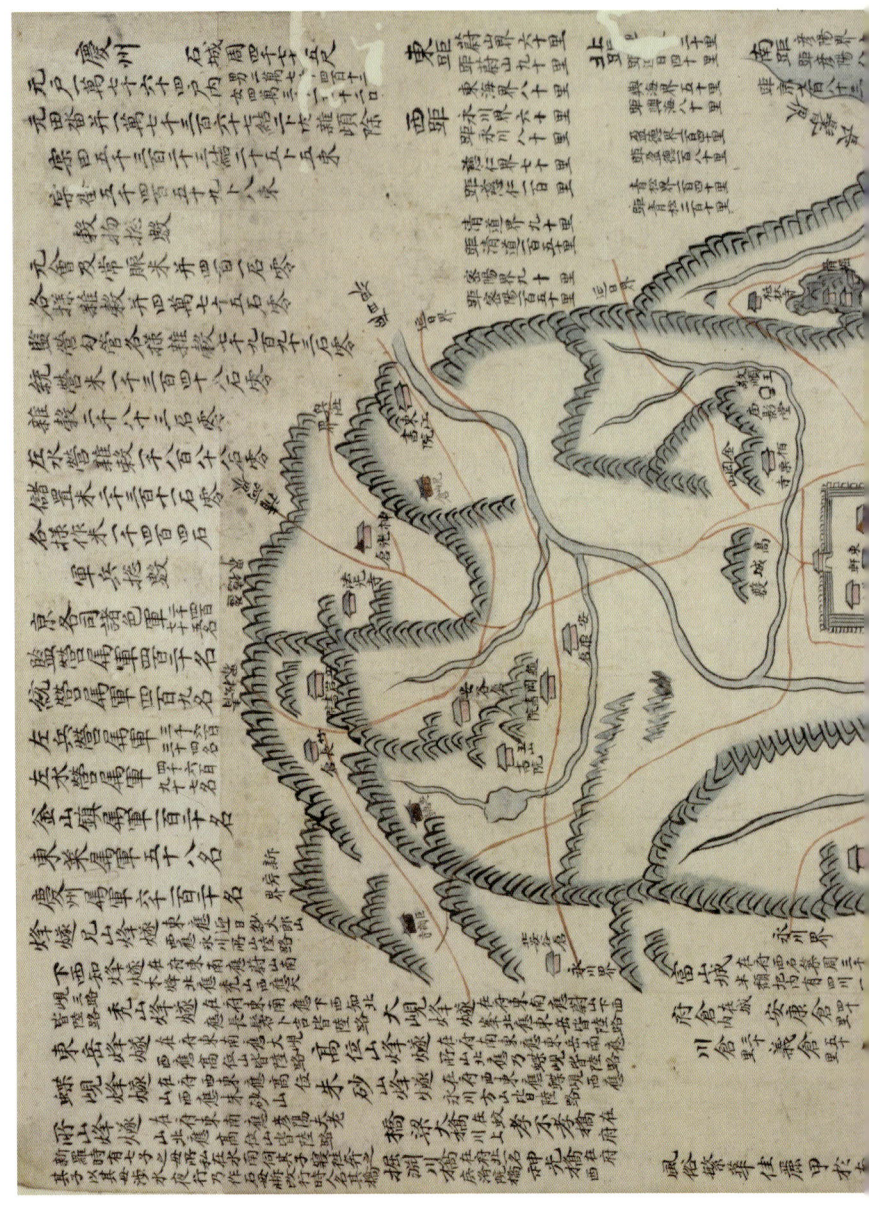

경주, 《해동지도》

경주읍성은 조선 시대에 축조되었다. 성 자체만 보면 그렇게 규모가 있다고는 할 수 없다. 성은 조선 시대의 것인데 한쪽에 고려 시대 말에 지은 객사 한 부분이 남아 있다. 이런 점을 고루 살펴보면 경주는 신라 이후에도 이 일대의 행정적 중심이었음을 알 수 있다. 그런데 경주읍

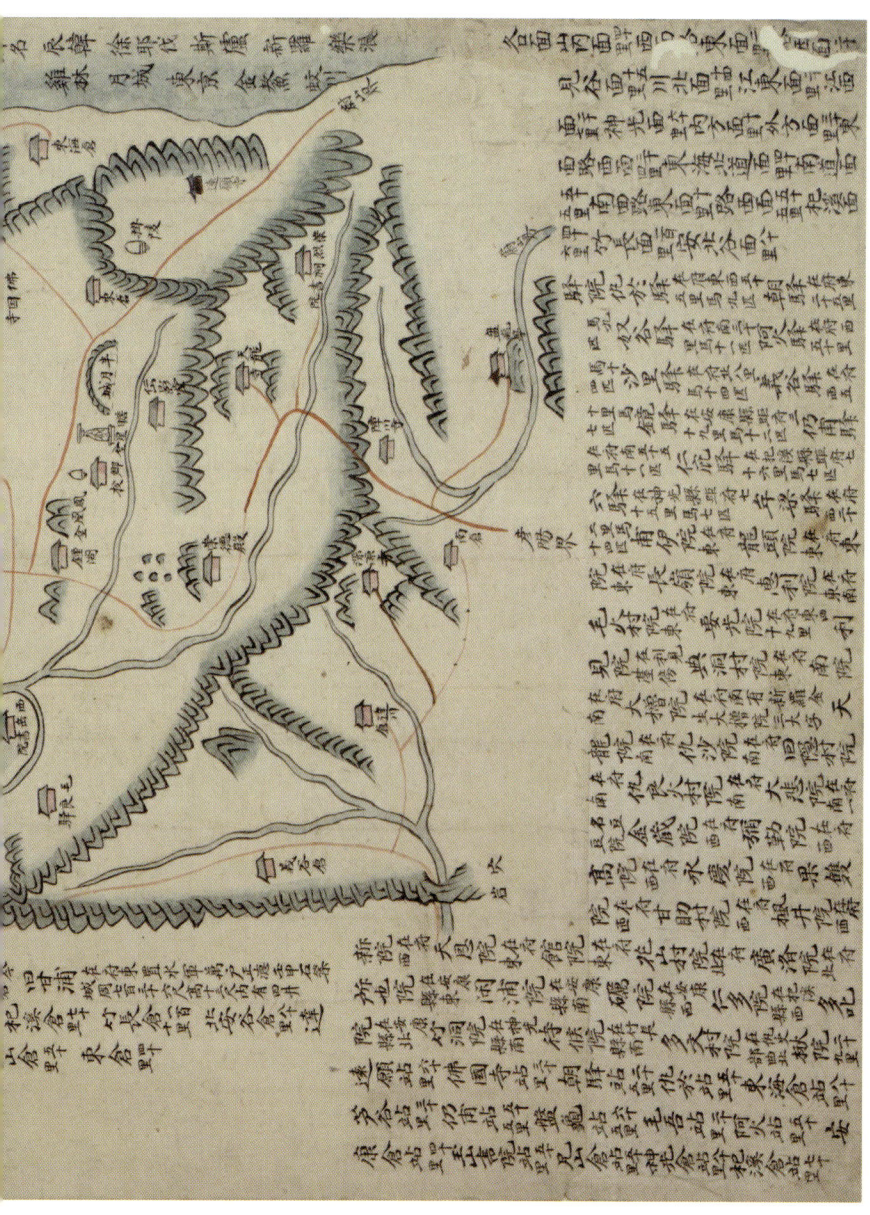

성은 과거 신라와 통일신라 시대 경주 영역의 많은 부분을 포기하고 일부만 에워싸고 있다. 조선 초기에 읍성을 지으면서 경주 도심에 있던 신라의 많은 유적을 일부러 눌러버리고 읍치를 만들었던 것으로 보인다. 성의 형태는 전형적인 방형이다.

길이 생기자 많은 것이
달라졌다

경남 덕유산 지역의
서원과 민가 건축

이번에는 경남 일대의 민가와 서원 건축을 공부해볼까 합니다. 경남 중에서도 백두대간의 지리산 동북 방향의 함양, 산청, 거창 지역이 이 지역 민가와 서원의 중심입니다.

길 이야기

경상도 지역이 주제입니다만 일단 그곳까지 가는 길 이야기부터 해보겠습니다. 서울에서 경남 진주까지 가려면 어떻게 가야 할까요? 차를 이용하는 요즘엔 주로 경부고속도로로 가다가 대전에서 통영까지 가는 고속도로를 이용합니다. 비교적 최근에 생긴 이 도로 덕분에 함양, 산청, 진주 지역으로 가기가 한결 쉬워졌습니다.

예전에는 어떤 길로 진주까지 갔을까요? 그때는 서울에서 진주까지 가는 게 참 어렵고 멀었습니다. 전주까지 가서 남원에 이르러 동쪽으로 여원치라는 고개를 넘습니다. 이 길로 백두대간의 지리산 반대편으로 넘어가는 것입니다. 그렇게 해서 함양, 산청 쪽으로 해서 진주로 내려갑니다. 이게 고려 이전부터 있던 길입니다. 굉장히 오래되었지요.

서울에서 부산(동래부)으로 가기 위해선 황간에서 추풍령으로 해서 금산(김천)으로 갑니다. 부산과 진주가 같은 경남권이긴 한데 서울에서 가는 길은 달랐습니다. 김천은 원래 금산군에 속했고 경부간 교통의 요지였습니다. 서울에서 내려와 충청권에서 보은-청산-황간-김천으로 가는 길이 있고, 서울에서 청주-문의-영동-황간-김천으로 가는 길도 있습니다. 이 두 길은 황간에서 만나 추풍령을 넘어 김천 즉 예전의 금산에서 만났습니다.

이 길은 합천-삼가로 해서 진주에 이르는데 산이 높고 지세가 험해 오래 걸렸습니다. 그래서 새로운 길이 생깁니다. 즉 금산에서 거창-산청-단성으로 해서 진주로 가는 길입니다. 이쪽으로 길이 없었던 건 아니지만 둘러가는 까닭에 잘 이용되지 않았는데 시간이 흐르자 사람들이 차츰

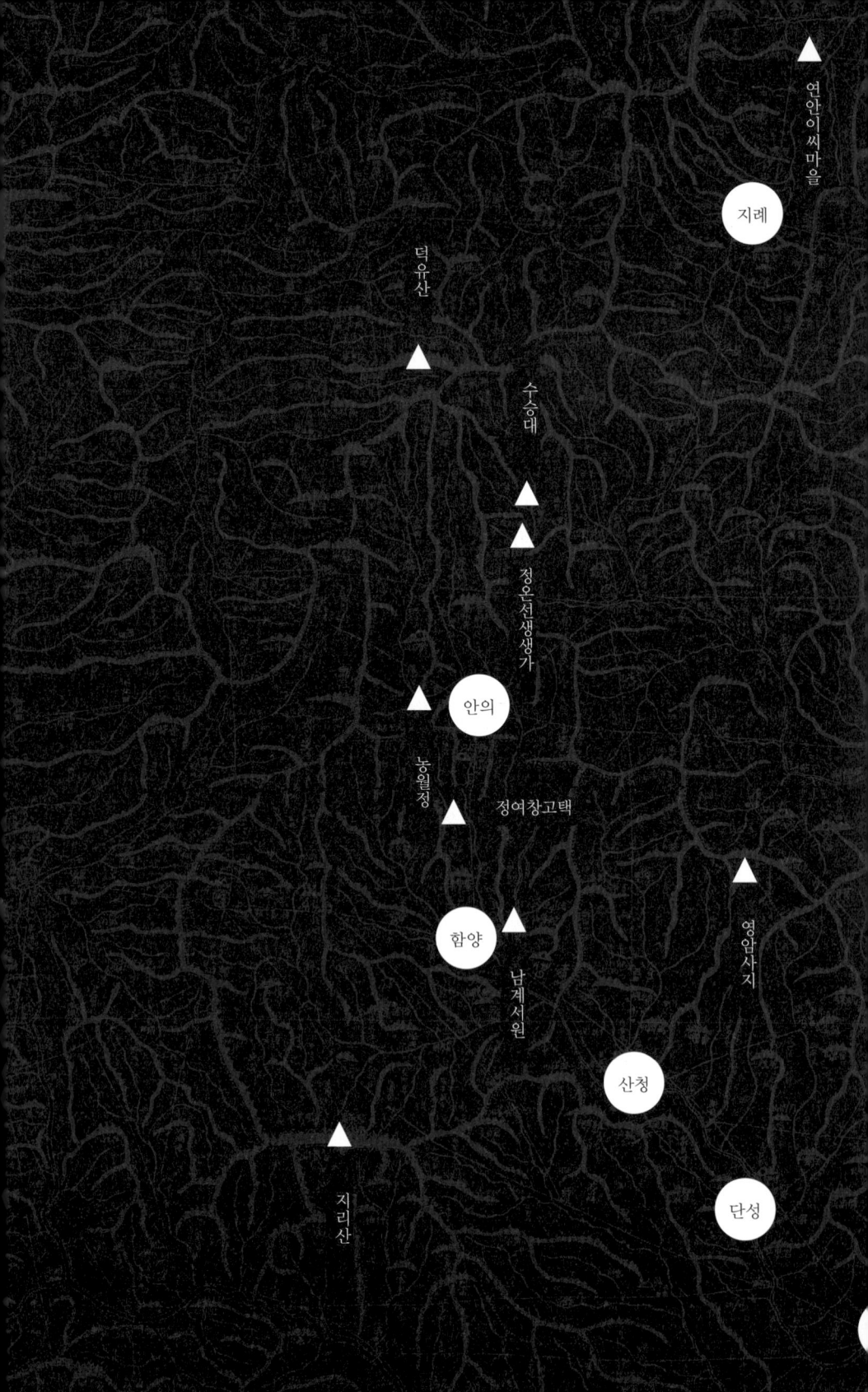

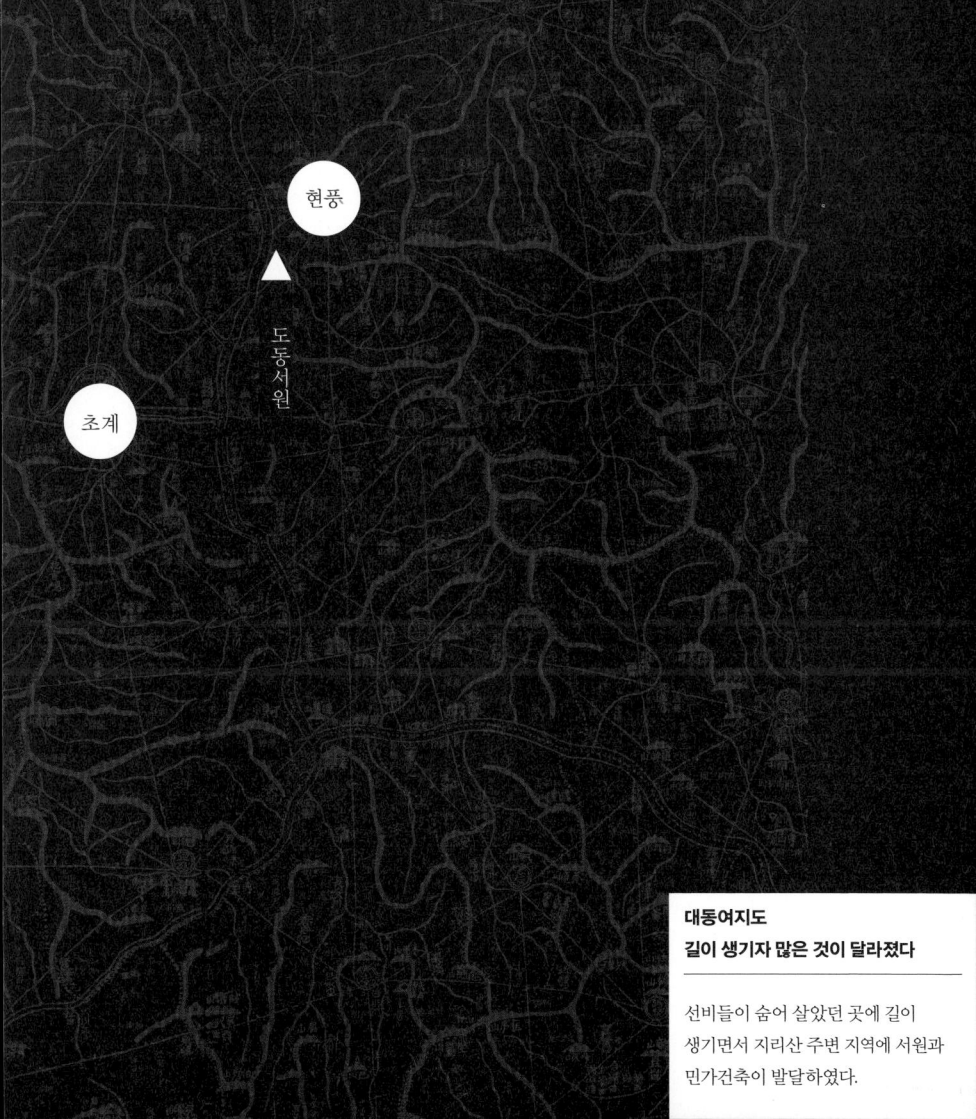

대동여지도
길이 생기자 많은 것이 달라졌다

선비들이 숨어 살았던 곳에 길이
생기면서 지리산 주변 지역에 서원과
민가건축이 발달하였다.

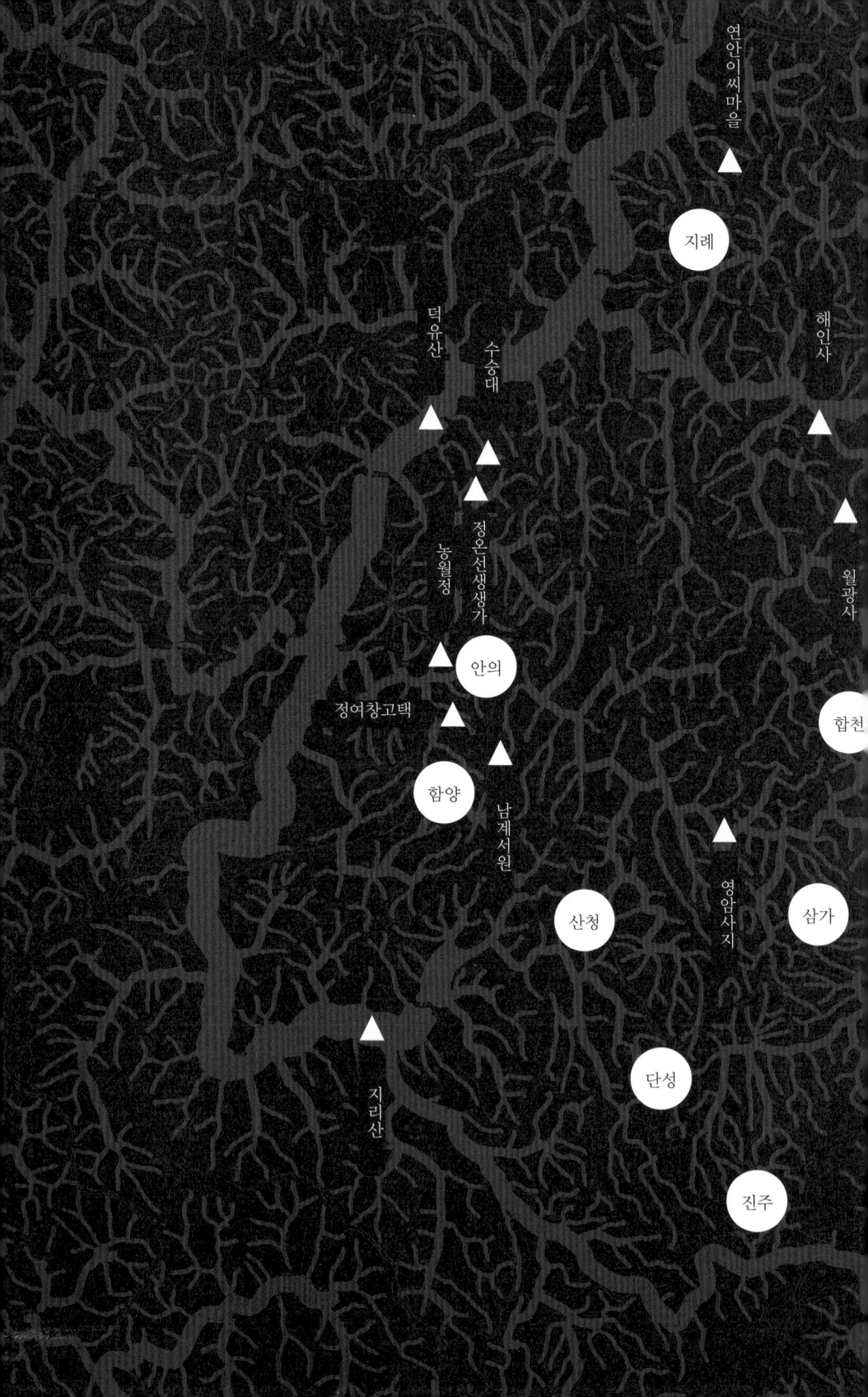

산맥도
길이 생기자 많은 것이 달라졌다

앞의 «대동여지도»를 바탕으로
지리산과 덕유산 일대를 현재의
지형도에 그린 산맥도이다.

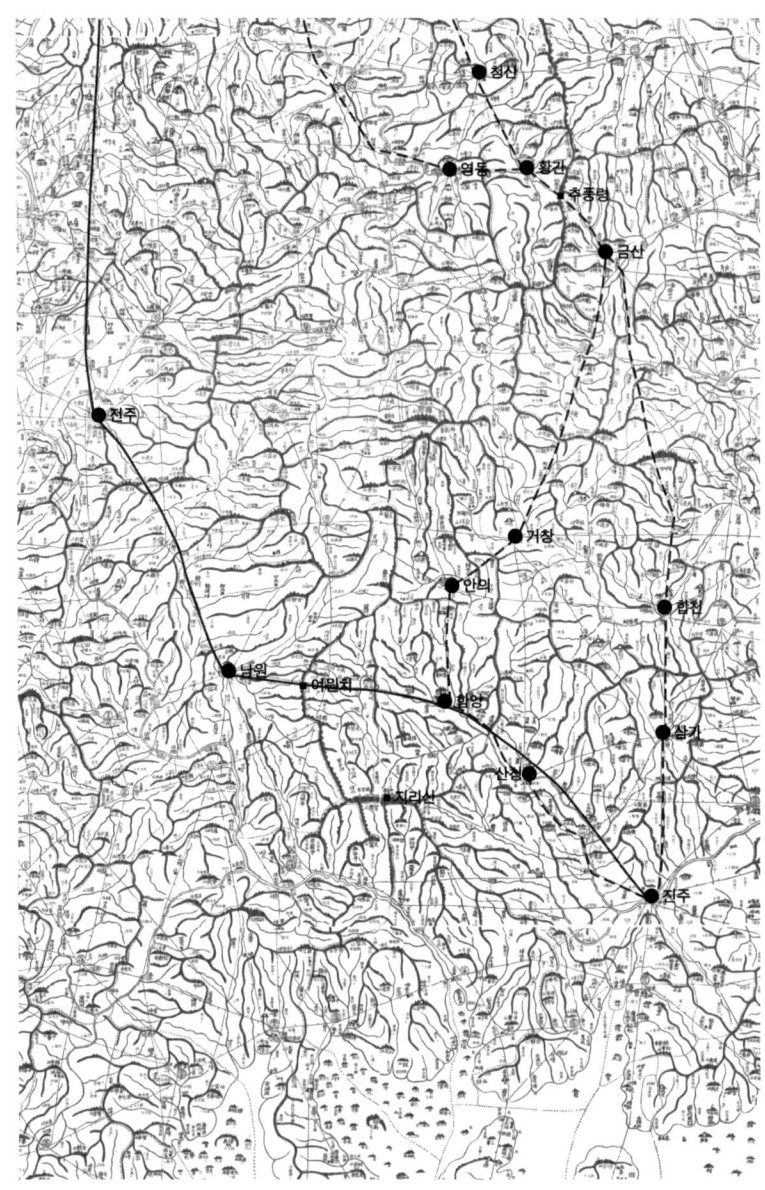

한양에서 진주까지 길의 변화.
실선은 고려 시대부터 있던 길이다. 황간-금산에서 합천-삼가를 통해 진주로 가던 길이 먼저 쓰이다가 거창-산천을 거치는 길이 주로 이용되었다.

이쪽으로 다니면서 길도 확실하게 뚫렸습니다.

이 길이 개발된 시기는 조선 후기 영정조 때인 것으로 보입니다. 당시 지암 이동항이 지리산을 여행하면서 쓴 기행문[1]인 《방장유록(方丈遊錄)》에는 1790년 음력 3월 28일부터 5월 4일까지 경상도 칠곡을 출발하여 함양-지리산-진주로 여행하였다고 되어 있습니다. 가보신 분들은 아시겠습니다만 여기는 지형이 굉장히 험한 곳입니다. 지도만 봐도 쉽게 알 수 있습니다. 높은 산이 지그재그로 솟아 있어 보통 사람들이 다니지 않았던 것도 당연합니다. 그러다 인구가 늘고 왕래도 많아지니 개발이 되었던 것입니다.

이곳은 워낙 험하고 외진 곳이었던지라 많은 선비들이 이곳에 숨어 살았다는 기록들이 있습니다. 고려 말 조선 초기를 시작으로 해서 연산군 때 일두 정여창이 함양에 은거했고, 〈조의제문(弔義帝文)〉을 사초에 기록했던 사관 김일손과 그 일가 역시 이쪽에 숨어 살았습니다. 김일손은 김종직이 생전에 지었던 〈조의제문〉을 사초에 적어 넣었는데 그 사건이 발단이 되어 무오사화가 일어났습니다. 시기를 좀 더 거슬러 올라가면 세종 때 표연말[2] 역시 이곳에 숨어 살았다 합니다. 인조가 삼전도에서 청에 항복한 이후 덕유산으로 떠난 동계 정온의 종가집이 아직도 거창 덕유산 자락에 남아 있습니다.

정여창은 복잡한 조정을 떠나 부모를 모신다는 핑계로 이곳에서 현감을 했습니다. 그때 만든 건물이 광풍루입니다. 광풍루는 지금 봐도 아주 기막힌 경치를 주변으로 끌어안고 있습니다.

이제는 이쪽으로 진주 가는 고속도로가 뚫려 옛날 지리산을 넘어 돌아가던 험한 길과는 비할 바가 아닙니다. 현대엔 고속도로뿐만 아니라 국도나 지방도로가 잘 포장되어 있으니 길이란 것이 별로 대단해 보이지 않습니다. 건설 관련 기술이 발달했으니 도로를 내겠다고 계획을 세우면 산을 뚫고 물을 건너서라도 길을 낼 수 있습니다. 그렇지만 옛날에는 달랐습니다. 길이란 지형에 순응할 수밖에 없었습니다. 길이라고 해봐야, 수레가 다닐 수 있는 도로는 전국적으로 극히 제한되었고, 사람들의 발걸음으로 다져져 생긴 길이었지만, 그나마도 그 길조차 없는 곳은 통행이 어려웠습니다.

옛날엔 길이 생기기도 어려웠지만, 한번 생긴 길을 바꾸는 것은 더 어려웠습니다. 고려 시대에는 문경 지역 하늘재가 주된 길이다가 조선 시대에 들어 새재로 길이 바뀌었다는 말씀을 드린 적이 있습니다. 그런 변화가 있기까지는 오랜 세월이 걸렸습니다. 요즘처럼 변화무쌍하게 길이 바뀐다면 역사학자와 지리학자들이 역사를 공부하기란 불가능할 겁니다.

제가 과거의 지형과 지도, 건축의 입지 등을 이야기하면서 굳이 길 이야기를 자주 하는 것은 이 때문입니다. 길이 나 있는 곳은 정치와 문화와 상업이 이동하는 통로이기도 합니다. 따라서 길이 바뀌었다는 것은 그 지역의 문화가 바뀌었다는 말입니다. 옛사람들이 외진 지역이었던 까닭에 숨어 살았던 함양, 산청 지역에 새롭게 길이 뚫리자 자연히 이 지역 역시 발전하게 되었습니다.

진주는 큰 도시입니다. 남강이라는 큰 강을 끼고 있는 경상우도(慶尙右道)[3] 지방의 중심 도시였습니다. 조선 후기에 길이 이쪽으로 새로 생기면서 진주 쪽에서 사람들의 활동도 많아집니다. 예로부터 이쪽엔 유명한 인물들, 즉 남명 조식뿐 아니라 기개 있는 인사들이 많았습니다. 현대의 박경리 선생이나 윤이상 선생 같은 뛰어난 예술가들도 이 근방 출신입니다.

경상우도는 역사적으로 가락국 계열에 속해 있었습니다. 경주에서 출발한 신라가 작은 부족국가를 통합하면서 영토를 확장했고, 가락국 계열의 부족국가도 경상도라는 이름으로 묶였습니다. 하지만 문명교섭사의 입장에서 관찰해보면, 가락국 지역은 백제 지역과 정치나 경제 등의 여러 면에서 가깝지 않았나 싶습니다. 자, 그럼 이 지역의 건축들을 하나씩 찾아가 보겠습니다.

연안 이씨 마을

처음 볼 곳은 김천시 구성면 상원리에 있는 연안 이씨 마을, 일명 원터 마을[4]입니다. 황해도 연안을 본관으로 하는 집안이지요. 연안 이씨는 아주 융성한 집안 중 하나로 꼽힙니다.

연안 이씨 마을 어귀에 방초정(芳草亭)[5]이라는 정자가 있는데 아주 재미있습니다. 앞쪽으로 연못에 면한 정자인데, 정자 가운데 한 간짜리 방이 있고, 그 방의 사면으로 마루가 깔렸습니다. 대개의 경우 정자는 사방이 툭 터져 있고 전체 바닥이 모두 마루로 되어 있는 게 정석입니다. 그런데 이 마을의 정자에는 특이하게도 가운데에 방이 있고 방의 사면에 마루가 있습니다. 방문은 모두 들어 올려 열리는 구조라서, 필요할 때는 문을 다 들어 올려 사방이 트이게 해서 쓸 수 있습니다. 방에는 온돌을 깔아 방문을 다 내리면 따뜻하게 난방을 하고 잠을 잘 수도 있습니다.

문을 들어 올리면 하나로 툭 터진 커다란 공간이 되고, 문을 내리면 가운데가 막힌 아늑한 방이 나옵니다. 하나로 열린 공간이 될 땐 정자 가운데 앉아 사방팔방을 한눈에 조망할 수 있는 재미있는 형식이죠. 이 지역은 기온차가 심합니다. 백두대간 바로 아래쪽으로, 산세가 험한 지역입니다. 그러니 정자에도 이런 온돌방을 설치할 필요가 있었을 것 같습니다. 방이 딸린 이런 형식의 정자 가운데 조선 중기의 문신인 충재 권벌(1478~1548)의 정자인 봉화의 한수정[6]이 제일 오래된 것으로 보입니다. 그 후 담양의 면앙정[7]이 이런 형태로 지어졌습니다. 창덕궁 연경당의 정자에도 이런 형식이 나타났습니다.

연안 이씨 마을의 어귀에 있는 정자 역시 꽤 오래된 것입니다. 인조 3년(1625)에 지었는데 마을 자체도 오래되었습니다. 마을을 등지고 있는 정자의 기둥에는 이곳에서 보이는 8면의 경치를 시로 읊은 '팔경시'[8]를 주련(柱聯, 기둥이나 벽 따위에 장식으로 써서 붙이는 글귀)으로 만들어 단 것

방초정과 연못 전경

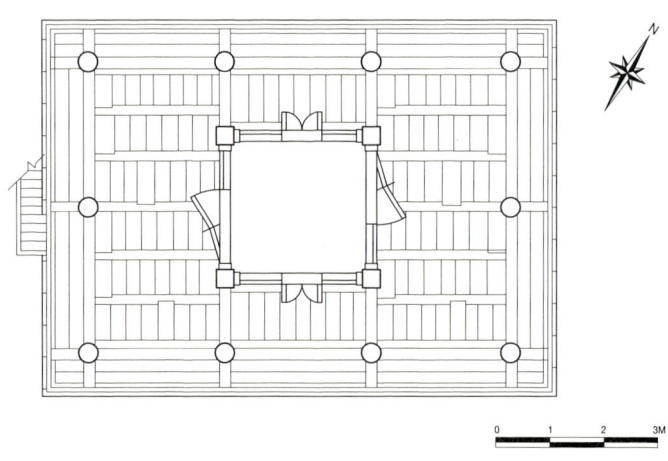

▲ 방초정 내부

▼ 방초정 평면도

이 특징입니다.

　이렇게 마을 어귀에 있는 정자는 마을 공동체의 공적인 공간, 공공 건물 역할을 합니다. 전망이 좋은, 즉 조망권이 확보되는 장소에 이런 건축물을 두고 동네 사람들이 그 전망을 공유하는 것입니다. 연안 이씨 마을의 정자에선 동네 사람들이 팔경을 공유할 수 있었을 것입니다. 정자란 흔히 개인의 공간, 즉 양반들이 손님을 접대하거나 풍류를 즐기는 용도로 쓰입니다. 이렇게 공동체 소유로 쓰이는 것은 독특한 예입니다. 팔경을 주련으로 만들어 붙인 것도 마을의 주변 경치까지 포함한 지역 공간 전체를 하나의 시각권에 집중시키고자 하는 시도로 보입니다.

　전라도에는 모정이란 것이 있습니다. 전라도 지역의 농촌 마을에 있는 독특한 정자인데, 일반적으로 정자는 양반들의 공간이었음에 반해 모정은 농사를 짓는 동네 사람들의 공용 공간입니다. 모정이 없는 경상도 지역에서 연안 이씨 마을처럼 동족 부락에서 정자를 공유하고 있는 사례를 볼 수 있어 흥미롭습니다.

　정자 옆쪽에는 열녀 최씨의 정려문(旌閭門, 충신, 효자, 열녀 등을 표창하기 위해 붉은 색으로 단장을 하고 그 액자에 충(忠) 또는 효(孝), 열(烈)과 함께 직함을 새겨 마을 입구나 그 집 문 앞에 세우는 문)이 있고, 정자 앞으로 연못이 있습니다. 임진왜란 때 최씨 여인이 왜군을 피해 절개를 지키고자 이 연못에 뛰어들었다는 내용을 기린 비석(정려비)도 있습니다. 이렇게 마을 어귀에 마을의 자랑거리라 할 만한 것들이 주욱 놓여 있는 것은 마을의 이미지를 향상시키기 위한 배치가 아닌가 싶습니다.

동계 정온의 종가

동계 정온 선생의 종가는 조선 시대까지는 광풍대, 제월당과 더불어 안음현에 속했습니다. 안음현에는 선화루가 있었는데 정여창이 이곳의 현감으로 취임해 고쳐 짓고 '광풍(光風)'이라 이름한 후, 누와 이어서 제월당도

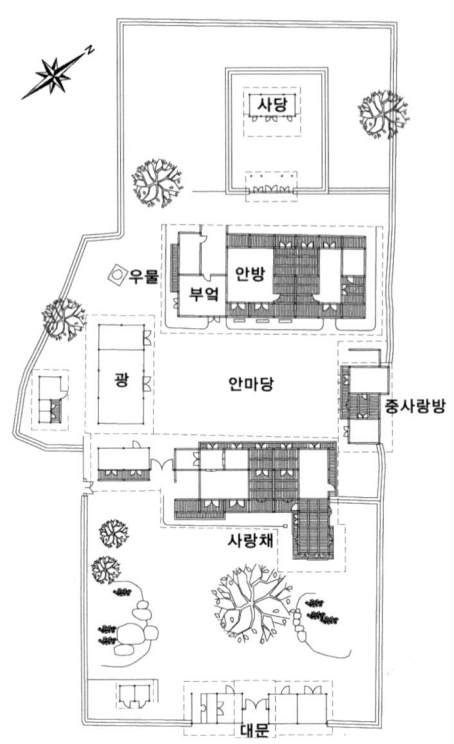

정온 선생 생가 평면도

영건하였습니다.

그 전에는 공부하는 학생들이 관아에 거처하고 있었는데, 1473년에 현감 최영이 후암사라는 절터에 학사를 지었다고 합니다. 향교 남쪽에는 점풍대가 있었는데, '증점(曾點)이 무우(舞雩)에서 바람 쐰다'[9]는 뜻을 따서 점풍대라 이름 하였다고 합니다. 점풍대 밑의 두 갈래 물은 대 밑에서 합류하여 동천(東川)이 됩니다.

동계 정온[10] 선생은 인조가 삼전도에서 항복한 이후 할복을 기도했다 죽지 못하고 이 지역으로 낙향하여 덕유산에서 은거를 한 것입니다. 옛날 사대부들의 기개란 것이, 나라가 수모를 당함은 자신의 부끄러움이라 여

겼습니다. 정온은 죽을 때까지 덕유산에서 나오지 않았습니다. 정온 선생의 후손들도 이 지역에서 계속 살았습니다.

정온 선생의 종가는 건축적인 가치보다는, 이곳에서 덕유산을 바라보면서 옛날 선비들의 기개와 지조에 대해 생각해보는 의미에서 가볼 만합니다. 정조 때 정온 선생의 후손 가운데 역적으로 몰린 인물도 나왔는데, 그런 이유로 재산이 몰수당했다가 종갓집은 그와는 상관이 없다 해서 다시 돌려받은 사건도 있었습니다.

긴 역사를 거치다 보면 어느 집안이건 충신도, 역적도 나올 수 있다고 저는 생각합니다. 세상이 어지러우면 어제의 충신이 오늘의 역적도 되는 것이고, 반대의 경우도 생기게 마련입니다. 어느 집안이건 어떻게 할 수 없는 역사의 단면이죠. 조선 시대에 영의정이 나온 명문가 후손 중에서 최악의 친일 집안이 나오기도 했습니다. 역사를 공부하다 보면 종종 부딪히는 사례입니다.

동계 고택 진입로에서 바라본 덕유산

빼어난 승경의 수승대

다음은 거창의 수승대입니다. 이곳은 조선 시대에 안의현에 속해 있던 곳으로, 삼국 시대에는 신라와 백제의 국경 지대였습니다. 원래의 이름은 수송대라고 했는데 퇴계 이황이 이 부근에 들렀다가 이름을 바꿨다는 기록이 나옵니다.

기록에 의하면 이곳에서 신라가 백제의 사신들을 슬프게 돌려보냈다 해서 이름이 수송대(愁送臺)였다 합니다. 퇴계의 나이가 원만하게 들어 환갑 즈음이었을 당시 퇴계와 동갑인 남명 조식이 이곳 지리산 덕산 쪽으로 거처를 옮겼습니다. 남명은 김해의 산해정에서 삼가의 뇌룡정으로, 그리고 다시 지리산 산천재로 옮긴 것입니다.

남명과 퇴계는 두세 통의 편지를 주고받았습니다. 그 편지에서 남명은 퇴계에게 '왜 서로 그리워만 하면서 만나지는 못하냐'는 말도 썼습니다. 그러다 퇴계가 이쪽으로 여행을 왔던 것입니다. 낙동강 서쪽으로 건너온 것이죠. 그런데 정작 남명과는 만나지 못하고 다른 일정들이 있어 돌아가고 맙니다. 퇴계는 그때 거창의 수승대를 가려다 급한 일정 때문에 가지 못하고, 대신 시 한 수를 보내어 원래 수송대이던 이름을 수승대로

고쳐주고 돌아갔습니다.

퇴계가 기존의 지명을 바꾼 사례는 꽤 많습니다. 풍기 현감을 지냈던 주세붕은 소백산 지역을 좋아했습니다. 소수서원도 만들고 풍기에서 현감도 지냈습니다. 그래서 이 지역에 주세붕이 붙인 지명들이 많습니다. 나중에 퇴계가 그 이름이 옳지 않다며 다르게 바꿔 붙였다는 기록이 퇴계의 문집에 남아 있습니다. 퇴계는 주자학을 엄격하게 신봉하는 인물이었기 때문에 학문적 신념에 따라 지명이나 사람의 호 등을 새롭게 명명한 일이 많았습니다. 요즘 식으로 이야기하자면 퇴계 이황은 선생님 기질이 다분한 분이었던 것 같습니다.

물가에 면한 광풍루, 대학정, 농월정

다음으로 볼 곳이 일두 정여창이 중건한 광풍루입니다. 광풍루는 규모도 크거니와 경치가 정말로 아름답습니다. 물가에 지어 시원한 바람을 느낄 수 있습니다.

앞에서 말씀드렸듯이 정여창은 연산군 때 정치가 혼란하니 부모를 모시겠다는 핑계로 이곳에서 가까운 안의현에서 현감을 합니다. 옛날에는 이렇게 노부모를 봉양한다는 이유로 고향에 내려간 인물들이 꽤 많습니다. 비슷한 시기인 연산군 때 김종직의 문인인 임계 유호인 역시 이 지역에 은거했습니다.

광풍루의 입지를 보십시오. 물에서 불과 차도 하나 정도의 거리밖에 떨어져 있지 않습니다. 이렇게 누를 물 가까이 지은 경우는 별로 없습니다. 그러나 이런 특징을 이 지방만의 것이라 보는 것은 무리가 있을 것 같습니다. 이 지역의 경치가 특출하게 좋아서 이 지역만 정자가 물에 바짝 면해 있다고 볼 순 없지 않겠습니까? 더구나 물이 맑기는 전국 어느 곳이나 마찬가지였을 것입니다.

이런 차이는 시대적인 요인으로 보는 것이 타당하지 않을까 합니다.

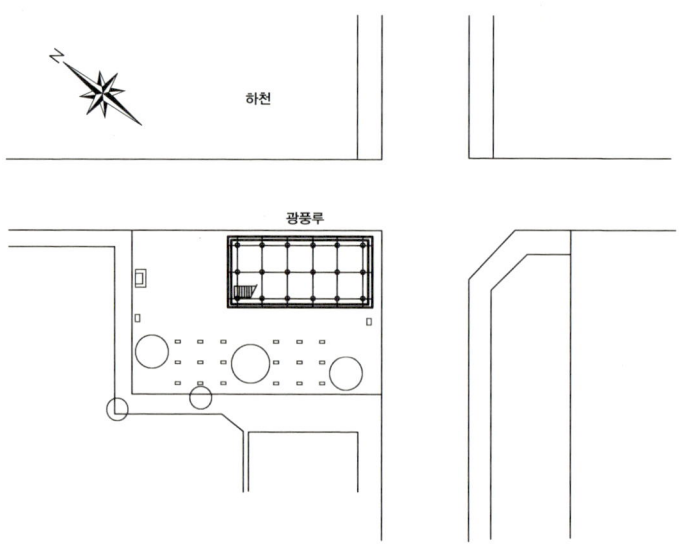

▲ 광풍루 전경

▼ 광풍루 배치도

광풍루는 기존에 있던 건물을 정여창이 중창한 것입니다. 정여창보다 앞선 연대라면 조선 초 혹은 고려 시대라고 봐야 합니다. 즉 광풍루의 입지가 우리가 아는 누정과 다른 것은, 임진왜란 이전에 지어진 정자와 그 이후에 지어진 정자는 입지의 선정에서 근본적인 차이를 보여주는 것으로 해석해야 한다는 말입니다.

광풍루 외에 물가에 지은 또 다른 건물로 대학정을 들 수 있습니다. 대학정은 고려의 충신 조승숙(趙承肅)이라는 인물이 지었는데, 부여 현감을 하다 태조 이성계가 왕이 되자 벼슬을 내놓고 '불사이군(不事二君)'이라는 절의를 지키고자 이 지역으로 들어와 산 사람입니다. 현대의 감각으로는 납득이 잘 되지 않는 선택일 것입니다. 그 후 대학정을 짓고 그곳에서 제자를 가르쳤다고 하는데, 조승숙의 묘에 가면 지리산 천왕봉이 눈앞에 바로 들어옵니다. 천왕봉이라는 큰 산을 안산으로 삼은 대담한 사례라고 보입니다.

　대학정 역시 광풍루와 마찬가지로 물가에 있되 툭 드러나게 지어져 있습니다. 제가 보기에 고려 말 조선 초기 정자들은 이런 식으로 사람들의 시선에 노출된 입지에 자리 잡은 경우가 많습니다. 정자는 조선 시대나 고려 시대나 그 입지에서 크게 다를 게 없다고 보는 사람들도 많지만, 제가 보기에는 시대에 따라 차이가 있습니다. 조선 후기의 정자는 항상 산 등허리에 등을 대고 앉는 게 특징이거든요. 고려 말 조선 초에 지은 정자처럼 물가에 아주 가까이 붙어 그 모습이 잘 드러나는 정자들은 조선 후기에는 드뭅니다.

근처 계곡 안쪽에 있는 농월정 역시 숨어 있지 않고 툭 튀어나와 노출되어 있습니다. 여기도 마찬가지인 거죠. 물에 가까이 인접해 있습니다.

　농월정 역시 연대가 오래되었습니다. 기록에는 선조 때라고 되었지만

대학정
고려말 부여 현감으로 있던 조승숙은 조선이 개국되자 사직하고 이곳에 은둔하면서 제자 교육에 힘썼다.
이곳의 입지는 물가 둔덕에 의지하여 조성되었는데 입구가 물가로 향해 있는 것을 알 수 있다.

실은 임진왜란 이전의 건축이고, 따라서 입지가 산을 등지고 숨어 있는 조선 후기의 전형적인 정자 입지와는 다릅니다.

농월정 주변의 산세와 암벽의 모양이 험해 경치가 아름답습니다. 바위가 많으니 물의 양에 따라 경치의 양상이 달라집니다. 물이 흐르는 모양도 다양합니다. 그러나 아쉽게도 농월정은 지난 2003년에 발생한 화재로 소실되고 말았습니다.

근처의 동호정, 군자정 같은 정자들 역시 비슷한 입지 형태를 보여줍니다. 이 지역을 여행하실 일이 있으면 정자들의 입지를 눈여겨보는 것도 재미있을 것 같군요.

함양 정여창 고택

정여창[11] 고택은 건축적으로 대단히 좋은 주택 중 하나입니다. 제가 1970년대부터 우리나라 답사를 다니기 시작했는데, 정여창 고택에 처음 간 것

농월정
2003년 소실 이후 인근 식당에 있던 액자를 찍은 사진

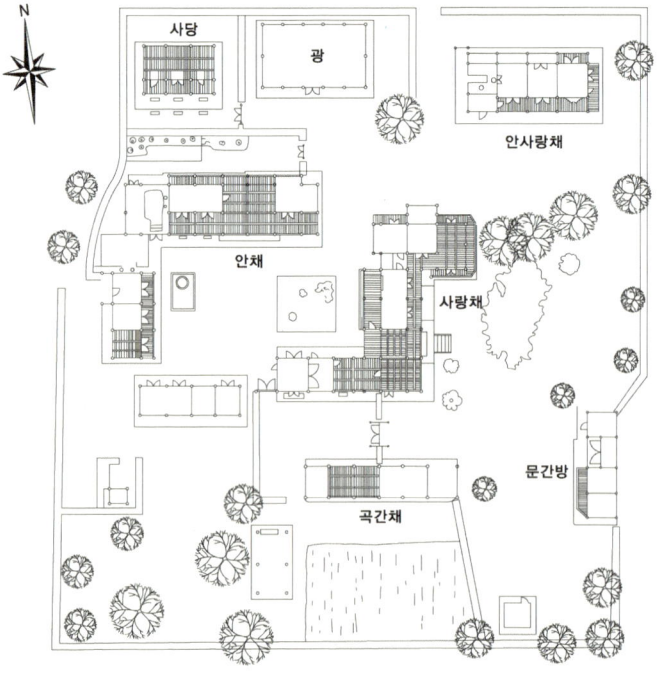

▲ 정여창 고택
  사랑채에서 안채 방향을 바라본 모습

▼ 정여창 고택 평면도

이 1976년도였습니다. 그 당시에는 함양에 가기가 정말 어려웠습니다. 김천에서 거창으로 갔다가 거창에서 다시 버스를 타고 들어갔는데 시간도 오래 걸렸습니다. 거창에서만도 한나절은 걸렸습니다. 그렇게 고생해 간 곳인데 당시 종손께서 너무 친절하게 고택을 안내해주셨던 기억이 납니다. 지금이야 길이 뚫려 있어 김천에서 가도 30분이면 도착하니, 격세지감을 느낍니다.

정여창 고택이 계속 그 이름을 유지할 수 있었던 것은 일두 정여창의 후손들 덕분입니다. 정여창 이후로 후손들 중에 효자와 충신이 많이 나와서 집안이 계속 격을 유지할 수 있었습니다.

이 집은 건물을 높이 올려 지었습니다. 사랑채의 솟을대문을 열고 나가면 조그만 원림이 조성되어 있는 것도 특징입니다. 아마도 손님이나 식구가 굉장히 많았던 것 같으며, 집안 담장 안에 큰 채전 즉 텃밭이 세 개나 있습니다. 동향인 대문을 따라 들어가면 사랑채가 보이고, 사랑채 뒤로 같은 방향에서 안채가 보이게 배치되었습니다. 안채 대문을 따라 들어가면 안채 뒤쪽으로 사당이 있습니다. 사랑채에서 좌측으로 돌아가면 바로 안사랑채가 나오고, 그 바로 뒤 안쪽에 곡식 창고도 있고, 그 뒤 안쪽에 사당이 있습니다.

사랑채부터 창고-사당으로 이어지는 이 동선(남정네들의 동선)은 안채를 전혀 거치지 않습니다. 또 안채의 부엌에서 제례 음식을 만들어서 사랑채를 거치지 않고 사당으로 바로 나르게 되어 있습니다(여인네들의 동선). 남녀의 공간(동선) 구별이 느껴집니다. 사랑채 변소와 안채 변소도 따로 있는 게 보입니다.

본채를 한번 보세요. 본채를 가운데 두고 켜가 있어서 달걀처럼 감싸고 있습니다. 안채 마당 쪽으로 작은 정원도 있습니다. 마당 때문에 통로가 바깥에서는 잘 안 보입니다. 역시 내외(內外)의 구별을 극명하게 보여주는 구조라고 할 수 있습니다.

최초의 사액서원, 소수서원

다음으로 이 일대의 서원 이야기를 해보고자 합니다. 지금까지 대부분의 연구자들은 우리나라 최초의 사액서원이 소수서원이라고 합니다. 그런데 《증보문헌비고》에, "함경도 함흥(咸興) 문회서원(文會書院)[12]과 진천에 있는 백원서원[13]이 오래되었는데, 퇴계 이황이 소수서원이 제일 오래되었다고 언급해서, 그 다음부터는 퇴계의 말을 따라 소수서원이 가장 오래된 서원이라 한다"는 기록이 나옵니다. 《증보문헌비고》에는, 함흥과 진천에 있는 서원에 대한 기록의 근거를 대면서, "예조에서 만든 서원 등록에 보면 그렇게 되어 있다"고 쓰고 있거든요. 그렇다면 예조의 기록에는 이 두 곳의 서원을 가장 오래 된 것으로 꼽고 있다는 말이 되는데 학계의 진지한 연구가 필요하다고 생각합니다.

함흥은 태조 이성계의 고향입니다. 그곳에 있는 문회서원은 주자를 모신 서원입니다. 또한 충북 진천의 백원서원은 목은 이색의 아들 이종학을 모셨던 곳입니다. 소수서원은 중종 때 창건한 것입니다. 주세붕이 중종 대에 창건한 백운동서원을 퇴계가 나라에서 사액을 받아 소수서원으로 이름을 바꿨습니다.

당나라 때에도 백록동서원이라고 불리는 서원이 있었다고 합니다. 당 이후에 주자는 서원을 복원하거나 중수하고 새로 세우기도 하여 학생을 가르쳤습니다. 퇴계 역시 주자를 본받으려는 자세였는지 서원을 만드는 데에 열심이었습니다. 서원 창건을 적극적으로 움직이며 도왔고, 퇴계가 창건한 곳에 퇴계 본인이 배향된 서원도 많습니다.

고전적 서원 형식의 남계서원

지금까지 둘러본 함양 일대에는 서원도 여러 곳에 있습니다. 구천서원과 남계서원 등도 있지만 저는 건축적으로 남계서원이 볼 만하다고 생각합니다.

남계서원의 배치는 고전적인 서원 형식을 보여줍니다. 서원과 향교의 건축은 크게 다르지 않습니다. 제례를 지내는 공간, 즉 사당이 있고, 교육을 맡은 공간이 있죠. 여건에 따라 관리를 담당하는 사람들이 기거하는 공간이 있기도 합니다.
　남계서원 역시 사당과 강당, 동재와 서재가 있습니다. 그리고 관리를 담당하는 사람들이 거처하는 고지기 채가 보입니다. 좌우로 연못이 있는데, 이곳에선 나무들을 눈여겨보아야 합니다. 한쪽은 백일홍, 다른 쪽엔 매화나무가 있습니다. 각각 다른 나무를 따로 심었죠. 이곳은 지대가 높아 위로 올라가면 조망이 좋습니다.
　향교는 관학이고 서원은 사학입니다만 건축 양식은 다르지 않습니다. 사실 더 크게 보자면 제가 보기엔 향교와 서원은 불교 사찰을 배치하는 개념과 크게 다르지 않기도 합니다. 기능에 따라 이름이 달라졌다는

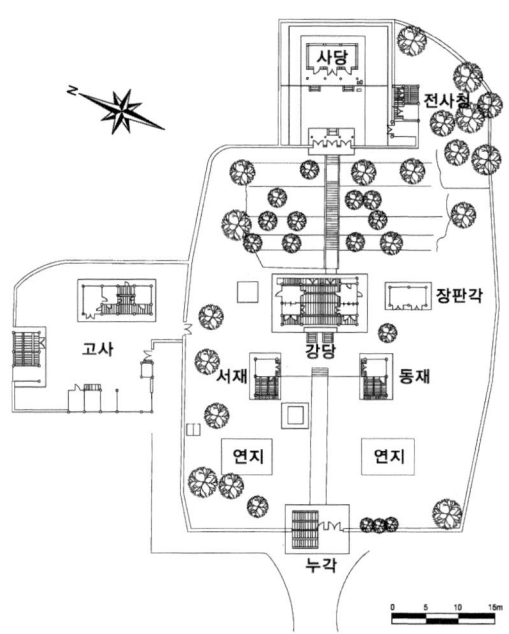

남계서원 배치도

남계서원 전경

차이 정도만이 발견됩니다.

서원의 건물을 무더기, 즉 군(群)으로 나눠볼 때 사당을 중심으로 한 사우군(祀宇群)과 교육을 담당하는 교우군(敎宇群)이 중심이 됩니다. 그리고 건물의 용도에 따라 주변에 심는 나무들 역시 종류와 원림 기법이 달라지는 것에 유의해야 합니다.

사우군 건물에는 대개 상록수 계열이나 소나무 종류를 많이 씁니다. 소나무나 측백나무 같은 나무들은 선조에 대한 존경심이 영원히 변치 않을 것이란 의미입니다. 측백나무 과의 향나무를 심는 것은 잡스러운 귀신들이 범접하지 못하도록 하는 뜻도 있습니다. '향'이 그런 역할을 하는 것이죠.

교육을 담당하는 교우군 쪽에 매화와 백일홍을 심는 데에는 교육적인 의미가 담겨 있습니다. 매화는 사군자의 하나로 선비의 상징이고 백일홍은 꾸준히, 오래오래 영원히 간다는 의미가 있습니다. 이 둘을 합해서 보자면 선비의 절개가 영원하리라는 의미가 될 것입니다. 군자가 되고 싶은 마음을 영원히 간직해 열심히 공부에 매진하라는 가르침으로 새기면 되겠습니다.

향교나 서원에 은행나무를 많이 심습니다. 여기에도 의미가 있습니다. 공자가 행단, 즉 은행나무 아래 있는 단에서 처음으로 학문을 가르쳤다고 합니다. 그래서 은행나무가 학교 즉 교사 건물에 꼭 있는 것이죠. 서울 성균관에도 유명한 은행나무가 있습니다.

영암사지와 함벽루, 초계향교

다음은 황매산(黃梅山)의 영암사지(靈岩寺地)를 살펴보겠습니다. 영암사는 지금은 절터만 남아 있지만 통일신라 시대에는 굉장히 번성했던 고찰입니다. 이 절을 위해 불사(불사)를 크게 벌여 창건한 절이었고, 규모도 컸으며, 기단 밑까지 사자 조각을 넣어서 만들 정도로 정교한 부분까지 신

길이 생기자 많은 것이 달라졌다

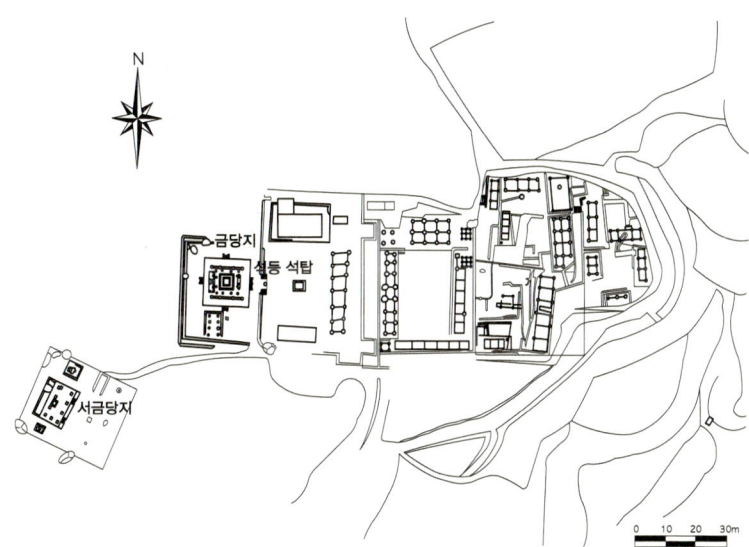

▲ 황매산
누르스름한 암석산으로 황매(黃梅)라는 이름이 붙어있지만 마치 새가 날개를 펴고 상승하는 모습이다. 원래는 황산(黃山)이라 불리었다.

▼ 영암사지 배치도

경을 써서 조성한 사찰입니다. 그러나 사찰에 대한 자세한 기록은 아직 찾아볼 수가 없고 단편적인 정보만 남았습니다.

절터의 입지도 아주 독특합니다. 이 절이 있는 곳은 황매산입니다. 한자로 매(梅)는 매화꽃을 가리키는데, 이 산의 옛 이름은 우리말의 '매'(새)였을 가능성도 있습니다. 산의 모양이 마치 매가 날개를 펼치고 하늘로 올라가는 형상으로 보이기 때문입니다. 임진왜란 때 일본군이 여기에 들어와 비석을 가져가고 절을 파괴하면서 황폐해졌습니다. 하지만 현재 상태만으로 보아도 석등과 탑, 금당의 배치 개념이 한눈에 명료하게 보이는 절터입니다.

경상도에는 밀양의 영남루, 진주의 촉석루, 울산의 대화루, 양산의 쌍벽루, 안동의 영호루 등 유명한 루가 많습니다. 합천의 함벽루 역시 우리나라의 대표적인 다섯 개의 누에 들어갈 만큼 풍광과 자태가 뛰어난 곳입니다. 황강이 바로 가까이 있습니다.

함벽루에는 퇴계 이황, 남명 조식, 우암 송시열의 시가 써 있는 현판이 있습니다. 고려 시대의 안진[14]이 쓴 〈함벽루기〉[15]가 《신증동국여지승람》에 남아 있기도 합니다. 워낙 경치가 좋은 곳이다 보니 많은 학자와 시인들이 드나들었습니다.

함벽루는 고려 말의 건축입니다. 앞서 정자의 입지가 시대에 따라 달라진 이야기를 했듯이, 함벽루 역시 고려 말의 누답게 물에 바로 면하고 있습니다. 함벽루는 처마에서 떨어지는 물이 바로 강으로 빠질 만큼 물과 가깝습니다.

합천의 초계향교도 입지가 매우 좋습니다. 초계 읍치는 전부 아주 큰 산에 둘러쌓여 있습니다. 읍치의 서북쪽, 산자락에는 서원 자리가 있습니다. 지금은 개발이 되었는지 모르겠습니다만, 예전 개발이 안된 상태에서 보

앉을 때는 경작지와 들판이 펼쳐지고 산이 실루엣으로 감아 도는 게 보기에 참 좋았습니다. 향교가 높은 데에 있고 경사진 곳에 올라 있어 조망도 빼어납니다.

평면도에서 볼 수 있듯이 초계향교는 축대가 매우 높습니다. 약간 둔덕이 진 곳에 축대가 삼단으로 되어 있고 계단이 많이 있습니다. 조망이 시원스럽게 펼쳐졌는데, 요즘은 전 국토에 개발 바람이 불고 있어 최근엔 어떻게 변했는지 걱정이 되기도 합니다.

초계향교 평면도를 보면 여러 곳의 계단이 보입니다. 계단을 조성하

함벽루
1959년 11월. 김창희 소장

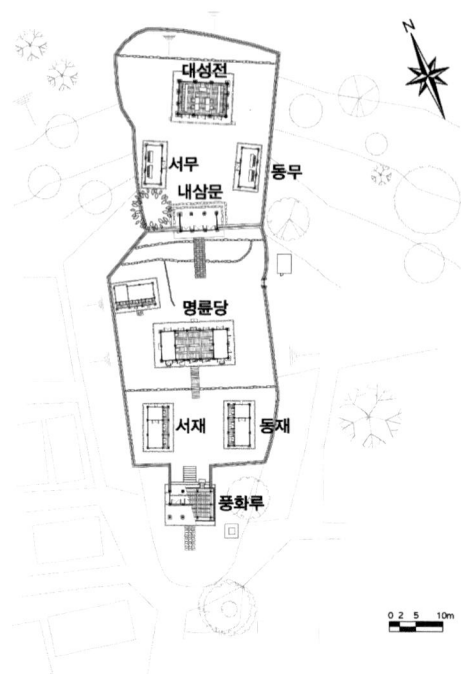

면서 단의 높이가 아주 두드러지게 차이 나게 되어 조망이 시원시원하게 보이는 것입니다. 건물 입지는 직선 축을 고수하고 있진 않습니다. 자세히 보면 건물은 일직선상에 있지 않고 축이 휘어 있는 게 보이실 겁니다. 지형을 따라, 즉 능선을 따라서 건물이 들어간 것이죠.

가야산의 해인사

합천 가야산은 일명 우두산(牛頭山), 설산(雪山), 상왕(象王), 중향(衆香), 지달(只怛)이라 불리기도 합니다. 신라 말기에 고려 태조 왕건이 일어날 무렵에 최치원은 "계림(鷄林, 신라를 가리킴)의 누런 잎사귀, 곡령(鵠嶺, 고려를 가리킴)의 푸른 솔이다"라는 글을 쓰고는 가족을 데리고 가야산

초계향교 배치도

해인사에 숨었다고 합니다.

　가야산 자락에는 해인사를 비롯 청량사·월광사·내원사·심원사·법수사 등의 절이 산재했습니다. 그래서 고려 시대부터 많은 시인묵객들이 이 산을 드나들었다 합니다. 안향, 임춘, 박효수, 이숭인, 이첨, 채련, 이인로, 유방선, 안노생, 이원, 홍간, 염정수 등이 고려 시대 때 해인사를 찾았던 인물들입니다.

　그런데 가야산 자락의 여러 사찰 중에서도 월광사는 해인사와 더불어 설명해야 하는 절입니다. 《대동여지도》에서 해인사와 월광사의 위치를 각각 한번 찾아보십시오. 월광사는 가야산 해인사로 들어가는 어귀에 자리잡고 있습니다. 그곳은 물길이 합수되는 곳이기도 합니다. 해인사로 들어가는 어귀의 맨 앞에 있는 월광사는 해인사의 말사(末寺)입니다. 해인사를 찾아가는 사람들은 시간이 늦으면 월광사에서 하룻밤을 자고 들어갔습니다.

　해인사는 너무나 유명한 절이고 또한 많은 분들이 한번쯤은 다녀오신 곳입니다. 우리나라의 법보 사찰[16]로, 장판각에 부처님의 설법을 기록한 대장경이 있습니다. 해인사는 고려 애장왕 때 짓다가 왕이 세상을 떠

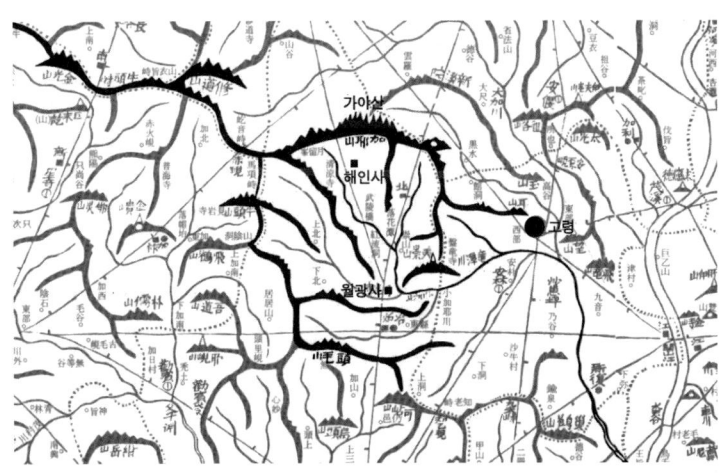

해인사와 월광사의 위치도
월광사는 해인사로 들어가는 산 입구에 있으며, 해인사까지 약 30리 거리이다.

해인사 전경

해인사 배치도

난 후에도 왕실에서 중창 공사를 해주었습니다. 그뿐 아니라 불교를 억압하던 조선 시대에도 여러 차례에 걸쳐 중창을 거듭했습니다. 정조 때까지 중창이 이어졌다는 기록이 나옵니다. 정조 때까지 해인사를 중창했다는 기록이 있는 걸 보면 왕실의 원당 사찰[17]이었을 가능성 또한 배제할 수 없습니다. 해인사는 강화도에 있던 대장경 장판을 옮겨가면서 더욱 유명해졌습니다. 예전에는 초입의 누 밑을 지나서 절로 진입했는데 지금은 문이 다른 방향으로 생겨 있지요.

절이나 궁궐에는 중앙 통로가 있습니다. 궁궐의 중앙 문과 통로는 왕만이 다닐 수 있습니다. 절 역시 중앙의 통로는 스님이나 법문을 하는 사람 말고는 다닐 수 없습니다. 불교와 유교 건축에 똑같이 적용되는 원리입니다.

현대는 법규를 통해 건축의 규모를 규제합니다. 그런데 옛날에는 땅의 모양새를 보고 여기에 이 이상의 규모 건물을 지으면 안 된다는 것을 판단했습니다. 땅의 크기와 모양새가 건물의 용량을 결정한 것입니다. 사람의 욕심은 한이 없습니다. 건축물이라는 게 자꾸 많이 짓고 자꾸 크게 짓고 싶은 욕망을 불러일으킵니다. 해인사 요사채도 처음보다 규모가 커진 사례입니다.

옛날에 이곳의 요사채에 불이 난 적이 있었습니다. 그 이후 요사채를 새로 지으면서 애초의 규모보다 크게 지었고, 그 결과 중앙 통로라서 비워놓아야 할 계단이 요사채 건물의 규모에 눌려 있었습니다. 통로가 막힌 셈이었죠. 제가 처음 갔을 때 그 모습을 보고 해인사에 계시던 스님께 건축 구조를 설명하면서 고쳐 달라고 부탁을 드린 적이 있습니다. 다행히도 그 청이 받아들여져서 지금은 건물이 그때보다 약간씩 뒤로 물러나 있습니다. 제가 보기에는 중요한 건물인 대적광전에 비해 요사채의 규모가 아직도 좀 크다는 인상을 받습니다.

원래 큰 사찰의 규모는 1사 12암자라고 합니다. 큰 절 한 곳에 열두 암자가 속해 있는 것이 일반적이라는 뜻입니다. 수행하는 스님들은 큰 절이 아닌 작은 암자로 흩어져 들어가 공부하고 그곳에서 생활합니다. 필요한 일이 있을 때만 큰 절에 옵니다. 규모가 작은 암자에서 세속과 떨어져 있어야 수행도 더 잘 되기 때문입니다. 큰 절에는 아무래도 신도들이며 사람들이 많이 모이다 보니 번잡해지기 쉽겠죠. 예전처럼 1사 12암자의 제도가 엄격하게 지켜진다면 큰 절의 규모도 커질 필요가 없고, 작은 암자에서 수행하는 스님들도 조용한 환경에서 수행을 더 잘 할 수 있지 않을까 싶긴 합니다.

해인사를 평면 배치에서 보면 축이 휘어지게 나타납니다. 실제로 보면 산봉우리가 삐딱하게, 비스듬히 앉아 있습니다. 아치를 그리고 있는 것입니다. 그래서 해인사의 지형을 행주(行舟) 형, 즉 배 모양이라고들 합니다. 그러나 실은 산허리가 휘어 있어 그 지형에 건물을 배치하다 보니 자연히 배치 축이 휘게 된 것입니다.

대적광전 역시 다른 건물들과 일직선 위에 놓여 있지 않습니다. 아치를 그리고 있어요. 해인사에서는 절의 뒤쪽, 탑 쪽에 있는 돛대바위가 중요합니다. 전체 평면이 배 모양이니 돛대가 그 지형에 의미를 부여하는 것입니다. 그런데 원래 절에서는 탑이 그 지형의 돛대 구실을 하는 기능도 있습니다.

해인사에서는 장판각이 제일 중요한 건물이라 해도 과언이 아닙니다. 해인사는 규모로 봐서는 앞서 보았던 영암사지보다 작습니다. 그런데 고려 때 장판각을 옮기면서 해인사의 중요성이 커졌어요. 원래 해인사에는 고려 왕실에서 만든 문서나 책자를 자주 보관하곤 했답니다. 고려 때에는 강화도에도 기록을 보관했는데, 왜구들이 자주 침입하여 강화도 쪽이 불안정하니 아예 깊은 산 속에 옮겨 보관하자고 해서 찾은 곳이 바로 해인사인 것입니다.

도동서원: 밀도 높은 건축 구조

다음으로 볼 만한 곳이 도동서원입니다. 이 지역에서 마지막으로 볼 서원이기도 합니다. 달성군 구지면 도동리에 있는데, 조선 초기의 유학자 한훤당 김굉필을 배향한 곳입니다. 1568년 지방 유림들이 비슬산 동쪽 기슭에 서원을 세워 쌍계서원이라고 했는데, 1574년 사액되었습니다. 임진왜란으로 소실되었다가 1605년 사림들에 의해 중건되었는데, 이때 이름을 보로동서원이라고 하였다 합니다. 그리고 1607년에는 도동서원으로 사액되었습니다.

퇴계가 서원의 중요성을 강조하면서 이황의 제자들이 서원을 많이 만들었습니다. 한강 정구도 그 중 한 명인데, 그는 남명 조식과 퇴계 이황 양쪽을 다 스승으로 모셨습니다. 내암 정인홍과 한강 정구가 퇴계를 찾아갔는데 퇴계가 한강만 제자로 받아들였다고 합니다. 두 사람 모두 남명의 제자 출신이었습니다. 퇴계가 내암을 받아들이지 않은 데에는 전해지는 이야기가 있습니다. 더운 여름날 내암이 갓도 안 벗고 꼿꼿이 앉아 책만 읽는 모습을 본 퇴계가 '당신은 내가 더 가르칠 것이 없다'라고 말했다고 하지요.

도동서원은 한강 정구가 현풍 현감으로 갔을 때 만들었습니다. 도동서원은 한훤당 김굉필을 배향하고 있는데, 정구는 김굉필의 증외손입니다. 서원을 지으면서 산림처사로 지조 있고 이름 높은 김굉필을 서원에 모셨습니다.

도동서원을 지으면서 앞쪽에는 큰 은행나무를 심었습니다. 건물은 굉장히 정갈합니다. 특징적인 것은, 건물의 구조가 밀도 있고 꽉 차 있다는 점입니다. 이는 도동서원의 건축적인 개념이기도 합니다.

도동서원은 건축적인 면에서 볼 때 여성적이고 정교합니다. 조각은 섬세하여 곳곳에 손이 많이 들어가 가공이 많이 되어 있습니다. 아기자기하고 깔끔하죠. 뒤쪽의 묘사며 전사청 등이 아주 단정하고 조각들 역시

도동서원 전경

잘 다듬어졌습니다.

　사람들이 그래서 이 서원을 높이 평가하곤 합니다. 저는 이곳을 '아기자기의 극치'라고 표현하곤 합니다. 여성적이고 장식이 많기 때문입니다. 한강 정구가 현감으로 있었으니 서원을 조성할 재력도 넉넉했을 것 같습니다. 제 개인 취향은 '서원은 공부하는 곳'이니 좀 더 단정하고 장식이 없는 편이 좋습니다만, 도동서원의 장식미도 그 나름대로의 아름다움이 있으니 취향에 맞는 편을 선택해서 보시면 좋겠습니다.

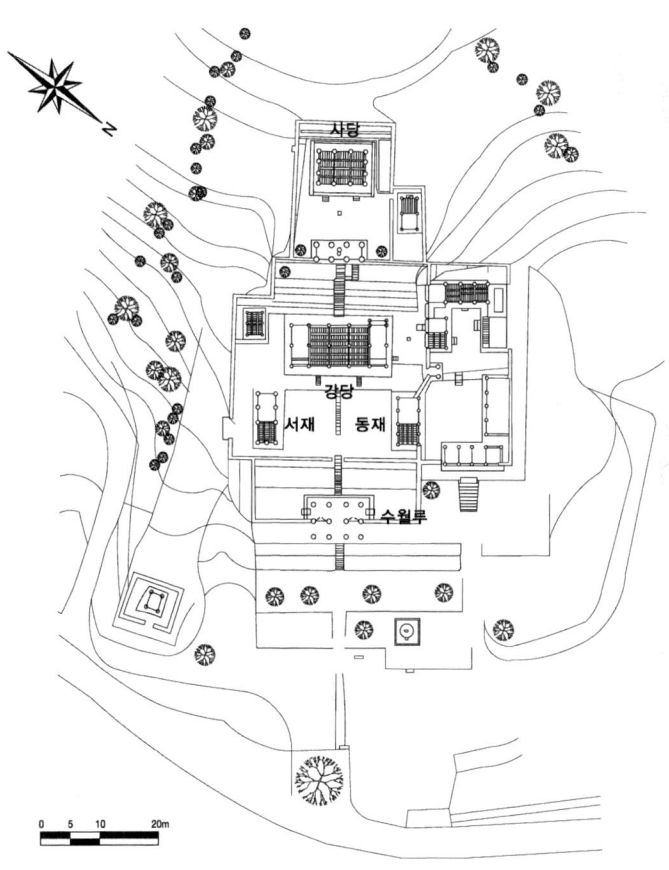

도동서원 배치도

지금까지 덕유산, 지리산 자락의 경남 지역을 둘러보면서 서원과 민가 건축을 살펴보았습니다. 이 지역의 역사적·문화적 변화를 보려면 도로의 변화를 함께 알아야 한다는 점은 서두에 말씀드렸습니다. 처음에 선비들이 숨어 살던 곳에 길이 생기면서 점차 번창하게 되고, 많은 서원들이 들어섰지요.

이 지역은 산이 무척이나 험합니다. 경남 해안 지방에서 '함양 산청'이라 하면 깊은 산골, 오지의 대명사로 쓰일 정도입니다. 반면 서울에서 내려가는 길의 측면에서 보면 이곳은 오지가 아닙니다. 백두대간을 넘어 펼쳐지는 아름다운 경치는 많은 선비들의 근거지가 되었습니다. 문득 《논어》의 '인자요산 지자요수(仁者樂山 知者樂水)'의 구절이 생각납니다. '인자(仁者)'와 '지자(知者)'가 어떤 입지를 찾는지 답사를 하며 관찰해 보아도 좋지 않겠습니까.

요즘은 길이 새로 생겨서 다른 지역에서 이곳까지 얼마든지 쉽게 접근할 수 있습니다. 가서서 풍광과 함께 곳곳에 숨은 옛 건축들을 만나보는 것도 의미 있겠습니다. 이곳에 가시면 고려 시대의 특징이라 말씀드렸던, 물가에 전면이 드러나도록 놓인 정자와 누에 올라 풍경을 감상하시는 일도 빼놓지 마시기 바랍니다.

정온(鄭蘊)졸기

전 이조참판 정온이 죽었다. 온은 안음(安陰) 사람으로 자는 휘원(輝遠)이고 호는 동계(東溪)다. 젊어서 정인홍(鄭仁弘)을 스승으로 섬겼으나 뒤에 정인홍의 악함을 깨닫고 통렬하게 절교하였다. 광해 조에 영창대군이 억울하게 죽은 실상을 상소하여 진달하고 정항(鄭沆)을 목 벨 것을 청하였는데, 광해가 크게 노하여 옥에 가두고 죽이려고 하다가 마침내 제주에 안치하였다. 반정(反正) 초에 즉시 석방되어 돌아와 여러 차례 관직을 역임하며 이조참판과 대사헌에 이르렀다. 천성이 꾸밈없고 곧으며 과감히 말하는 큰 절개가 있었는데, 남한산성에 있을 때는 강화(講和)하자는 의논을 극력 배격하였다. 성을 나가 항복한다는 말을 듣고는 찬사(贊詞)를 지어 의대(衣帶)에 묶은 뒤, 차고 있던 칼을 빼어 배를 찔러 유혈이 자리에 낭자하였는데 곁에 있던 사람이 구제하여 죽지 않았다. 또 상소를 올려 국새(國璽)를 바치지 말 것을 청하였는데 그 사기(辭氣)가 격렬하였으며, 성을 나온 뒤에 고향 집에 돌아가 있다가 죽었다.

정온에 대한 글

광풍루기(光風樓記)

내가 일찍이 야사(野史)를 읽었는데 거기에, "한훤(寒暄, 김굉필을 말함)은 이(理)에 밝고, 일두(一蠹, 정여창을 말함)는 수(數)에 밝다." 하였다. 나는 그윽이 이 말을 의심하여 말하기를, "이른바 수는 소자(邵子, 송나라 소옹을 말함)의 말대로 '하나가 둘을 낳고 둘이 넷을 낳고, 넷이 여덟을 낳는다.'는 것이고 보면, 이는 곧 《대역(大易)》(주역을 말함)의 근본으로서 이른바 이(理)가 실로 그 가운데 있다. 그러므로 주자가 말하기를 '주자(周子, 송나라 주돈이를 말함)는 이로 보았고 소자는 수로 보았으나, 모두 이일 따름이다.' 하였다. 그렇다면 두 선생의 도는 조금도 다르게 볼 수 없는 것으로서, 다 함께 염락(濂洛)의 원파(源派)로 거슬러 올라갔음을 알 수 있다. 우리나라에서는 포은(圃隱, 정몽주를 말함) 정문충공(鄭文忠公)이 송유(宋儒)의 도를 창명(倡明)하여 그 지극히 중정(中正)한 법도가 마치 해가 중천에 있는 것과 같은데, 선생 같이 고명한 자질로서 그 학문이 어찌 편벽되이 수학(數學)에 기울었겠는가. 그렇지 않다면 이문순공(李文純公, 이황을 말함)이 무엇을 가지고 《유현록(儒賢錄)》에 이름을 올렸으며, 전후의 인사가 무엇을 가지고 문묘(文廟)에 배향시키자는 청이 있었겠는가." 하였다.

광풍루기

봄에 안음 현감 장후(張侯) 세남(世南)이 글을 보내와서 청하기를, "고을에 있는 광풍루와 제월당은 바로 일두 선생이 세운 것인데, 이 두 건물이 모두 세월이 오래되었으므로 보수해야 되겠습니다. 당(堂)은 상서(尙書) 박장원(朴長遠)이 이미 수리하였고, 누는 지금 재력을 모아 수리하고 있습니다. 이는 실로 전현(前賢)의 유적이니, 어찌 기(記)를 지어 빛내지 않으리까." 하기에, 나는 환연(渙然, 의문이 풀리는 모양)히 다음과 같이 응하였다. "전일에 귀로 듣고 마음에 의심하던 것이 이제야 모두 얼음 녹듯이 풀렸다. 아, 선생은 염락으로 거슬러 올라가서 수사(洙泗, 공자의 문하를 말함)에 도달한 이가 아닌가. 대저 광풍제월(맑은 바람과 밝은 달)은 바로 황노직(黃魯直, 송나라의 황정견을 말함)이 무극옹(無極翁)의 기상을 표현한 것이다.

그 후에 두 정부자(程夫子)가 말하기를, "주무숙(周茂叔, 주돈이)을 재차 뵙고 바람 쐬며 시를 읊고 달 경을 하면서 돌아오니 '나는 증점의 생각과 같다.'는 뜻이 있었다." 하였고, 주자(朱子)도 말하기를, "바람과 달은 가없고, 뜨락의 풀은 한결 같이 푸르다." 하였다. 그렇다면 이 한 구절, 두 마디 말이 비록 흔한 말 중의 하나인 것 같지만, 그 속에 담겨 있는 도리가 무궁하고 그 지취가 실로 말하기 어려운 것이다. 그렇다면 이 뜻을 종시 알 수 없다는 것인가. 이것은 외부로부터 느껴서 얻어지는 것이 아니고, 반드시 경사(敬肆, 공경과 방종)와 수패(修悖, 바른 것과 어긋나는 것)의 분별을 명확하게 판별하여 도의 본원(本原)에 통달하는 공부에 종사해서 가슴속이 쇄락하여 털끝만한 인욕(人欲)의 속박도 없이 태극을 마음에 간직한 뒤에야 기대할 수 있다.

그렇다면 선생이 몸을 닦고 남을 다스리는 도리 또한 여기에서 벗어나지 않는다. 다시 논한다면 주부자가 이미 태극도(太極圖)와 선천도(先天圖)를 들어 서로 표리(表裏)가 된다고 하였으니, 수(數) 안에 이(理)가 있는 실지를 여기에서 더욱 증험할 수 있다. 그러므로 소자(邵子)의, 양류(楊柳)의 바람과 오동(梧桐)의 달이 일찍이 염계로 더불어 그 기상을 같이 하였으니, 설사 선생이 수에 범람했다고 한들 어찌 한훤당과 더불어 길은 달라도 같은 도로 돌아가는 데 해될 것이야 있겠는가. 뒤에 이 누에 올라서 선생을 상상하는 자가 한갓 기상만을 가져 헤아리지 않고 반드시 그 근본한 바를 안다면, 그 도를 배우고 사람을 사랑하는 실지에 있어 어찌 도움 되는 바가 없다고 하겠는가.

박공은 효우(孝友)를 숭상하는 정사를 펴고 청정한 풍교(風敎)를 좋아하여 먼저 이 당(堂)을 수리하였으니 그 뜻이 심원하다 하겠고, 장후는 마침 흉년을 당하여 우선 백성들을 구제하기에도 겨를이 없는데 능히 여기에 유의(留意)하였으니, 참으로 어진 이를 추숭(追崇)하고 이목을 새롭게 하여 정사하는 근본을 얻었다고 하겠다. 누 북쪽에 점풍대의 옛터가 있고 대 밑에 욕기암(浴沂巖)이 있는데, 장후가 역시 수축하여 옛 모습을 되찾게 하고자 한다. 고을의 경생(經生)과 학자(學子)가 진실로 이름을 인하여 실지를 추구한다면 참으로 염락에 말미암아 수사에 도달할 수 있을 것이다. 내가 장차 귀를 기울이면서 들으련다.

남계서원(藍溪書院)과 풍영루기(風詠樓記)

남계서원이 창설된 지는 오래이다. 주무릉(周茂陵)이 죽계서원을 설치한 후에 시작되었는데 창설한 사람은 강개암(姜介菴) 선생이다. 개암이 선생보다 50년 후에 태어났으나 선생의 덕을 사모하고 선생의 도를 강론하였다. 고을 선비 몇 사람과 더불어 같은 마음으로 협찬해서 사우(祠宇)·강당·동서재사 및 전문(前門)을 아울러 수십여 간을 세웠다. 선현을 높이고, 후학을 계도하는 곳으로 하면서 이어 명명하여 각각 뜻이 있었는데 명성(明誠), 거경(居敬), 집의(集義)같은 것이 그것이다. 또 애련(愛蓮), 영매(詠梅)라 이른 것은 재사 앞에 연못을 파고, 못 옆에 둑을 쌓아 연꽃을 구경할 만하고 매화를 읊조릴 만하다는 것이었다.

준도(遵道)라 이른 것은 이것으로 말미암아서 행하면 도가 여기에 있다는 것인데, 여기에서 서원 제도가 비로소 크게 갖추어졌다. 그런데 배우는 자가 학문을 강론하고 휴식하는 여가에 심회를 창서(暢敍)할 곳이 없을 수 없었다. 그리하여 선부로(先父老)께서 경시(經始)하기를 꾀하였으나 미처 하지 못한 것이 벌써 수백 년이었다.

이에 경자년(1660) 가을에 유사들이 노의가 다시 일어나서 가형(家兄) 환조(煥祖)에게 그일을 맡도록 부탁하였다. 그가 어진 이를 높이고 도를 지키는데 일찍이 성력(誠力)이 있었기 때문이다. 이리하여 영선(營繕)하는 온갖 일이 실지로 거행되었는데 여기에는 노광표(蘆光表) 군, 강대로(姜大魯) 군, 족제(族弟) 환룡(煥龍)이 또한 함께 도운 바가 있었다, 모두 이르기를 '층계 집을 새로 세워서 한갓 보기만 아름답게 하기보다는 차라리 예전의 것에다 새 제도를 더해서 우리 가슴 속을 넓게 함만 같지 못하다'하였다. 드디어 준도문(遵道門) 위에다 작은 다락집을 올려서 무릇 열 간쯤이었다. 다음해 신축(1661) 6월 스무날, 낙성을 했는데 원근의 선비가 많이 달려와 축하하고 고을 원이던 강이문(姜彝文) 군수도 또한 모임에 와서 읍양하는 모습과 진퇴하는 절차가 울연히 볼 만하였다.

대저 다락집의 제도가 매우 굉걸(宏傑)하지는 않지만 빛나고 날 듯함이 잠시 동안 다시 보게 되었다. 높이가 백 자도 되지 못하나 멀리 임해서 사방으로 바라보이는 경치가 같은 바 있다. 들판이 평평하게 넓고, 냇물이 감돌아 얽히듯 했는데 먼 곳의 숲은 푸르고, 저녁노을이 아름답다. 백암산(白巖山) 두어 점이 저문 빗속에 들어서 반쯤이나 숨었고, 뇌계의 한쪽 면은 아침 볕을 띠어서 온전히 드러났다. 대나무와 잣나무가 우거진 앞마을에는 우는 새가 밤을 재촉하고, 옛 골목에는 늙은 농부가 가을 농사를 점친다. 바람과 달이 아름다움을 드리우고, 연기와 노을이 재주를 비치는데 한번만 슬쩍 보아도 천 가지 기이함이 황홀하여 형상하기가 어렵다.

이 다락에 오른즉 넓어지는 마음과 즐거워지는 정신이 자연 속에 자맥질해서 유연(悠然)히 스스로 얻은 것이 있는 듯한 뜻이 있다. 하물며 두류산 만첩 봉우리와 화림천(花林川) 아홉 구비의 흐름에서 거의 선생의 풍표(風標)를 보고, 선생의 기상을 우러러볼 수 있음인가. 흡사 선생이 계신 자리에 뫼시고 서서 증점(曾點)이 쟁그렁 하고 비파를 밀쳐 놓던 뜻이 있는 듯한 까닭으로 말미암아서 풍영루라 이름하였다.

준도문(遵道門) 옛 현판은 개암이 지은 이름이고, 매암(梅庵)이 마음껏 쓴 글씨이기에 문 위에다 벌려 걸어서 선현의 남긴 자취를 없애지 않는다는 뜻을 보였다. 아아! 증점은 부자(夫子)의 무리이고, 우리들은 선생의 무리이다. 부자에게 배워서 바람 쐬고 시 읊조리는 지취(志趣)가 있은즉 선생에게 배운 자로서 어찌 저와 꼭 같은 생각이 없겠는가. 드디어 비파를 당겨 노래하기를,

고운 볕이 천천히 오르는데,
봄옷을 더 입는도다.
큰 사람 작은 사람 할 것 없이,
관동(冠童)이 대여섯이다.
봉황이 높게 날아오르는구나,
어찌 나는 쉬지 않으리.
한가롭게 놀기를 쉽게 하여서,
저절로 깨치도록 한다.
이미 큰 뜻을 보았으니,
이(理)에 젖어들고 인욕을 벗었다.

조현당(釣賢堂)과 나화상
《신증동국여지승람》, 권30, 합천군

김일손의 조현당기에, "내가 어릴 때부터 임천(林泉)을 좋아하는 성벽이 있어, 장성하여서는 영남에 유람하였다. 최문창(崔文昌)이 당나라에서 돌아왔으나, 신라 말기여서 뜻을 얻지 못하였다. 그가 탐방한 산천에 아름다운 산 좋은 물이 한 군데가 아니었으나 그가 생애를 마친 곳은 이 가야산이었다. 그렇다면 이 산에는 반드시 경치가 기절(奇絕)하여 신선이 머물렀던 것이리라. 문창이 간 뒤에도 반드시 높은 사람과 은사(隱士)가 그 산중에 서식했을 것인데, 혹 이름이 알려지지 않았음인가. 한번 유람하여 그 사람을 탐문하려고 하였다. 그러나 세속의 벼리가 사람을 얽매었으니 티끌 속에 분주하여 평소에 원을 저버린 지 이미 세월이 오래였다. 금년 봄에 김대유(金大猷)가 야성(冶城)에서 오산(鰲山) 나의 집을 방문하고 가야산을 유람하기로 언약하였다. 두어 달 있다가 김대유를 찾아 지팡이를 짚고 가야산으로 함께 떠났는데, 이수재(李秀才) 형(泂)이 따라 나섰다. 무릉교를 지나 홍류동에 들어가서 치원대(致遠臺)를 지나 해인사에 도착하였다. 그때 조법사(祖法師)가 방금 절을 중수하는 중이었다. 문창의 독서당(讀書堂)을 물었으나 그것은 모른다 한다. 조법사의 대우는 후하였으나 집 짓노라고 시끄러워서 머무를 수 없었다. 돌아서 두어 마장을 가니 산이 더욱 가파르고 동학(洞壑)이 더욱 구불구불하였다. 일찍이 사대부들 사이에서 들으니 명(明)이라는 장로가 산꼭대기에다 못을 파고 집을 지어 여생을 보냈다는 것이었다.

명이 시를 읊조릴 줄 알고 나팔 불기를 좋아하여 점필공(佔畢公, 김종직을 말함)이 매양 나화상(螺和尙)이라 일컬었다. 이날 들길을 돌고 돌아 바라보니 푸르른 산 속에 절이 보일락말락하므로 걸음을 재촉하여 올라갔다. 집 밑에 못이 있는데 득검지(得劍池)라는 팻말이 있었다. 못 복판에는 작은 섬이 있고 솔, 국화, 매화, 대(竹), 구절창포(九節菖蒲) 따위가 심겨져 있는데 못 위에는 연잎이 너풀너풀 못에 가득하고 작은 다리가 걸쳐 있고, 허수아비가 작은 배를 타고 돛을 올리고 낚싯줄을 드리우고 바람 따라 작은 다리 밑으로 들락날락하였다. 집을 둘러 칡이 나서 벽에 기어오른 줄기와 꽃이 창틈을 뚫고 들어오고 있었다. 나는 지팡이를 세우고 좌우를 돌아보았다. 조금 있다가 노승 한 사람이 그 집에서 나왔다. 내가 갑자기, '나화상이 어디 있느냐.' 하고 물었더니, 중은 눈을 둥그렇게 뜨면서 대답하지 아니하고 바로 나를 인도해 들이었다. 그런데 왼쪽에는 나월헌(蘿月軒)이라는 현판이 걸렸고 오른 편에는 조현당(釣賢堂)이었다. 벽에는 옛날 칼 한 자루가 걸려 있는데, 이것은 나화상이 못을 팔 때에 못 가운데에서 발견한 것인데 천 년 간 땅 속에 묻혔으니, 매우 기이한 물건이다. 헌함에 기대어 눈을 들면 멀고먼 수백 리 밖에 두류산 중첩한 푸른빛을 볼 수 있으니, 이것도 또한 하나의 기이한 경치다. 얼마 안 되어 대유가 잇따라 오니, 중이 대유에게 물어서 비로소 나의 성명을 알고 손바닥을 치며, '노승이 여기에 머물면서 걸음이 문밖에 나가지 않았으나 그대 이름은 귀에 익은지 오래였소.' 하며 서로 쳐다보고 한바탕 웃었다.

내 희롱하기를 '내가 정선생(程先生)이 동오경(董五經)을 방문하던 것을 흉내냈으나, 그대가 나를 알지 못하니, 동오경보다 훨씬 못하다.' 하였다. 인하여 벽을 두루 보니, 사가(四佳) 상국(相國) 서거정, 파징(波澄) 김맹성(金孟性), 고양(高陽) 유호인(俞好仁), 신창(新昌) 표연말(表沿沫) 선생, 숭선(嵩善) 김종유(金宗裕) 군이 써둔 시판(詩板)이 있었다. 모두 당세의 현인으로 국가의 성운(盛運)을 읊조리고, 대아(大雅)의 높은 바람을 떨치는 이들이다. 그 중에서도 우리 점필공이 나화상과 오간 시통(詩筒)이 있었으니 더구나 기뻤다. 이튿날 방태화(方太和), 송구보(宋懼甫), 이호원(李浩源)이 왔고, 또 다음날에는 안시숙(安時叔), 하응기(河應期)가 왔다. 내가 대유에게 말하기를, '다시는 기이한 경치를 탐방하지 말라.' 하고, 여기에서 달이 넘도록 머물렀다. 네모난 못이 활수(活水)의 근원이며, 마르지 않고 거울 같은 수면에 물상이 비치면 곱고 추한 것이 문득 나타난다. 달은 반 바퀴(半輪)요, 소녀풍(少女風)이 가늘게 분다. 두견새 한 소리에 산천이 모두 적적하다. 비온 뒤 흰 구름은 무심하게 바위 구멍에서 나와서 한가로우니, 나화상은 여기에서 얼음이 있었을진저. 인간에서는 무더운 더위가 쇠와 돌을 녹일 것이언만, 이 당(堂)위에서는 갖옷을 입어도 추워서 유월인 줄 모르게 되니, 이것은 산중 사람의 별조화이다. 문득 속세를 헌신짝처럼 벗어버리고 길이 머물 듯이 있었다. 나화상이 일찍이 ‹나월독락가(蘿月獨樂歌)›를 지었는데, 모두 속세를 우습게 보고 세상 밖에서 스스로 즐기는 것이었다.

저녁에는 나화상이 노래를 부르는데, 메아리가 부딪혀 바위를 진동하고 잇달아 춤을 추는데, 까까머리와 넓은 소맷자락이 달 그림자에 너울거렸다. 나화상은 참으로 호걸스러운 중이었으니, 드디어 방외의 사귐을 맺었다. 하루는 산에서 내려오는데 나화상이 산중에 남겨둘 기문을 청하였다. 내가 답하기를 '나화상이여, 이 못이 있고 이 헌함이 있어, 귀를 씻고 발을 씻으며 칡덩굴을 뒤집어 쓰고 달빛을 잡으니, 홀로 즐길 만하여 세상과 접촉하지 않는데, 또 조현(釣賢)이란 것으로 더 부치기는 웬일인가.' 하니 나화상이 말하기를, '이른바 현(賢)이라는 것은 지금 세상의 이른바 현이 아니요, 옛날 현이다. 번화스러운 곳에 명성을 날리는 현이 아니고, 청운에서 도를 사모하는 현이다. 멀게 말하면 호계(虎溪)에서 셋이 웃는데 도원량(陶元亮) 연명(淵明)이 참여하였으니 원량이 진(晉)나라의 현이 아닌가. 가깝게 말하면 해인 세 절에 고운이 놀았는데 고운은 신라시대의 현이 아닌가. 소위 현이란 것이 지금 세상의 소위 현이란 것이 아니다. 30년을 홀로 즐기면서 세상에 원량과 고운 같은 현인이 없음이 한스럽다. 그런즉 나의 즐김은 궁벽한 산중에서 영원히 홀로 즐길 뿐이고 함께 할 아무도 없다. 그런데 오늘날 다행하게도 여러 벗이 와서 머물렀으니, 곧 우리들의 한 좋은 만남이다. 여러 벗은 어찌 이름 한번 기록하는 것을 아끼는가.' 한다.”라고 되어 있다.

진주목, «해동지도»

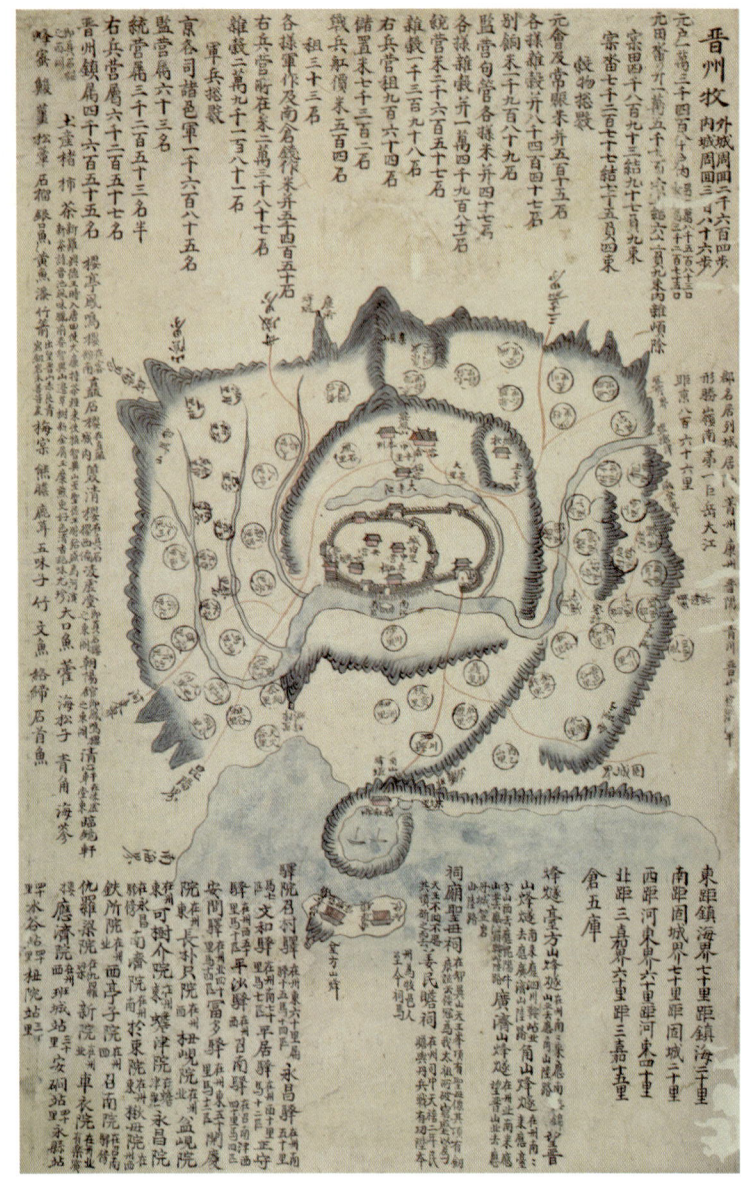

진주는 큰 도시이다. 남강이라는 큰 강을 끼고 있는 경상우도(慶尙右道) 지방의 중심 도시였다. 조선 후기에 길이 이쪽으로 새로 생기면서 진주 쪽에서 사람들의 활동도 많아진다. 예로부터 이쪽엔 유명한 인물들, 즉 남명 조식뿐 아니라 기개 있는 인사들이 많았다.

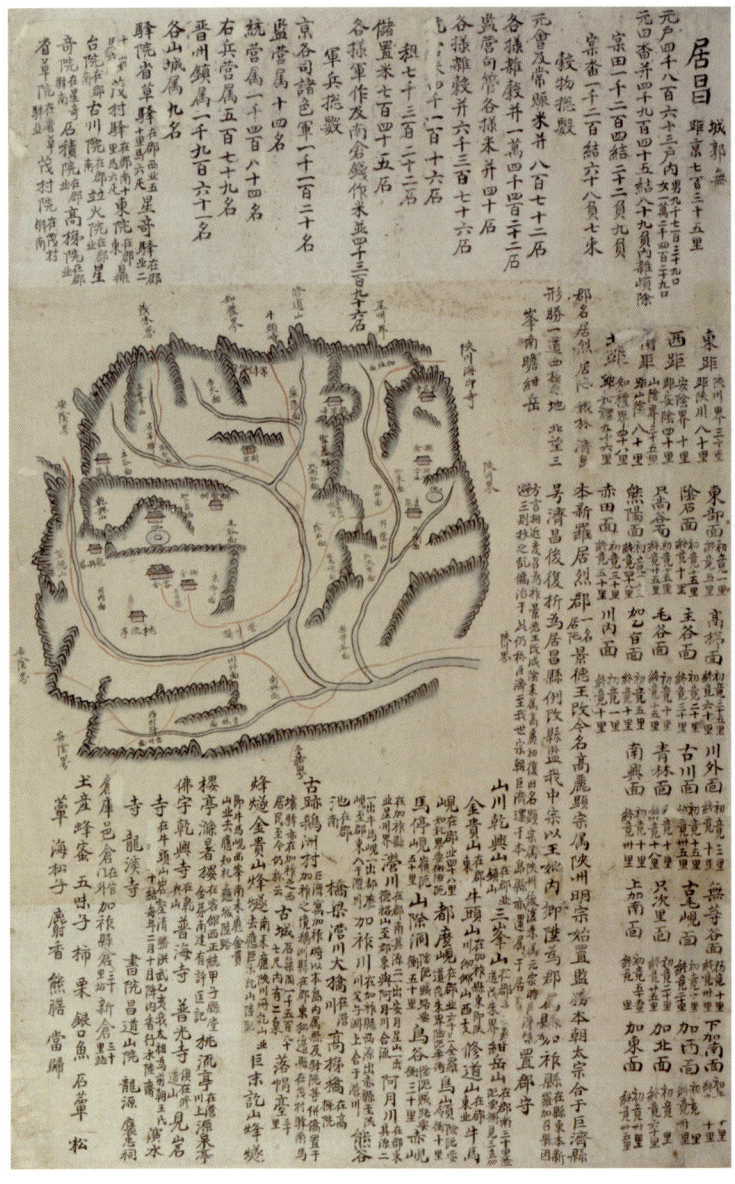

거창의 수승대가 있는 지역은 조선 시대에 안의현에 속해 있던 곳으로, 삼국 시대에는 신라와 백제의 국경 지대였습니다. 원래의 이름은 수송대라고 했는데 퇴계 이황이 이 부근에 들렀다가 수승대라는 이름을 바꿨다는 기록이 나온다.

함양군, «해동지도»

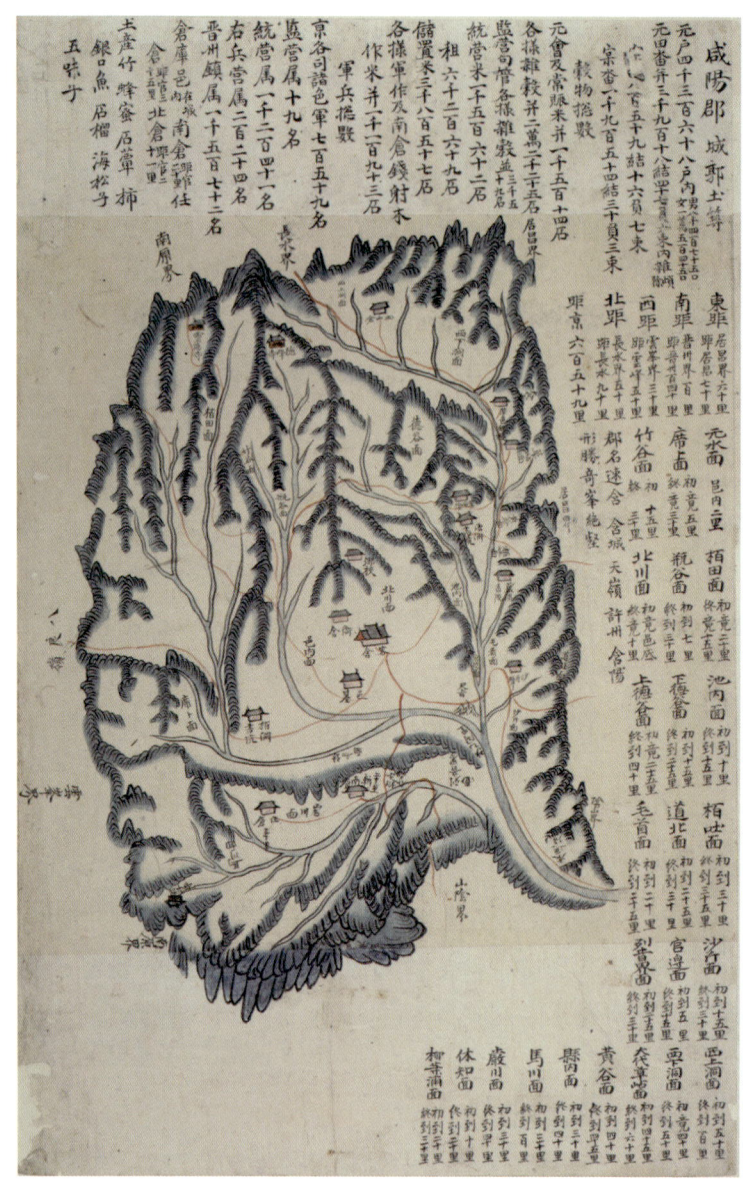

함양 일대는 워낙 험하고 외진 곳이었던지라 많은 선비들이 이곳에 숨어 살았다. 고려 말 조선 초기를 시작으로 해서 연산군 때 일두 정여창이 함양에 은거했고, ‹조의제문(弔義帝文)›을 사초에 기록했던 사관 김일손과 그 일가도 이쪽에 숨어 살았다.

합천군, 《해동지도》

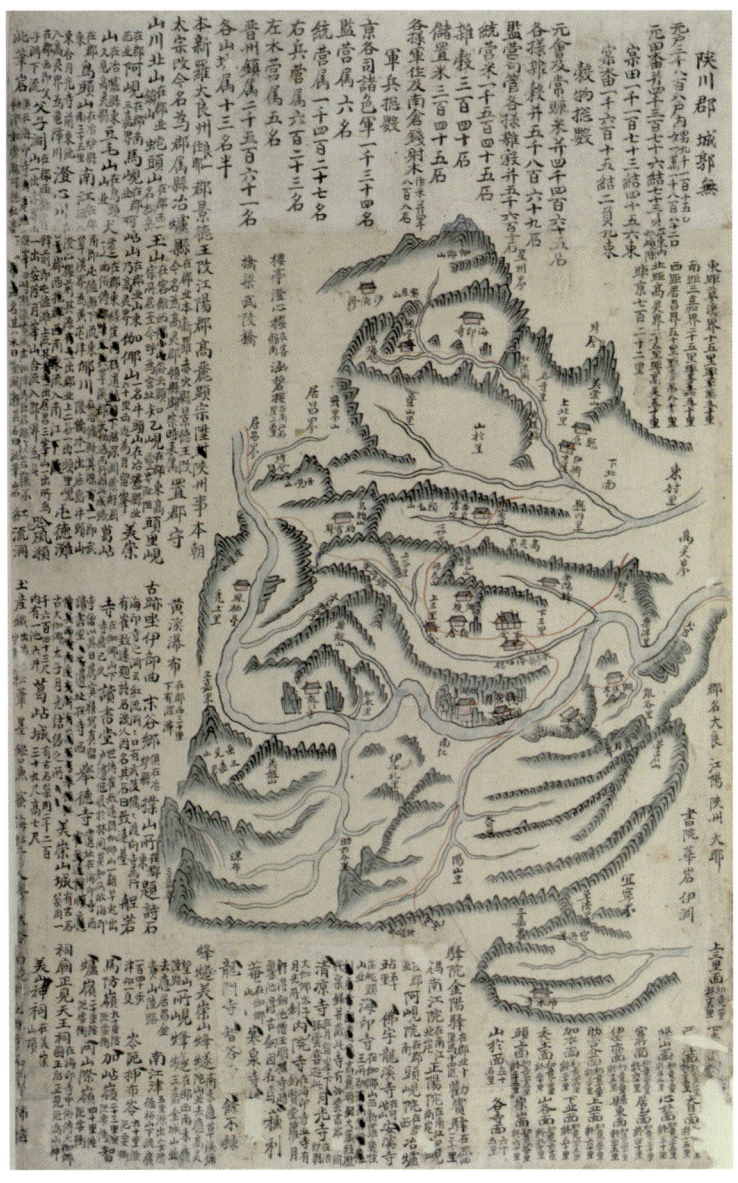

경상도에는 밀양의 영남루, 진주의 촉석루, 울산의 대화루, 양산의 쌍벽루, 안동의 영호루 등 유명한 루가 많다. 합천의 함벽루 역시 우리나라의 대표적인 다섯 개의 누에 들어갈 만큼 풍광과 자태가 뛰어난 곳이다. 황강이 바로 가까이 있다.

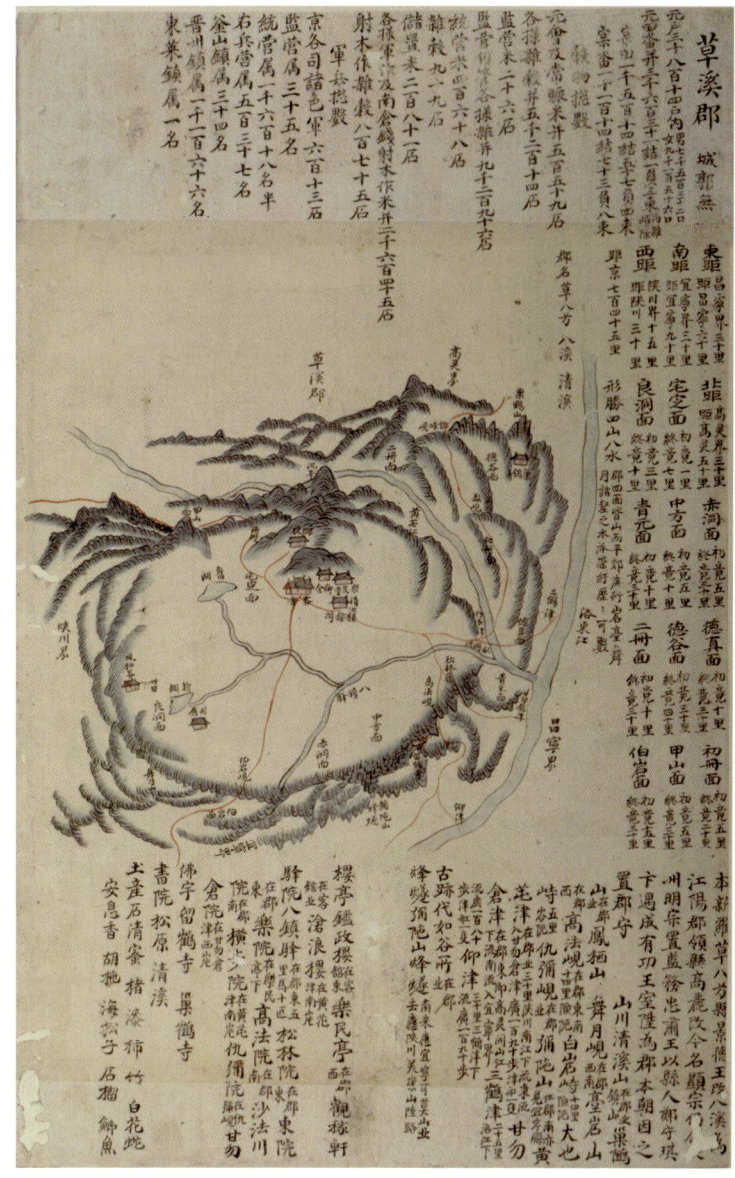

초계 읍치는 전부 아주 큰 산에 둘러쌓여 있다. 읍치의 서북쪽, 산자락에는 서원 자리가 있다. 향교가 높은 데에 있고 경사진 곳에 올라 있어 조망도 빼어나다. 초계향교는 축대가 매우 높다. 약간 둔덕 진 곳에 축대가 삼단으로 되어 있고 계단이 많고 조망이 시원스럽게 펼쳐져 있다.

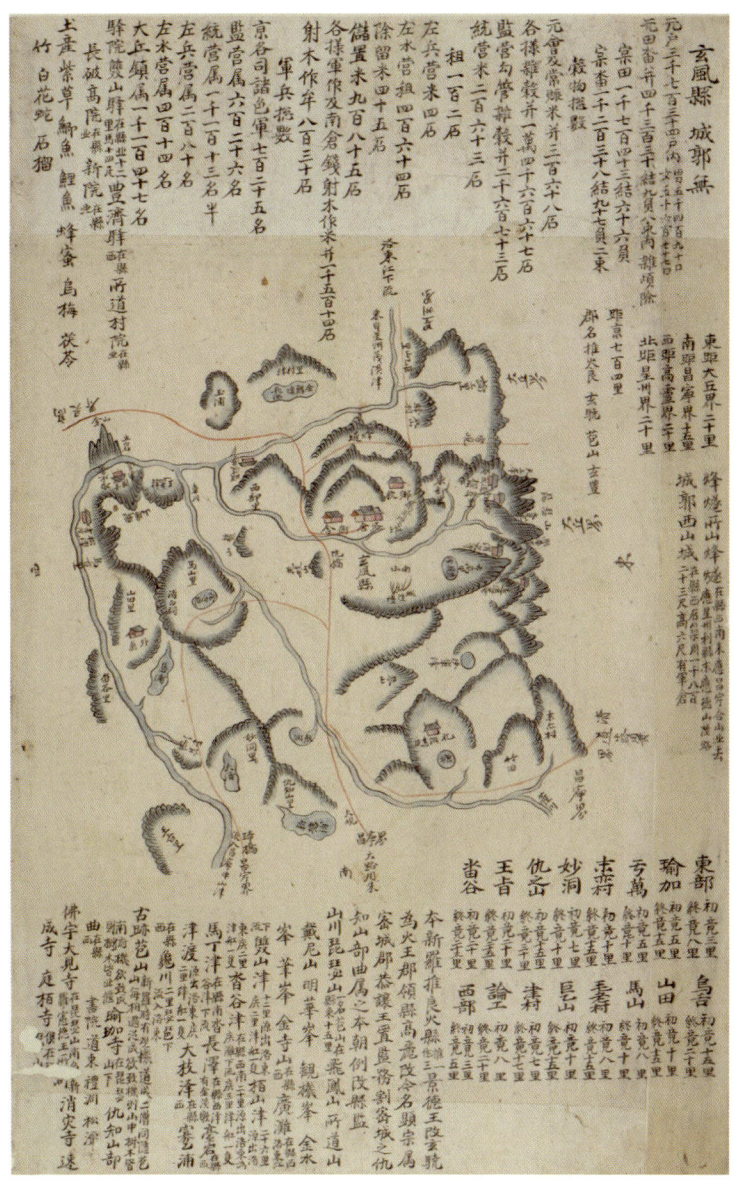

달성군 구지면 도동리에 있는데, 1568년 지방 유림들이 비슬산 동쪽 기슭에 서원을 세워 쌍계서원이라고 했는데, 1574년 사액되었다. 임진왜란으로 소실되었다가 1605년 사림들에 의해 중건되었는데, 이때 이름을 보로동서원이라고 하였다 한다. 1607년에는 도동서원으로 사액되었다.

사람들은 도시를 만들었다

옛 지도에 나타난 도시

옛 지도는 오늘날의 지도와 달리 그림으로 표현되어 있습니다. 오늘날의 지도로는 오로지 지리적 위치나 지형적 특징 등만을 알 수 있지만, 옛 지도를 통해서는 당대의 사람들이 지형이나 도시를 어떻게 생각했는지 읽어낼 수 있습니다. 단순한 지형적 특성뿐 아니라 사람들이 그 지형에 대해 어떤 이미지를 가지고 있는지, 지도를 통해 표현하고자 한 세계관은 어떤 것인지, 건축이나 도시의 입지에 대해 어떤 사고방식을 가지고 있었는지를 알아낼 수 있다는 말입니다.

지금부터 우리 옛 지도들이 도읍과 건축을 어떻게 구현했는지를 살펴보고, 그를 통해 옛사람들이 그것들에 대해 가지고 있었던 이미지를 알아볼까 합니다.

고구려 고분 벽화 · ‹수렵도›와 ‹요동성도›

중국 길림성 집안현 여산에 있는 무용총(舞踊塚)과 평안남도 순천군에 있는 요동성총(遼東省塚)은 모두 4~5세기 경에 축조되었다고 알려져 있습니다. 이 고분들에는 각각 고분 벽화인 ‹수렵도›와 ‹요동성도›가 있는데, 두 벽화는 표현 기법이나 내용이 매우 대조적입니다.

 ‹수렵도›가 고구려인들의 생활 모습을 소재로 하고 있다면 ‹요동성도›는 성시(城市)의 공간 구조와 주요 건축물의 배치를 표현했습니다. 벽화 묘사의 기법에서도 차이가 있는데, ‹수렵도›가 회화적인 묘사 기법을 사용한 반면 ‹요동성도›는 도시와 건축에서 주로 사용되는 추상적인 기초 묘사의 기법을 쓰고 있습니다.

 ‹수렵도›는 정확히 말해 무용총 서쪽 벽에 있는 벽화입니다. ‹수렵도›에서는 벽면의 중심이 되는 곳에 두 봉우리의 산이 겹쳐져 묘사되고, 그 봉우리 정상에는 종류를 파악할 수 없는 나무가 각각 두 그루, 한 그루씩 그려져 있습니다. 산은 초기의 서투른 준법(皴法)으로 묘사되어 공간적 깊이를 표현합니다. 벽화의 시점은 적확한 것은 아니나, 부감법에 의해 묘사되었다고 볼 수 있습니다.

 ‹수렵도›의 벽면 좌측 3분의 1 되는 상단부에는 좌우로 펼쳐져 두 개의 산이 묘사되어 있습니다. 산 위에 그려져 있는 사슴이 뛰는 방향과 산 아랫면에 그려진, 사냥꾼에 쫓겨 달아나는 호랑이·사슴의 방향은 서로 좌우로 반대입니다. 벽화의 우측 3분의 1 되는 곳에 있는, 벽면을 세로로 가르는 나무의 배치 또한 인상적입니다. 이 나무 우측의 벽면으로, ‹수렵도›와는 맥락과 내용이 전혀 다른 ‹우교차도(牛轎車圖)›가 그려져 있기 때문입니다.

 ‹수렵도›에 그려진 이 나무와 산은 어떤 사상적 배경이나 역사적 배경을 가지는 걸까요? 여기서 단군신화의 '태백산 꼭대기(太白山頂)', '신단수(神壇樹)' 등의 구절을 되새겨볼 필요가 있습니다. 단군신화의 내용은

사상적으로 보자면 숭산(崇山)/숭목(崇木) 사상인데, 〈수렵도〉에 표현된 산과 나무 역시 이런 사상의 한 맥락에서 파악할 수 있습니다.

그림 속의 산과 나무는 영역을 가르는 물리적 장치로도 활용되고 있습니다. 벽면 가운데에 있는 산봉우리 꼭대기에 배치된 나무는 단군신화와 상통하는 숭산/숭목 사상을 표현한 것이며, 우측 상단의 좌우로 펼쳐진 산은 영역의 경계를 가르는 물리적 장치인 것입니다.

전통적으로 수목은 허한 지점이나 구역을 점·선·면으로 진호(鎭護)하기 위해 쓰이는 '보허법(補虛法)'에 의거한 비보(裨補)입니다. 가산(假山), 연못(池)과 함께 자주 사용되는 중요한 요소 중 하나이기도 합니다. 옛 지도 속에 나타나는 수목이나 수대(樹帶)는 이런 맥락에서 이해해야 합니다. 현재까지 수목, 수대가 남아 있거나 옛날에 수목이나 수대가 있던 터는 흔히 '숲쟁이', '당터', '정자터' 등의 지명으로 남아 있곤 합니다. 이 점 역시 수목을 중시하는 전통 사상의 흔적이라 봐야 옳습니다. 오늘날까지 농촌 취락의 곳곳에 흔적이 남아 있는 당나무나 정자 나무는 숭목 사상이 기층문화에 스며들어 있는 역사적 환경을 표현한 것입니다.

4세기경에 제작되었다고 하는 벽화 〈요동성도〉는 성시 지도로는 처음 소개된 것입니다. 〈요동성도〉 이외의 벽화에서 성시가 표현된 경우는 약수리 벽화고분 성곽도, 용강대묘 성곽도 등을 들 수 있습니다. 〈요동성도〉는 '산과 하천, 개울 등도 나타내고 적(赤), 청(靑), 보라(紫), 백색(白色)으로 채색을 했다'라고 전해지지만, 그 내용은 자세히 알 수 없습니다. 지리학자 전상운이 소개했던 〈요동성도〉는 도시나 건축 배치도 형식으로 그려진 벽화라고 알려져 있습니다.

좌우가 장변(長邊)이며 방형(方形)으로 묘사된 〈요동성도〉의 성시도는 그 내부도 방형으로 구획되어 나뉘어 있고, 좌우로 관통하는 대로가 그려져 있습니다. 성곽의 모서리에는 망루가 있고, 성벽 출입구에는 겹처마 지붕 문루가 부감법으로 표현되었습니다. 성곽 안으로 작은 규모의 기

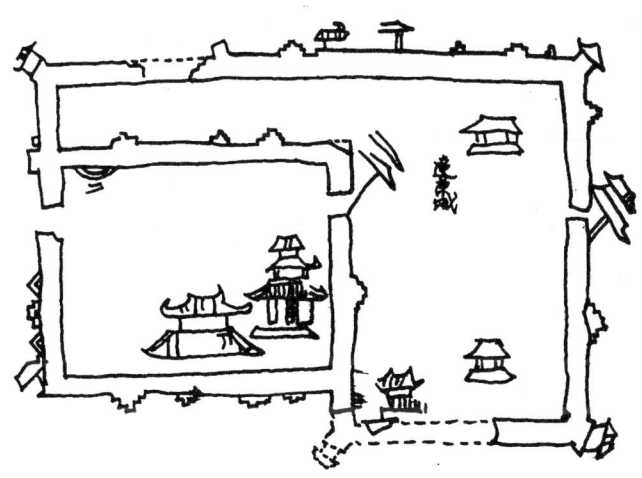

▲ 〈수렵도〉와 〈우교차도〉, 무용총(4~5세기, 중국 길림성) 중 서쪽 벽,
도판 출처 김기웅(金基雄)의 《고구려 고분 벽화》(서문당, 1989, 47쪽).
〈수렵도〉에 그려진 산과 나무는 국가나 부족 간의 생활이나 활동의 영역, 경계를 가르는 장치로 생각된다.
특히 두드러져 보이는 큰 나무는 하늘과 땅을 연결해주는 중심 나무이자 신목이기도 하다.
어촌이나 농촌에서 볼 수 있는 당목이나 정자목의 원형으로 추측된다.

▼ 〈요동성총도〉

와집(3간), 궁궐 전각 등이 상징적인 선화(線畵)로 묘사되어 있습니다.

이 벽화는 축척을 사용하고 있지 않습니다. 대신 성의 공간 구조를 명확히 표현하고 있는 것이 특징입니다. 벽화에 따르면 성벽은 토벽으로 보이며 그 두께를 과장하여 강조하고 있는데, 부벽(buttress)이라는 보강 벽기둥이 묘사되어 있습니다. 〈요동성도〉의 묘사는 모두 기호화된 선으로 표현된 것도 특징입니다.

앞서 살펴본 〈수렵도〉가 사실을 묘사한 회화풍 벽화라면 〈요동성도〉는 도시나 건축을 표현할 때 선을 기호로 사용하는 추상 묘사의 회화풍 벽화라고 하겠습니다. 특히 요동성 내부에 표현된 건축물의 전면(前面)을 직선으로 간략하게 묘사하고 있음에 주목할 만합니다.

이상에서 살펴본 고구려 고분 벽화가 공간 표현에서 보여준 특징을 다시 한번 정리해 보면, 우선 공간 구성에서 중심과 전후좌우라는 개념이 표현되어 있다는 점을 들 수 있습니다. 고분 벽화는 생활 영역에서 산을 공간의 경계로 활용하였으며 때로는 수목도 경계를 가르는 데 이용했습니다. 수목이 벽화 공간의 중심이 된 경우도 있습니다. 이 벽화들은 한정된 특정 생활 영역을 소우주로 설정해서 표현했으며 묘사하는 시점은 부감과 눈높이를 기본으로 합니다.

어느 문명에서건 고대인들은 자신들의 우주관과 생활 영역을 조응시켰던 것이 일반적입니다. 그러다 지식이 발달하면서 점차 우주관과 생활 영역 사이에 괴리가 생겨나게 됩니다.

동양적 우주관의 공간적 틀은 천원지방(天圓地方)을 근본으로 하여 그 중심에 인간이 존재(정주)한다는 실존적 의미를 내포한 것이 가장 기본적 특징입니다. 인간은 어디에 존재하든 자신이 있는 지점을 중심 기점으로 전후좌우를 인식하고 설정합니다.

사람들이 의미를 부여한 공간에서 가장 보편적인 방위 설정은, 해와 달이 뜨고 지는 방향(日月出 日月入), 낮에 해가 가장 높은 위치에 떠 있는 방향을 기준으로 하여 정해집니다. 이는 '향'과 '방'의 일치를 의미하며 동서남북이라 칭해졌습니다. 정위(定位)라고도 합니다.

우리 옛 건축에서 동서남북의 각 방위는 용·호·작·무(龍虎雀武)의 사방신(四方神) 및 중심과 동서남북 각각에 조응하는 오방색(五方色)을 갖는 것이 특징입니다. 이 중심과 사방신, 오방색은 중국에서 전래된 오행사상을 수용한 것으로 일반 민중들은 별 저항감을 일으키지 않고 받아들여 일상생활에서 활용되었습니다.

전통사상과 우주관

17~18세기에 제작된 천하도(天下圖)와 천지도(天地圖)는 천원지방 사상을 배경으로 우리 조상들이 독창적으로 제작한 지도입니다. 이 지도들에는 불교 만다라(曼茶羅)의 영향도 스며들어 있는 것으로 보입니다. '해중지(海中地)'의 개념이 지도에 묘사되어 있습니다. 해중지란 중국 대륙을 중심으로 그 가장자리에 환해(還海)가 배치되고 또 환대륙, 환해 등으로 겹쳐진 우주를 의미합니다.

기원후 6세기경에 만들어졌다고 전해지는 인도의 스리얀트라(shriyantra)는 '천원지방'의 개념에 더하여 사람을 의미하는 '△'이 만다라의 중심부에 위치한 것이 특징입니다. △는 인도인이 살아가는 데에 절대적으로 중요했던, 인더스 강-갠지스 강-데칸 고원으로 한정되는 삼각형 지형을 의미합니다. 또한 그것은 당대 인도인들에게 사람이 살기에 가장 좋은 생활환경을 갖춘 장소를 상징하는 것이었습니다.

인도에서나 중국에서나, 하늘을 의미하는 원이나 땅을 의미하는 사각형은 서로 공통적입니다. 즉 이 두 문명은 '하늘은 둥글고 땅은 모나다'는 개념을 공유하고 있는 것입니다. 여기에 더해 중국은 팔괘(八卦)의 개념을 방위에 포함시키게 되었습니다.

▲ 천하도, 채색필사본, 18세기 후반, 51.2×53.4, 영남대박물관 소장

▼ 스리얀트라(Shriyantra). 인도, 6세기경

중국에서 팔괘는 천지 사이에 존재하는 만물을 상징합니다. 팔괘는 하늘과 땅, 그리고 자연, 방위를 내용으로 포함하고 있습니다. 이들 요소는 옛 지도의 필수적인 구성 성분이기도 합니다. 팔괘에 대해 좀 더 자세히 살펴볼까요?

팔괘는, 태극(太極)에서 시작하여 기우(奇偶) 두 수, 음양이라는 2가지 기(氣)를 천지의 양의(兩儀)로 만들고, 춘하추동 4시(時)를 사상(四象)으로 하며, 천지와 뇌·풍·수·화·산·택(雷風水化山澤) 등 8종의 자연현상을 8개의 괘로 표현합니다. 얼핏 보면 난해해 보이지만 사실 팔괘는 고대인들이 마주친 자연환경에서 비롯한 것입니다.

팔괘는 방위의 한 형식으로 구궁설(九宮說)에 근거하는 관점이 있습니다. 구궁설은 태일(太一)이 1에서 9까지, 즉 음양의 수와 위치 서열에 따라 운행한다는 설입니다. 한마디로 말해서 음양 2기의 운행과 팔괘와의 관계를 설명하는 이론입니다.

이러한 설은 고대 명당제(明堂制)에서 유래하며 《대대례기(大戴禮記)》 '명당'의 9실설에서 발전되었습니다. 이는 천하도, 천도도에서 도상(圖像)의 틀로 발전되었습니다. 구궁설은 두 가지 특징이 있습니다. 하나는 음양의 수와 9궁의 수를 통해 팔괘가 주관하는 절기의 변화에 수적(數的)인 규칙성이 있음을 설명하는 내용입니다. 또 하나는 태일 즉 북극성이 사계절 변화의 주재자라는 내용입니다. 구궁설 역시 팔괘와 마찬가지로 상(象)과 수와 방위를 포함하고 있는데, 이런 내용은 오행설에도 포함되어 있습니다.

9궁설은 역학사(易學史)에도 깊은 영향을 끼쳤습니다. 9궁설은 이후 여러 학자들을 거치면서 더욱 발전했는데, 송나라 때에 특히 중시되었습니다. 유목은 9궁도를 '하도(河圖)'라 했고, 채원정은 '낙서(洛書)'라 하였고, 이는 송명대의 상수학(象數學)과 역학에서 주요 내용을 이루었습니다. 9궁설은 그 밖의 다른 분야에도 커다란 영향을 미쳐, 병가(兵家)의 9

궁팔괘진(九宮八卦陳: 八陳圖) 역시 그 영향으로 인해 만들어졌습니다.

〈장주묘암도(漳州茆菴圖)〉는 조선 영조 22년(1746)에 궁중 화원들이 제작한 것으로, 왕의 어제제도(御製題圖)와 7언시 발문(跋文)이 함께 곁들여져 있습니다. 이 그림은 팔진도를 화면의 구성 틀로 삼고 있습니다. 그림에서 특히 궁성의 공간 배치 개념은 《서경(書經)》의 '홍범구주(洪範九疇)'를 기본으로 하여 공간식(空間式)으로 구성한 것이 이채롭습니다.

구주(九疇)란, 9라는 수를 모든 철학적 사고의 바탕으로 삼았던 고대 중국인들이 그들의 우주관을 규명하려는 데서 연유한 것인데, 이 그림에서는 공간 구성의 원칙이 되었습니다.

중국 전국 시대 제(齊)나라의 철학자 추연(鄒衍)은 우주를 이렇게 정

〈장주묘암도〉, 도화서 화원, 1746

의했습니다. "유자(儒者)들이 말하는 중국이라는 것은 천하의 8분의 1에 불과하다. 중국은 '적현신주(赤縣神州)'라고 하며 그 적현신주 속에는 또 9주가 있는데 그것이 우왕이 정리한 9주이고 그곳을 다스리는 대법이 '홍범구주'이다. 그러나 그것을 한 주로 셈할 수는 없다. 중국 바깥에는 적현신주 같은 것이 여덟 개가 있는데 이것이 바로 9주이다. 또 각 주 사이에는 작은 바다로 둘러싸여 사람들과 금수가 서로 교통할 수 없으며, 하나의 구역 안에 들어 있는 것이 한 주가 된다. 이와 같은 것이 모두 아홉 개가 있으며 또 큰 바다가 그 바깥을 둘러싸고 있는데, 그것이 천지의 경계이다."

한편 후한 시대의 사상가인 왕충(王充)은 《논형(論衡)》 '담천(談天)'에서 9주를 이렇게 설명합니다. "추연의 책에는 '천하에 9주가 있으니 그것은 우공에서 운위된 것 이외의 9주다. 우공이 말하는 9주는 모두 따로 9주를 가지고 있는 것과 같다. 우공의 9주는 오늘날 천하의 9주다. 동남쪽 귀퉁이에 있는 것은 적현신주라고 하니, 이 외에 또 여덟 주가 있다. 모든 주는 사면이 바다로 둘러싸여 있는데, 이를 비해(裨海)라고 한다. 9주의 바깥에 또 영해(瀛海)가 있다'고 했다."

우주에 대한 이런 공간 개념은 〈천하도〉의 공간식과 일치합니다. 천하도는 중국을 중심으로 한 대륙과 그것을 둘러싸고 있는 환해(環海), 또 그 밖의 환대륙, 환해가 있는데 바로 9주의 개념을 보여주는 것입니다. 중국을 중심으로 한 대륙을 둘러싸고 있는 환해, 즉 바다가 비해(裨海)이며 그 밖의 환대륙을 둘러싸고 있는 바다가 영해(瀛海)입니다

이처럼 중국의 우주관과 사상은 음양·오행설에 기반을 두고 발전하며 분화했습니다. 앞서 보았듯 우주관을 도상으로 표현한 것이 '천원지방'이고, 이 개념이 팔괘와 결합해 9궁설을 이루며 나중에 천지도의 원형이 되었습니다. 대신 9주 이론의 적현신주는 천하도에서 간결한 형태로 표현되었죠.

동양뿐 아니라 인간이 만든 모든 철학적이고 사상적인 도상은 방위 개념을 포함하고 있다고 봅니다. 그 방위 개념은 곧 인간을 실존화한 것이라고 말할 수 있겠습니다.

신의 역(神域)과 인간의 역(人間域) - 자연환경과 인공 환경

경계란 어떤 구간과 구간, 기능과 기능을 가르는 것입니다. 옛 지도에도 경계가 많이 표현되어 있는 것을 볼 수 있습니다. 지도에서 경계는 주로 권역을 가르는데, 도(道)와 도(道) 또는 주·부·군·현(州府郡縣) 사이의 권역을 나타내는 데 사용됩니다.

건축에서는 계급이나 기능 및 재산권을 분별하고 가르기 위해 담장이라는 것을 활용합니다. 군사상 방어를 목적으로 하는 성벽을 제외하고, 담장은 일반적으로 계급 구분을 위해 사용됩니다. 즉 담장 자체가 권력을 상징한다는 뜻입니다. 담장은 그 외에 종교, 교육, 특별한 목적을 위해 공간을 '한정'하기 위해서도 쓰입니다. 물론 재산권을 가르는 기능을 하기 위해 쓰이는 보통 담장들도 많지요.

이런 의미 이외에도 한 가지 더 큰 의미에서 담장이 쓰이는 경우가 있는데요. 바로 인간의 영역과 신의 영역을 가르는 기능을 담당하는 사례입니다. 우리 옛 건축에서 보통 자신의 담장 안에서 행해지는 행위들, 즉 땅을 파거나 절토 및 성토 하는 일들은 일상적으로 자유로이 행해집니다. 그렇지만 담장 밖에서는 인간의 의지대로 지형을 바꾸지 않는다는 것이 불문율 같이 지켜졌습니다.

〈산도(山圖), 명당도(明堂圖)〉에서는 '산 제단'이 묘지의 봉분, 비석, 제각 등과 같이 설치된 것을 볼 수 있습니다. 산은 조상의 시신을 모시는 곳입니다. 이 산은 인간이 주재하는 생활 영역(인간역) 밖의 자연환경 즉 신의 역입니다. 그런 곳이기에 산을 주재하는 산신에게 먼저 제사를 행하고 그 다음에 인간의 시신이 묻힌 묘에 제사를 지내는 것이 마땅하다는 것이 옛사람들의 관념입니다. 이 그림에 묘지뿐 아니라 제각이 표현된 것은 그런 관점에서 이해해야 하겠습니다.

인간과 신의 영역을 구분하는 관념의 흔적은 임금이 거처하는 궁궐에서도 쉽게 찾아볼 수 있습니다. 궁궐 북쪽에 있는 상림원(上林園) 즉 북쪽 궁궐 담 밖 산자락에 있는 자연 원림을 이런 맥락에서 이해할 수 있습니다. 궁성의 담은 궁궐과 신의 영역을 나누는 경계로 작용합니다. 담장을 기준으로 궁성의 북쪽은 신의 역(神域)과 교섭하는 경계이고 남쪽은 인간의 역(人間域), 즉 민(民)과 교섭하는 경계이니 궁성에 사는 임금은 신과 백성의 중간자적 존재임을 공간으로 표현한 것입니다.

이런 관념을 경복궁에 적용시켜 봅시다. 경복궁 북쪽 경계에 면한 출

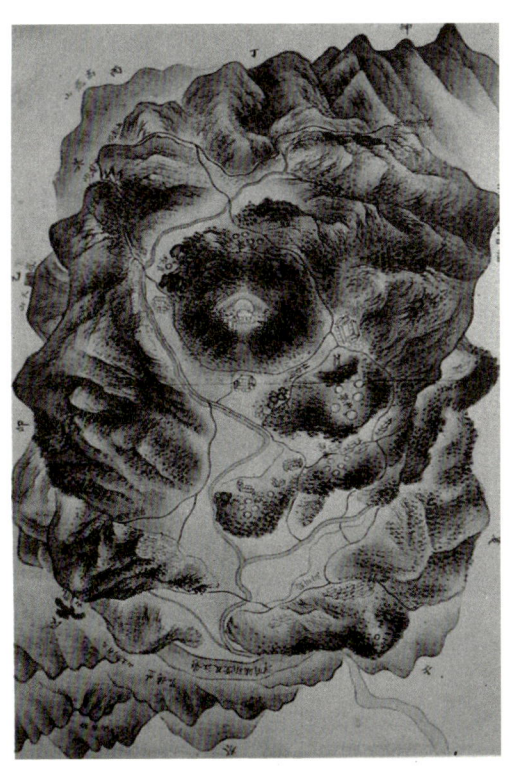

〈산도, 명당도〉, 온양민속박물관 소장

입문이 신무문(神武門)이고 남쪽 경계에 면한 출입문이 광화문(光化門)입니다. 이름부터 신무문은 신의 영역과의 경계에 놓였음을 보여줍니다. 이에 비하여 궁성 광화문 밖 좌우에 놓인 해태상은 인간과 인간, 곧 임금과 백성의 관계를 상징적으로 표현하는 이물(異物)입니다.

해태는 해치(獬豸)라고도 쓰는데, 시비(是非)와 선악을 판단한다는 상상의 동물입니다. 사자와 비슷하게 생겼으며 머리 가운데에 뿔이 하나 있는데, 중국의 «이물지(異物誌)»라는 문헌에 기록이 있습니다. 거기에 "동북 변방에 있는 짐승으로 한 개의 뿔을 가지고 있고, 성품이 충직하여 사람이 싸우는 것을 보면 바르지 않은 사람을 뿔로 받고, 사람이 다투는 것을 들었을 때는 틀린 사람을 받는다"고 되어 있습니다. 그런 이유

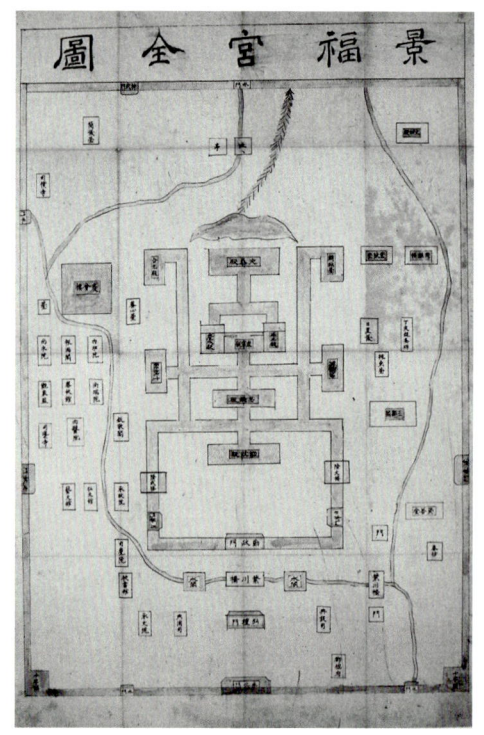

경복궁 전도

로 법을 심판하는 사람에게는 '해치관'이라 하여 해태를 새긴 관모를 쓰게 했고, 우리나라에서는 삼사 즉 사헌부·사간원·홍문관·관원들의 흉배에 해태를 붙여 착용하기도 했습니다.

경복궁 이외의 다른 궁에서도 궁성의 문들은 역시 인간과 인간 사이의 관계를 상징하는 이름이 붙었습니다. 창덕궁의 돈화문, 창경궁의 홍화문, 경희궁의 홍화문, 덕수궁의 중화문 등이 이런 맥락에서 지어진 이름입니다.

인간과 신의 영역을 가르는 기능을 한 것은 담장만이 아닙니다. 도로 역시 그런 기능을 담당했습니다. 조선전도 및 도별도·군현도 등에서, 인간의 집단 거주지와 거주지를 연결하는 도로망은 신의 역을 좌우와 남북으로 가르는 기능을 합니다. 도로에는 규정된 구간 거리마다 역(驛)과 원(院)을 설치하도록 되어 있습니다. 여행하는 사람들이 잠자고, 쉬고, 먹고, 말을 갈아 바꿀 수 있는 장소, 즉 '인간의 역'으로 정해진 곳입니다. 따라서 역과 원에는 누(樓)와 정(亭)이 필수적으로 설치되었습니다. 여행자들이 이용할 수 있는 편의 공간인 셈이죠. 이후 역원의 설립이 누정의 건축문화를 발전시킨 계기가 되기도 했습니다.

읍치의 관아 건축물들에도 필연적으로 세워지는 공루와 사정, 사설의 누·정들, 향교 및 서원, 그리고 사원 등의 출입문 상층부에 만들어지는 문루들 역시 이런 맥락에서 발전된 유형입니다. 유학자나 도가(道家), 불교에서 즐겨 찾는 우리나라의 승경지에는 그곳의 규모에 어울리는 크기의 누나 정이 세워져 있는데, 그 건축물의 기능이 중요한지의 여부에 따라 지도에 표현되어 있기도 하고 아니기도 합니다.

우리나라의 옛 지도는 천하도(天下圖), 관방지도(關防地圖), 조선전도(朝鮮全圖) 및 도별도(道別圖), 도성도(都城圖), 군현도(郡縣圖), 산도(山圖) 등으로 분류됩니다.

천하도에 속하는 지도에는 산수 체계, 도성 및 읍성, 성곽, 경계, 도서 등이 표현되어 있습니다. 관방지도에는 산수 체계와 도로망, 장성, 군·진·보 경계 등이 표현되며 특히 중요한 성곽에는 병영 건물 및 문루, 창고, 정자, 봉수 등이 방위에 맞춰 그려져 있곤 합니다. 지도만으로 설명이 불충분한 곳에는 내용을 글로 표기해서 보완하는 것이 관례입니다. 특히 관방도는 군사 목적으로 영토 방위를 위해 특별히 제작된 것이므로 글로 보완한 부분이 많습니다. 조선 시대에 제작된 관방지도로는 북쪽의 국경 지역을 위해 작성된 ‹북방관방도(北方關防圖)›, 서해와 남해의 해안 지역을 위해 작성된 ‹연해해로도(沿海海路圖)›, ‹산성도(山城圖)›, ‹봉화산도(烽火山圖)› 등이 있

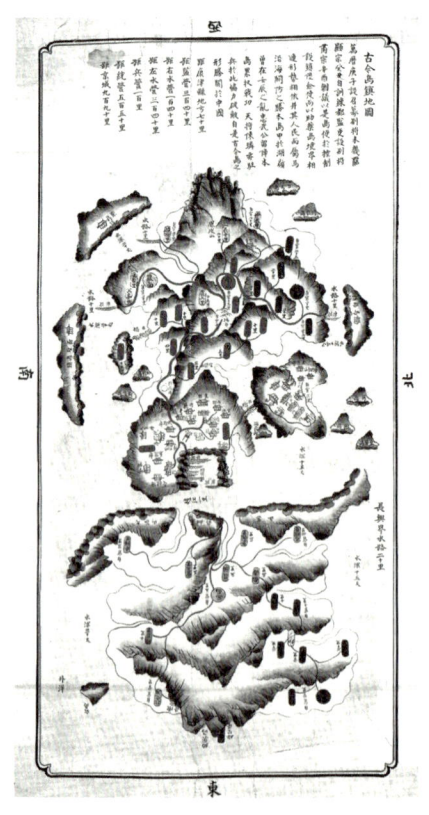

관방지도·‹고금도진지도›, 채색필사본, 107.0×60.5cm,
19세기 후반, 서울대학교 규장각 소장

보론. 사람들은 도시를 만들었다

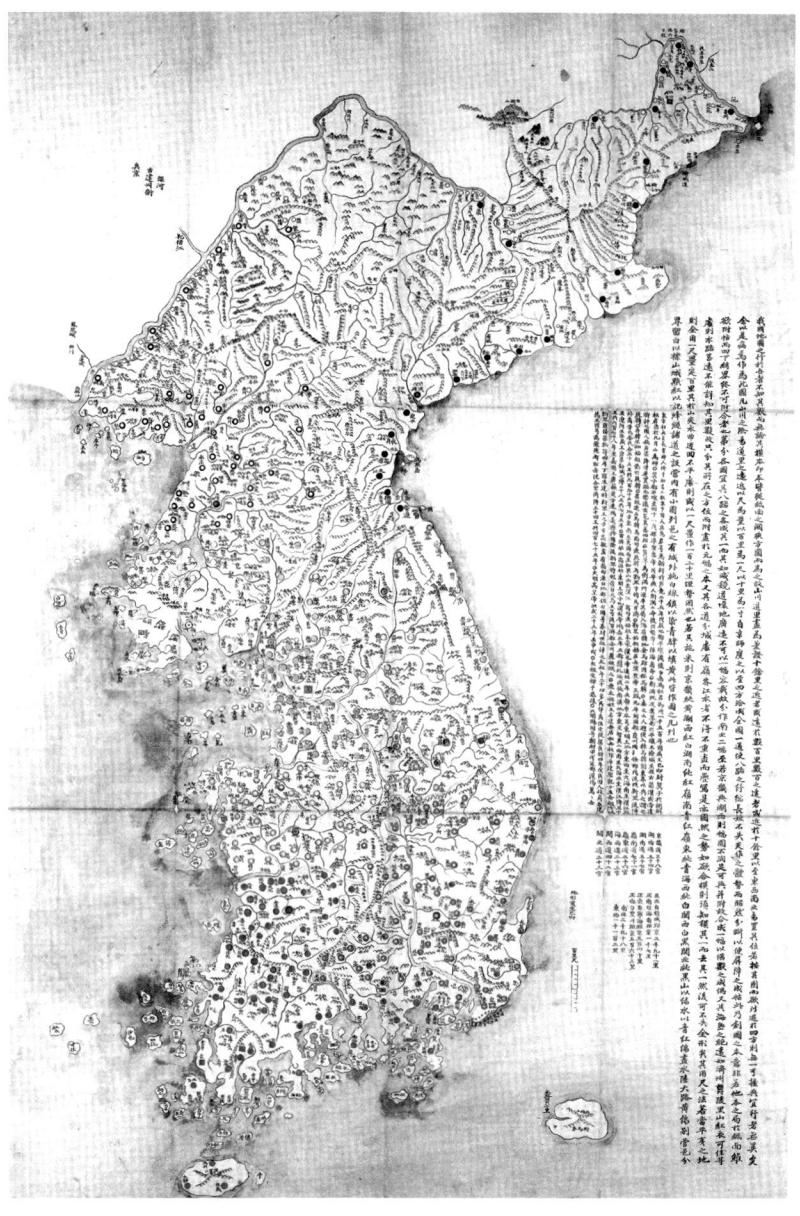

〈조선전도〉, 채색필사본, 96.0×65.5cm, 19세기 전반

습니다.

　조선전도는 방역지도, 팔도총도, 팔도여지지도, 팔도고금총람도, 동국지도 등으로 불렸습니다. 고산자 김정호가 제작한 《대동여지도》는 조선전도의 최고봉으로 꼽힙니다. 《대동여지도》 이전에 제작된 조선전도의 종류들은 제작되는 책의 편집 의도에 따라 종이 크기에 맞춰 그렸는데, 세로 장변에 맞춰 그리거나 가로 장변에 맞춰 그리는 식이었습니다. 그런 까닭에 일관성이 없고 내용 면에서도 합리성이 부족했습니다. 그런데 〈청구도〉에서부터는 일정한 크기의 격자 방안 축적을 사용하여 국토의 실제 모습과 유사하게 묘사되기 시작합니다. 하지만 이 지도에서도 중요한 도서(島嶼), 예를 들어 제주도나 대마도, 울릉도 등은 본토에 가깝게 끌어다가 묘사했습니다.

　《대동여지도》는 지도표(地圖標)를 만들어 기호화한 것이 특징입니다. 또한 산을 맥(脈)으로 보고 물을 경(經)으로 보는 방식으로 산수 체계를 하나로 통합하여 보여주는 점도 큰 특징입니다. 이런 특징 덕분에 《대동여지도》는 이전의 지도보다 한층 더 공간 묘사적인 지도가 되었습니다. 도로망을 위시하여 영위(營衛), 읍치, 성지(城池), 진보(鎭堡), 역참(驛站), 창고, 목소(牧所), 봉수, 능침(陵寢), 방리(坊里), 고현(古縣), 고진보, 고산성 등 도시 건축적 기호를 요소로 삽입했습니다.

　도로망에서 대로는 물론 각각의 군현을 연결하는 중로까지 상세하게 표현되어 지방과 지방 사이의 연결을 상세하게 묘사하고 있으며, 직선 도로는 10리 간격으로 마디를 만들어 노정을 표시했습니다.

　조선 시대에 제작된 조선전도 류의 지도에도 음양·오행설의 영향이 여러 모로 드러납니다. 방위, 방위색, 국토의 대각선으로 교차하고 동서로 직교하는 대로망(大路網), 팔도로 국토를 구획하고, 한성·경기를 중심으로 동-강원도, 서-황해도, 남-충청도, 북-함경도로 배치한 것 등을 이러한 맥락에서 파악할 수 있습니다. 조선 후기에 한성부의 원교(遠郊)에 유수부(留守府)를 동-광주(廣州), 서- 강화, 남-수원, 북-개성 등으로 한 이유도 이런 사상에서 찾아볼 수 있습니다. 도성 동서남북에 4대문을 배치하고 그 사이에 각각 4소문을 배치한 것, 한성부를 중부-동부-서부-남부-북부 등 5부로 한 것, 4부 학당을 구성한 것 등도 같은 배경에서 이해할 수 있습니다.

    도별도는 조선을 8도로 나눈 지역을 표현한 여덟 쪽의 지도를 말하는데, 팔역도라고도 합니다. 이 지역들을 구획하기 위해서는 산수 체계를 기본으로 하는 산과 물을 경계로 삼는 것이 일반적입니다. 도별도에는 도 내에 2개의 수읍치(首邑治)를 표현했습니다. 강원도에는 강릉과 원주, 황해도에는 황주와 해주, 충청도에는 충주와 청주, 함경도에는 함흥과 경성, 경상도에는 경주와 상주, 전라도에는 전주와 나주, 평안도에는 평양과 안주 등을 설정한 것입니다. 이는 각각의 도를 크게 남북, 동서로 나누어 구획하는 것을 의미합니다.

    구체적으로 각 도를 둘로 나눈 기준선을 보겠습니다. 강원도는 백두대간을 중심으로 하여 동서로, 황해도는 평산 멸악산에서 장연 장산곶에 이르는 산맥에 의해 남북으로, 충청도는 보은 속리산에서 통진 문수산에 이르는 산맥에 의해 남북으로, 함경도는 무산 백두산에서 장백산, 단천 장방령에 이르는 산맥으로 인해 남북으로, 경상도는 삼척의 태백산 황지에서 발원하여 흐르는 물이 용궁 함창에서 남으로 흘러 김해에서 남해로 흘러들어가는 물로 좌우(동서)로 각각 나뉩니다.

    이처럼 각 도를 수읍치 중심으로 2개의 큰 지역으로 분할하는데, 두 수읍치는 각기 다른 해로 또는 수로를 가집니다. 강원도 강릉은 동해 바다를, 원주는 섬강을 각각 의지하여 남한강에 연결됩니다. 황해도 황주는 어초천을 의지하여 대동강에 연결되며, 해주는 황해 바다와 연결되지요. 충청도 충주는 남한강에 연결되고, 청주는 망천에 의지하여 금강에 연결됩니다. 함경도 경성은 덕산천에 의지하여 동해 바다로 연결되며, 함흥은

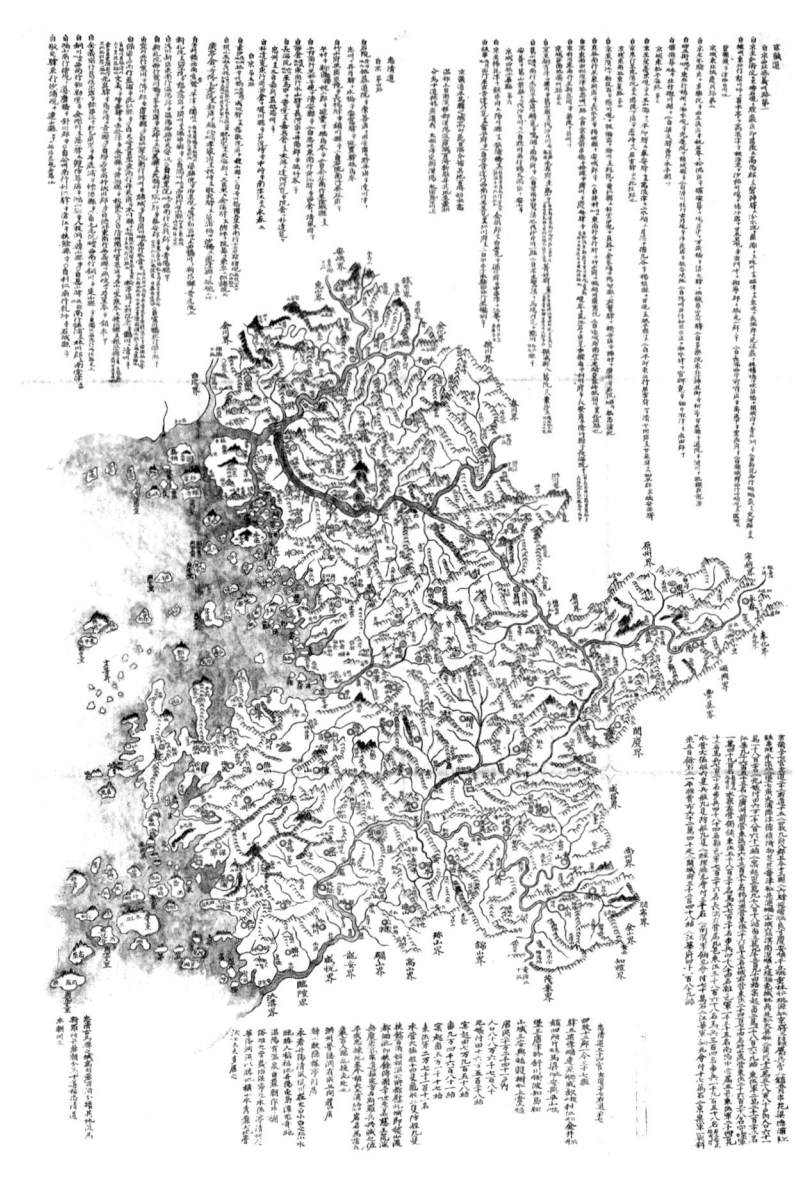

도별도·〈경기도, 충청도〉, 채색필사본,
94.3×65.5cm, 19세기 전반

성천강을 의지하여 동해 바다에 연결됩니다. 이런 식으로 다른 도들도 분할됩니다.

18세기에 이르러 도별도에 최초로 건물명이 기재되기 시작합니다. 관(舘)을 비롯하여 역원·산성·병영·수영 등이 지도에 표현되었습니다. 특히 강원도의 도별도에는 관동팔경(월송정·망양정·죽서루·경포대·낙산사·청간정·삼일포·총석정)과 금강산 4대 사찰(유점사·정양사·표훈사·장안사)이 기록되기도 했습니다.

18세기 말에 제작된 도별도에는 건물 기호에 덧붙여 산성, 서원, 사찰, 정(亭) 등이 글자로 표현됩니다. 행궁(行宮), 본궁(本宮), 전각 등은 건물 기호와 함께 글자로도 표현되었습니다. 이런 본보기들은 고산자 김정호가 제작한 «대동여지도»에서 건물 기호가 쓰이는 것이 하나의 계기로 작용했다고 추정할 수 있습니다. «대동여지도»에서 건물 기호가 방위를 고려하여 묘사되었다면, 도별도에서의 건물 기호는 상징에 불과한 것이 다른 점입니다.

도성도(都城圖)의 주인공인 도성, 즉 서울은 한양, 한성, 한경(漢京), 경도(京都), 수선(首善) 등의 이름으로도 불렸습니다. 조선 시대의 도성을 가리키는 이름인 한양은 고려 시대부터 사용된 명칭이었는데, 조선 태조 4년(1395) 6월 6일부터는 한성부라고 고쳐서 불렀습니다.

한경이란 명칭은 조선 태종 11년(1404) 1월 3일에 한성 부사 성석린(成石璘, 1338~1423)이 처음 명명했으며, 경도란 이름은 태종 17년 1월 12일에 사간원 우사간대부이던 최순(崔洵)에 의해 처음 명명되었습니다. '수선'이라는 이름은 조선 성종 2년 6월 8일에 사헌부 대사헌 한치형(韓致亨)에 의해 처음 쓰였지요. 도성이란 임금이 거처하는 곳으로 성곽으로 둘러싸인 곳을 말합니다. 도성, 경도, 수선 등의 명칭은 일반 명사인지라 가까운 중국이나 일본의 옛 도성 이름도 이와 같은 방식으로 부릅니다. 따라서 지도의 명칭도 이름이 같은 예가 많습니다.

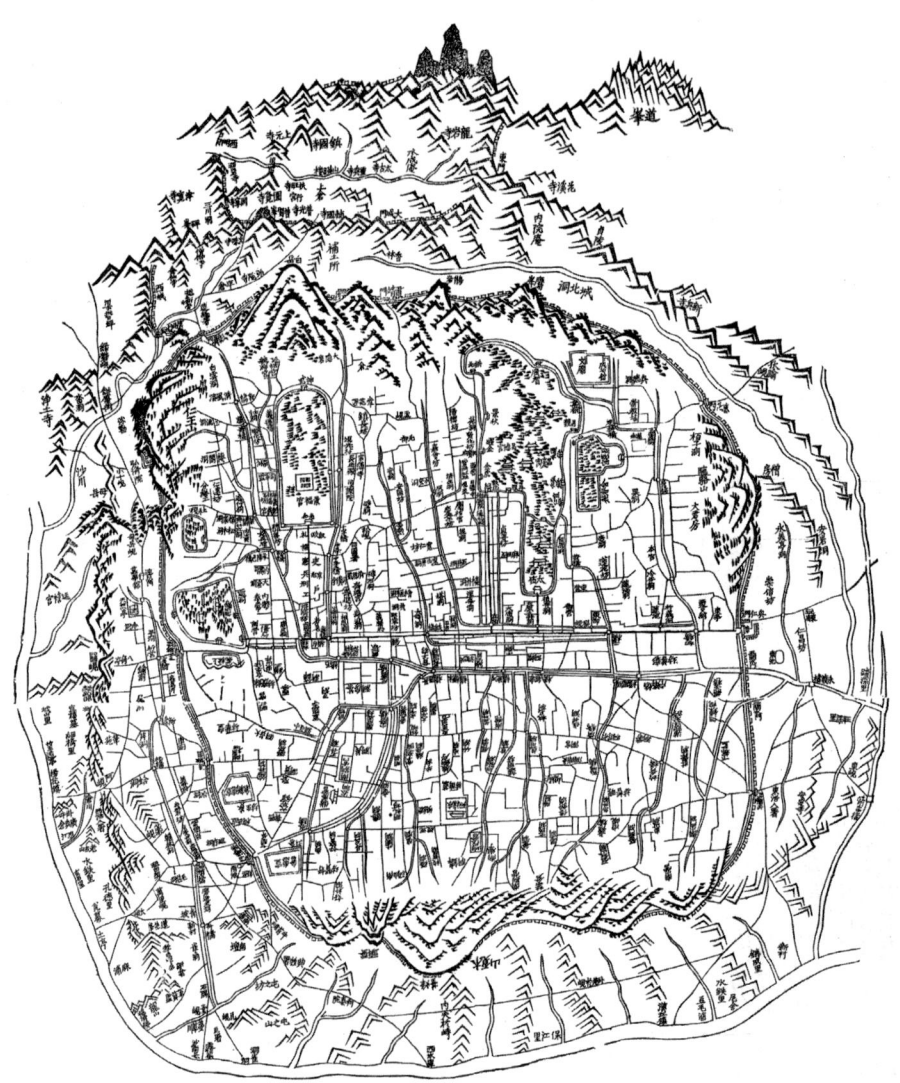

도성도·〈수선전도〉, 목판본, 107×73cm, 1840년대

도성은 내사산(內四山)과 외사산(外四山)으로 그 공간 영역이 한정됩니다. 외사산은 한성부 북쪽에 위치한 진산(鎭山)과 그에 대응하는 앞산(南山) 및 이에 좌우로 대응하여 위치한 사방의 산을 의미합니다. 이에 비해 내사산은 북쪽의 주산 아래 놓인 정궁(正宮)을 중심으로, 좌우로 종묘와 사직 및 시전과 민가 등의 도읍을 성곽으로 둘러싼 영역을 형성하는 남북의 산봉우리를 의미합니다.

한양의 진산 삼각산은 북한산 또는 화산으로도 불립니다. 이 산의 근원은 백두대간의 분수령―백영산―에서 찾을 수 있는데 이 줄기는 북한강을 형성하며 삼각산에 이릅니다. 한강을 사이에 두고 삼각산에 대응하는 산을 관악산이라 하는데, 관악의 연원은 백두대간의 속리산 문장대를 근원으로 합니다. 여기서 남한강을 형성하며 북서로 향하다가 광교산―백운산―청계산으로 이어져 관악산에 이르는 것이죠. 이에 대응하는 동서의 외사산은 동으로 아차산과 서쪽으로 덕양산(행주산성이 있는 산)인데, 각기 한강변에 면하여 위치합니다.

내사산은 삼각산이 남으로 향하여 내려오다가 경복궁의 주산인 백악산에 이르러 좌우로 갈라져, 좌로는 응봉·타락산이, 우로는 백악산·인왕산·목멱산이 내사산으로 이어집니다.

이상에서 살펴본 것처럼 옛 지도에는 옛 도읍과 건축물, 산수 체계와 방위 등을 바라보는 당대 사람들의 공간관이 반영되어 있습니다. 하나의 영역을 분리된 영역으로 인식하기 위해 경계를 짓고 나누는 일 역시 사람들의 관념에서 비롯된 생각입니다.

옛 지도를 통해 사람들이 공간을 어떻게 해석했는지 또 공간에 어떤 의미를 부여했는지를 관찰하면서 그들의 우주관/공간관이 오늘의 그것들과 어떻게 다른지를 고민해 보는 일은 오늘날을 살아가는 우리에게 생각의 전환을 일으킬 수 있는 계기로 작용할 것입니다.

건축,

조선
지식인의

삶을

품다

조선 시대의
오디세이

우암 송시열의
삶을 따라가는 여정

오늘은 우암 송시열의 흔적을 찾아 경기도와 충청도의 일원을 살펴볼까 합니다. 우암 송시열이라 하면 조선 시대의 유명한 선비라고만 생각하기 쉽지만, 우암은 알고 보면 우리 역사에 많은 영향을 끼친 인물입니다.

송시열은 《조선왕조실록》에 3천 회 이상 언급되었습니다. 유명하기로는 퇴계 이황이 더 알려져 있지만 실록에 등장하는 횟수는 송시열이 퇴계를 앞섭니다. 송시열이 이렇게 실록에 많이 등장한 이유는 아마도 당쟁에 관여되었기 때문일 겁니다. 그는 당쟁에 연루되어 귀양을 갔다가 다시 전라도 정읍에서 사약을 받고 세상을 떠났습니다.

건축 답사에서 우암 송시열이라는 주제

우암은 사계 김장생[1]을 사사(師事)했습니다. 효종이 즉위하기 전부터 왕의 스승이기도 했습니다. 우암은 대가 세고 강직한 인물로 유명한데 그는 '곧을 직(直)' 한 글자가 성리학의 근간이라고 보기도 했습니다. 이런 인물을 유교 연구나 역사 연구의 대상이 아닌, 건축 답사의 대상으로 삼은 것이 이상해 보일 수도 있습니다. 제가 옛 건축 답사에서 우암 송시열을 주제로 삼은 것은 그가 조선 시대의 사대부 중 드물게, 살아 있는 동안의 이동 영역이 넓기 때문입니다.

우암은 어려서 충북 옥천 구룡리에서 태어나 살았는데 이곳은 당시 벽촌 중의 벽촌이라 할 만큼 외진 지역이었습니다. 그곳에서 우암은 공부를 하기 위해 같은 집안 은진 송씨인 회덕(현 대전시 대덕구) 송촌에 사는 동춘당 송준길[2]의 부친에게 갔고, 그후 다시 이동하여 사계 김장생을 사사했습니다. 그곳에서 특히 예학(禮學)을 중심적으로 배웠습니다만 결국 그 예학의 논리 때문에 죽었으니 역설적인 일이 아닐 수 없습니다.

우암의 역설은 이것뿐만이 아닙니다. 속리산 화양구곡에 은거할 당시 우암은 10년 연하의 젊은 소장학자 윤휴[3]를 만난 적이 있었습니다. 절에서 윤휴와 며칠간 토론을 하면서 우암은 '내가 이룬 30여 년의 공부가

대동여지도
조선 시대의 오디세이

우암 송시열의 유적과 흔적은 경기, 충청 일대에 넓게 분포하고 있다.

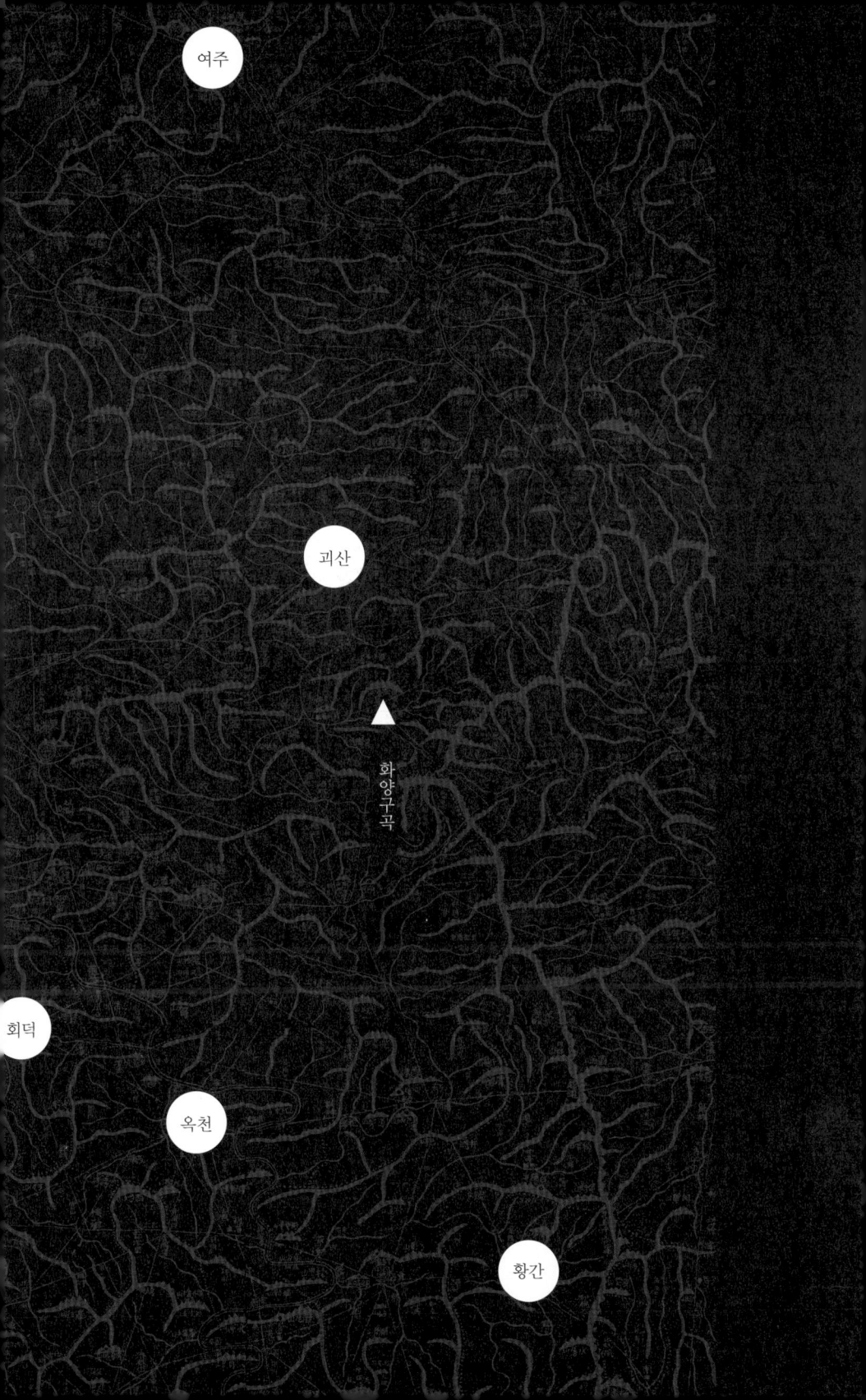

산맥도
조선 시대의 오디세이

앞의 《대동여지도》를 바탕으로 우암 송시열의 활동 반경을 현재 지형도에 그린 산맥도이다.

강경 팔괘정
관촉사
개태사
돈암서원
논산

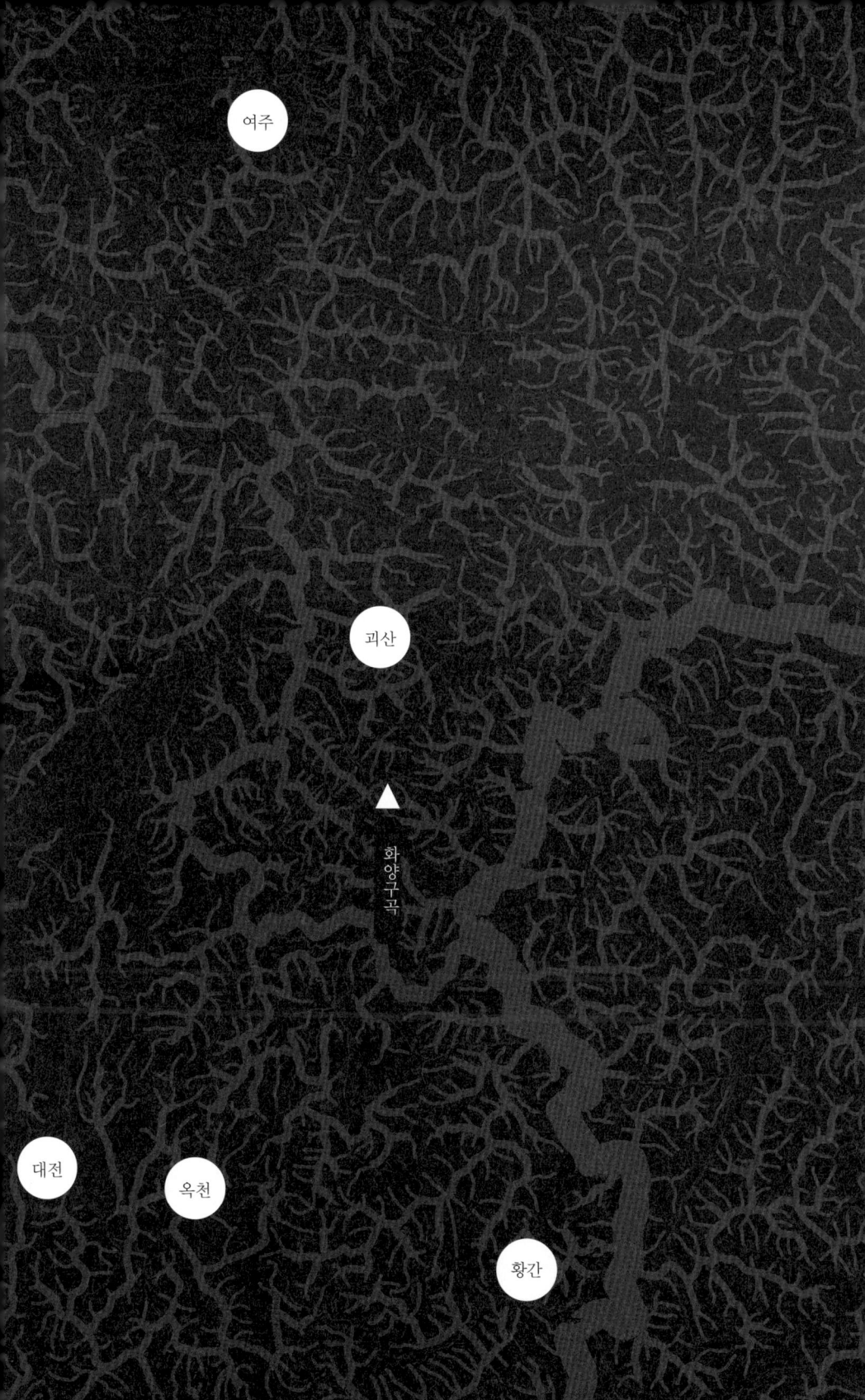

부끄럽다'며 윤휴를 높게 평가하였습니다. 그런데 그 윤휴를 결국 송시열 측에서 사문난적(斯文亂賊)이라 하여 사약을 내려 죽게 합니다. 이런 역설과 다사다난은 우암의 시대를 이해할 때야 비로소 제대로 이해할 수 있습니다.

우암 송시열이 살던 시대는 광해군이 정치를 하다가 인조반정 이후 인조에게 정권이 넘어간 시기였습니다. 중국에선 명나라가 변방의 청나라에게 밀려 영토를 잃고 쇠망하는 과정에 처해 있었습니다. 정묘년에 조선을 침공한 청나라는 전쟁에 진 조선에게 형제의 예를 요구했습니다. 조선이 이 서약을 잘 준수하지 않았다는 사실이 밝혀지자 청나라가 다시 쳐들어온 것이 병자호란입니다. 남한산성에서 항전하다 결국 삼전도에서 인조가 무릎을 꿇고 항복했다는 사실은 다 아실 것이고, 그때 뜻 있는 사람들이 자결을 많이 했습니다. 안동 김씨 집안의 김상용은 1637년 강화성이 함락되자 화약에 불을 질러 강화도에서 자결했고, 권순장 등도 같이 목숨을 끊었습니다.

우암 송시열은 계속해서 북벌(北伐)을 주장한 인물입니다. 우암의 시대는 여러 국난을 겪었던 시대로, 우리 역사상 가장 큰 충격을 받았던 때의 하나였습니다. 변방의 오랑캐라 무시하던 민족에게 두 번이나 짓밟혔으니 말입니다.

이처럼 여러 국난을 겪던 시대에 조선이라는 국가의 통치 이념이던 성리학 자체에 대한 회의가 나타나기 시작한 것은 당연한 일입니다. 성리학에 대한 고민은 크게 세 가지 유형의 결과로 나타납니다. 하나는 주자 이전의 유학, 즉 공자 시대의 유학으로 돌아가 유학의 원전에 기대야 한다는 흐름인데, 윤휴가 그 유파에 속한 인물입니다. 그 다음은 인조반정에 가담했던 세력인데 최명길을 중심으로 한 일파들은 대부분 양명학 계통입니다. 마지막으로 박세당을 중심으로 한 일파로, 이들은 노장사상에 심취했습니다. 하지만 이 세 가지 흐름은 표면적으로는 두드러지게 드러나

진 못한 것 같습니다.

　당시 훌륭한 인물들은 죽임을 당하거나 산에 들어가 은거한 경우가 많습니다. 효종의 스승이었던 우암은 현종 대까지는 국정을 좌지우지했습니다. 그러다 숙종 때 정읍에서 사약을 받고 죽임을 당해 제거된 것입니다. 우리나라에서 임금이 권신에 의해 좌우되기 시작한 것은 성종 대부터라고 합니다. 제가 문헌을 읽으면서 생각하기로는, 중종·인조를 거치면서 효종에서 숙종 무렵, 우암 송시열이 생전해 있을 때 이런 현상이 가장 극심했던 시기가 아니었을까 싶습니다.

　우암은 주자의 성리학을 끝까지 고집한 인물이기도 합니다. 그로 인해 파벌도 많이 생겨났고, 우암의 일파인 노론들은 조선이 망할 때까지 세도를 잡았습니다. 이런 우암을 좌충우돌하는 문제아라고 부를 수도 있겠지만, 다른 관점에서 본다면 자신의 생각과 신념을 끝까지 밀고 간 소신 있는 인물로 볼 수도 있을 것입니다.

　우암은 극과 극의 평가를 받는 인물입니다. 학문적 바탕이 탄탄했고 지조가 높았으며 분명한 신념이 있었던 반면, 주변 사람들을 상하고 죽게 한 적도 많았습니다. 결국은 자신도 남인들에 의해 사약을 받고 죽었습니다. 적도 많았고 추종자도 많았던 것입니다.

우암 송시열의 지리적 활동 반경

우암은 조선 시대에 가장 넓은 지역을 움직인 인물 중 한 사람이라 했습니다. 충북 옥천에서 태어나 대전(회덕현 송촌)과 황간에서 공부를 했습니다. 이후 강경에 팔괘정을 짓고 공부하기도 했고, 서울 혜화동의 현 과학기술고등학교 자리에서도 살았습니다. 정계에서 손을 뗀 후에는 속리산 화양구곡에 들어가 있었습니다. 묘는 수원 무봉산에 잡았고, 죽은 후 정조가 여주에 서원을 만들어 주었습니다. 정조는 우암과 효종의 관계를 가장 이상적인 군신 관계로 보았기에, 우암을 기리는 강한사(江漢祠)라는

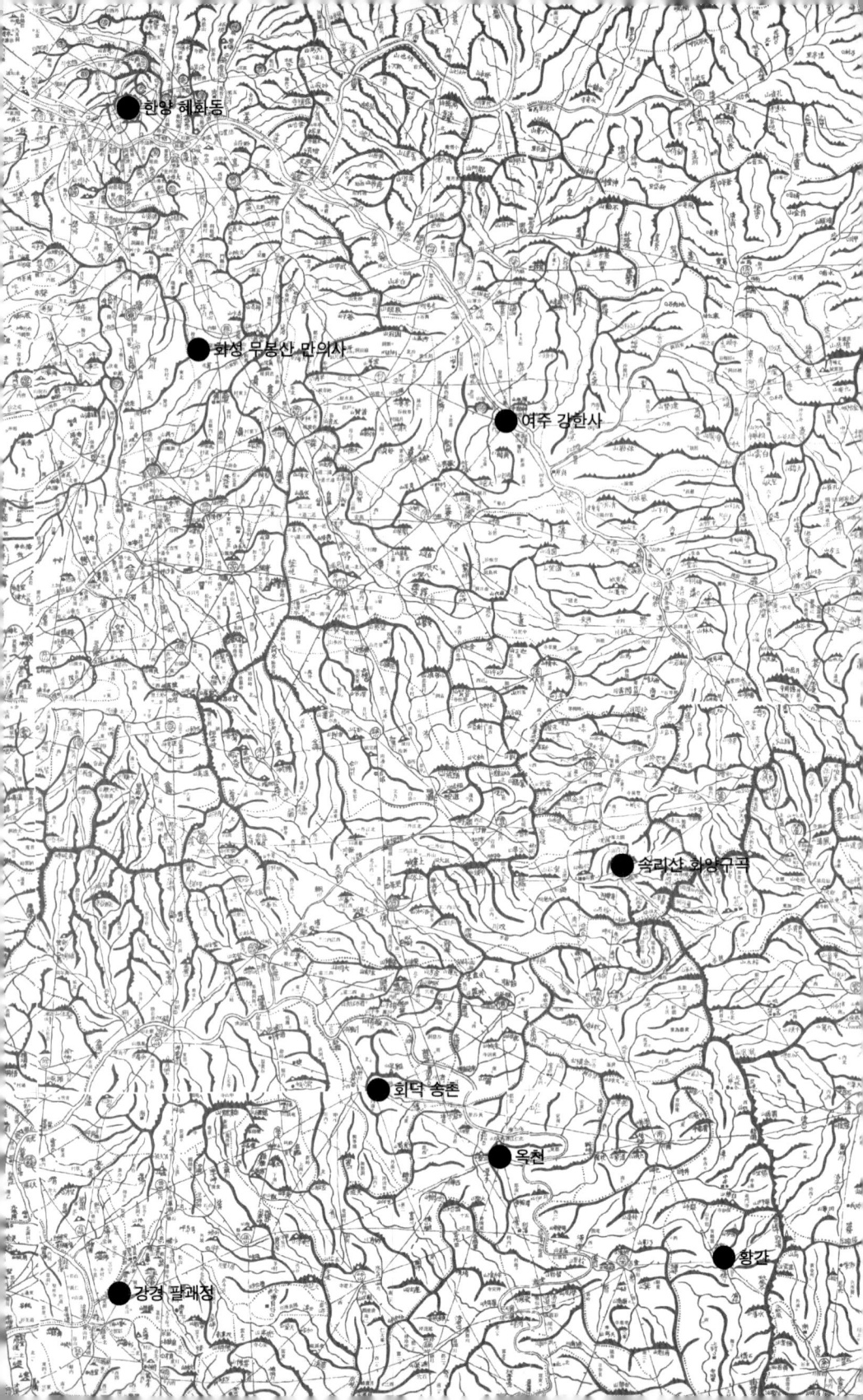

서원을 효종의 능인 여주 영릉 근처에 건립했던 것입니다.

　이런 행적들을 지도 위에 재구성해 본다면 참 넓은 영역에 해당합니다. 충청도가 중심이기는 합니다만, 워낙 광범위해서 요즘도 2박 3일은 걸려야 그 영역을 따라가 볼 수 있을 정도입니다. 옛날에는 이 여정을 따라 잡는 데만도 한 달이 걸릴 정도였습니다.

　퇴계 이황은 주로 서울에 머물렀고 이동한 곳은 주로 안동 예안 근처에 한정되었습니다. 이런 정도의 활동 범위는 그리 넓지 않은 것으로, 조선 시대의 사대부에게 일반적인 것이었습니다. 왜냐하면 벼슬에 있을 때는 서울에 머물고 벼슬에서 물러나면 출신지에서 공부를 하거나 은거하였기 때문입니다.

　지리적으로 비교적 넓은 영역을 움직였다는 남명 조식도 합천 삼가 지역에서 태어나 근처에 머물다 아버지를 따라 서울로 올라와서 자랐지만 후에 김해 신어산 자락에 은거했고, 나중에 삼가에서 머물다가 그 후에 지리산으로 들어갔습니다. 남명은 경상우도의 끝에서 끝까지 움직였지만 아주 넓은 지역은 아닙니다. 그런 점에서 전국적으로 움직인 우암 송시열의 경우는 독특한 사례로 보입니다. 우암은 제주로 유배를 가던 길에 남인들의 성화로 인해 정읍에서 사약을 받았습니다. 만약 그때 세상을 뜨지 않았더라면 제주까지 그의 행로가 이어졌을 것입니다.

　우암의 행동 반경이 넓었던 이유는 무엇일까요? 송시열은 자기 확신이 분명한 만큼 스케일도 큰 인물이었던 듯합니다. 결코 안주하는 성격이 아니었던 것 같습니다. 어쩌면 출신지가 워낙 오지였기 때문에 넓고 다양한 세상의 자극에 민감하게 반응하여 넓은 지역을 움직였을지도 모르겠습니다. 논산과 강경까지는 스승인 사계를 따라 움직인 것이지만 나중에 속리산을 찾아 들어간 것은 연고가 없는데도 스스로 찾아간 것입니다.

　속리산에 은거한 인물 중 속리산 동북록에 우거했던 우암이 가장 유명합니다. 그 외에는 중종·명종 때의 인물인 충암 김정과 대곡 성운이 속리산 어귀에 은거했고, 그에게 배우기 위해 최흥림도 속리산 서록으로 들어갔습니다. 북쪽에 자리를 잡은 사람은 우암 말고는 거의 없는 것으로 압니다.

우암 송시열의 향촌 만의사

우암과 연관해 먼저 살펴볼 곳은 우암의 묘가 있던 화성 무봉산의 만의사라는 절입니다. 조선 시대에 큰스님들이 한강 부근으로 수행처를 삼아 정진하는 일이 많았습니다. 고려 말 인도에서 온 지공스님이 나옹스님에게 '양수삼산 불국토(兩水三山佛國土)'라는 말을 했다고 합니다. 그 말 때문인지 대덕 스님들이 이 한강 지역으로 몰려들고 이에 따라 새로운 절도 많이 창건됩니다.[4]

조선의 건국이념이 성리학이라고는 하지만 태조 이성계는 유교나 불교 어느 쪽에도 기울지 않았던 인물로 보입니다. 건국 후 수도를 이전하려 했을 때 후보지가 아홉 군데나 되었던 사실 역시 태조에게 뚜렷한 이념적 편향이 없었던 탓이 아닐까 합니다. 그러나 태조가 수도를 한강을 끼고

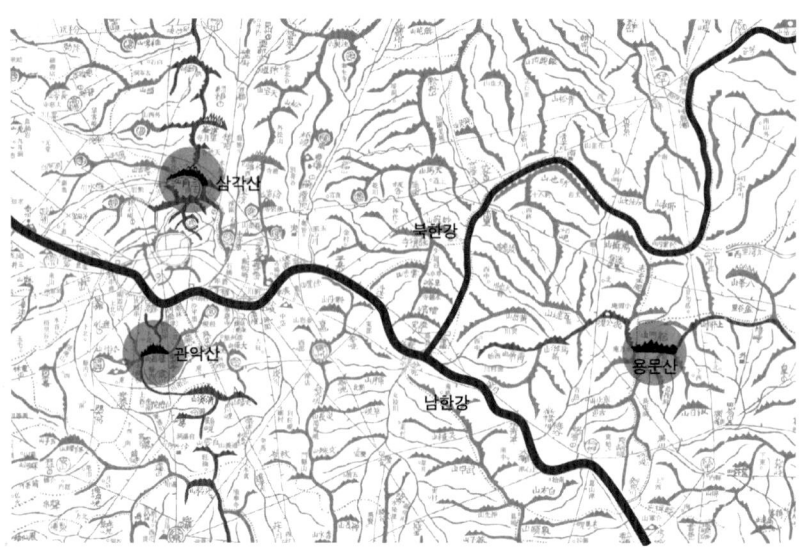

지도에서 본 양수삼산
양수는 남한강과 북한강, 삼산은 삼각산, 관악산, 용문산에 해당한다.

있는 한양으로 정한 데에는 불교의 이상적 입지관이 미친 영향도 없지는 않았던 것 같습니다. 이 지역은 이성계가 천도할 후보지로 먼저 지목한 곳이기도 합니다.

불교에서 이상적인 입지관은 양수삼산입니다. 양수삼산이란 두 개의 물이 합쳐진 곳에 산이 셋 있다는 말이겠죠. 두 개의 물인 남한강과 북한강이 합해진 영역을 지도에서 보면 매우 넓습니다. 이 지역에 있는 큰 산 셋은 삼각산, 관악산, 용문산입니다. 이 세 산은 남한강, 북한강 두 물줄기 사이에 골고루 분포해 있기 때문입니다.

고려 말 조선 초에 남한강 위아래로 불교계 큰스님들이 이거하는 과정이 있었습니다. 고려 후기의 왕사로 신돈과 라이벌 관계를 형성할 만큼 영향력이 컸던 보우스님은 가평군(당시는 양근군에 속해 있었음) 설악면 출신이고 나중에 설악면 봉미산의 암자에서 세상을 하직합니다. 나옹스님이 입적한 곳도 신륵사였습니다. 풍양 조씨 집안의 원당 사찰인 청계산 청계사도 이 지역에 있습니다.

우암 송시열이 있었던 화성의 무봉산 만의사도 이 지역에 속한 절입니다. 절 이름을 따라 산 이름을 만의산이라고도 했습니다. 고려 우왕 때 이성계가 위화도 회군을 단행할 당시 승려인 신조(神照)가 그 휘하에서 큰 계책을 세우는 데 참여했다 합니다. 공양왕이 특별히 신조에게 공패(功牌)를 주어 이 절을 세우게 하고 또 노비와 전토를 주어 법손에게 전하게 했습니다.

고려 후기 때 세력이 컸던 이 절은 조선에 들어와 쇠락했습니다. 이 절에 우암이 들어가 향촌으로 삼았습니다. 우암이 처음부터 속리산으로 내려간 것은 아닙니다. 처음에는 이곳에 자리를 잡았다가 나중에 속리산으로 옮겼습니다. 그래서 이 만의사 근처 직촌이라는 곳에 그 후손들이 남아 아직도 모여 살고 있습니다.

겸재 정선이 그린 〈무봉산중(舞鳳山中)〉이라는 그림이 우암 송시열이

정선, 〈무봉산중〉, 지본에 수묵, 30.2×21.4cm, 1746

한때 은거 중이던 무봉산과 관련이 있다는 점을 아시는지요? 박자진이 무봉산에서 머물던 송시열에게 퇴계의 글인 〈회암서절요서(晦菴書節要序)〉를 보이니 우암은 그 내용이 너무 좋아서 보고 또 보고 9년 후에 다시 보았다 합니다. 겸재의 그림은 이 고사를 묘사했다고 합니다.

제월 송규렴의 종택 제월당

현재는 대전시 소속이지만 조선 시대까지 회덕현이라 불렸던 계족산 자락에 은진 송씨가 대대로 살아왔는데, 1990년대에 아파트 단지로 대규모 개발이 되었습니다. 이곳에는 우암 송시열과 더불어 3송이라 불리우는 동춘 송준길, 제월 송규렴이 살던 집이 남아 있습니다. 조선 초기에는 송유라는 사람의 별장인 쌍청당이 있었습니다.

제월당은 우암보다 2세대 아래 후손의 집안입니다. 송촌 3송 중 한 사람인 제월 송규렴도 학문이 굉장히 깊었다는 인물인데, 제월당은 그의 종택입니다. 이 집은 위치가 재미있습니다. 제월당의 사당은 계족산 서쪽 자락을 등지고 앉아 있습니다. 안채와 사랑채는 남향이고 사당은 서향인데, 지형으로 봐선 남서쪽으로 낮아지는 지형에 집을 지었습니다.

출입문과 사당, 안채와 사랑채의 위치를 평면도에서 잘 살펴보십시오. 사랑채에는 드나드는 사람들이 많았습니다. 사랑채의 마루를 보면 규모가 큰데, 마루는 완전히 사적 공간이라기보다는 절반쯤은 공적 공간에 속합니다. 마루의 규모로 봐서 손님의 규모도 알 수 있습니다.

이와는 달리 동춘당의 사랑채는 안채로부터 완전히 격리되어 있습니다. 평면도를 자세히 살펴보면, 사랑채 문이 여닫힐 때 안채가 들여다보이지 않도록 담을 막은 것을 확인할 수 있습니다. 이 댁에는 팔괘를 벽에 장식하여 축조한 굴뚝이 유명합니다.

이 집에서 재미있는 것은 담장이 산등성이보다 낮은 곳에 있다는 사

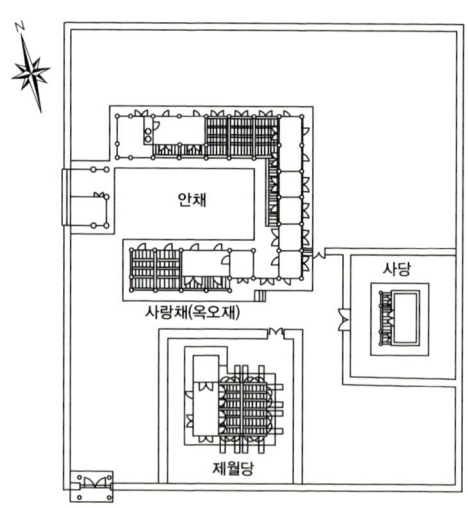

▲ 제월당 전경

▼ 제월당 배치도

조선 시대의 오디세이

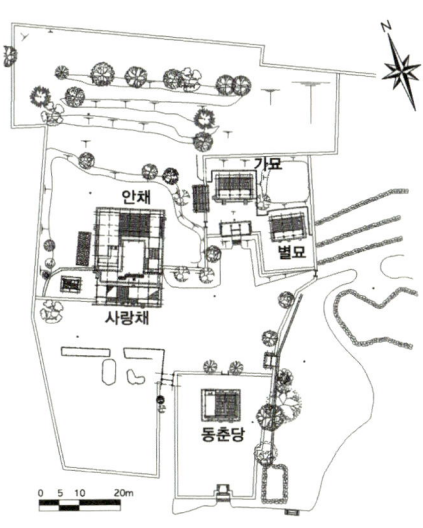

▲ 동춘당 안채에서 바라보이는 계족산 정상의 모습

▼ 동춘당 배치도

실입니다. 보통 집의 담은 입지에서 제일 높은 곳에 쌓아 안과 밖을 차단하는 것이 상례입니다. 그런데 이 집은 유독 낮은 곳에 담을 쳤습니다. 그건 안채에서 계족산을 바라보기 위해서입니다. 이 집 안채의 마루에서 보면 계족산의 꼭대기가 보입니다. 사랑채에서 바깥 풍경을 바라보는 것이 일반적이지만, 이 집은 안채에서 전망을 즐길 수 있어서 독특합니다.

건물 밑으로 물이 흐르는 남간정사

우암 송시열이 만년에 지어 공부도 하고 제자를 가르치기도 한 서실이 남간정사(南澗精舍)입니다. 현재의 남간정사는 원형이 아니라 건물 일부를 가져와 다시 지은 것입니다. 일제강점기에 소제동에 있던 기국정(杞菊亭)을 이곳으로 옮겨 왔고, 이후 다시 남간사를 신축했습니다. 원래 남간정사의 모습은 연지가 있고 공부하는 정사(精舍) 건물이 있었을 것입니다.

'남간'이라는 말은 남쪽 밑으로 물이 흐른다는 뜻입니다. 말 그대로 남간정사는 건물 밑으로 물이 흐릅니다. 이 건물은 주거지가 아니라 공부방이고, 온돌이 아닌 마루로 되었으며, 사람을 접대하는 공간입니다. 그래서 건물 아래로 물이 흐르도록 하는 조경 기법을 썼습니다.

흐르는 물 위로 집을 지은 것은 프랭크 로이드 라이트의 '낙수장'이 세계적으로 유명합니다. 사실 이런 기법은 우리 옛 건축에서도 드물지 않게 썼던 것입니다. 정여창 고택의 서실 앞 정자에서도 이 기법을 볼 수 있습니다. 단, 우리 건축에서 이런 기법은 주거용 주택이 아니라 정자 등에 썼다는 점이 프랭크 로이드 라이트의 예와 다릅니다.

남간정사는 마루 높이가 단일하지 않다는 점도 특징입니다. 마루의 부분 높이에 따라 보이는 경치도 달라지는데, 누 마루에 다시 다락을 올린 형태입니다. 1권에서 설명드렸듯이, 경포대의 마루도 이렇게 생겼습니다. 경포대의 마루는 높이가 세 단계로 나뉘죠. 각각의 높이에 따라 그곳에서 바라보는 시각 구조가 달라지고 보이는 경치의 범위가 달라집니다.

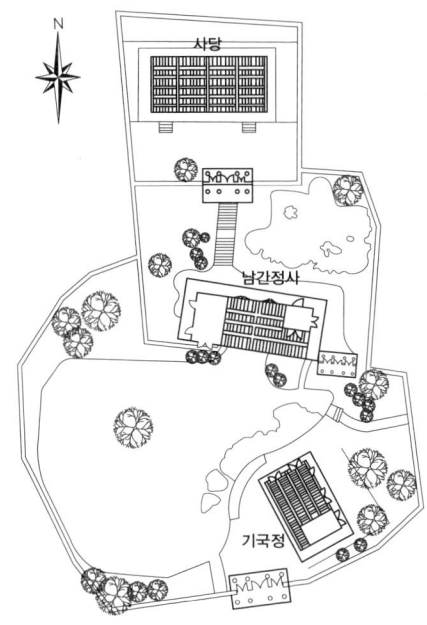

▲ 남간정사 전경

▼ 남간정사 배치도

남간정사는 경포대에 비하면 작은 규모의 단일 건물임에도 불구하고, 생각을 많이 해서 지은 건물입니다. 우암에게는 이 부근에 두 곳의 근거지가 있었습니다. 하나는 계족산 자락 조금 높은 지대에 있었고 다른 하나인 남간정사는 아래쪽, 즉 평지의 연못 옆에 있었습니다. 두 곳 모두에서 바깥 경치가 아주 명료하게 보입니다.

개태사와 돈암서원

조선 시대의 개태사는 논산의 연산 땅에 속했습니다. 연산은 역사적으로 중요한 군사 요충지였습니다. 신라 김유신이 군사를 거느리고 당나라 소정방과 더불어 백제를 공격하니, 백제의 계백이 황산벌에서 방어할 적에 3개의 병영을 설치하고 네 번 싸워 모두 이겼으나 끝내 군사가 적고 힘이 모자라 패해 죽었다고 합니다. 왕건도 이곳에서 견훤에게 패하여 목숨까지 잃을 뻔했습니다.

개태사는 고려 때 왕건이 왕이 되고 난 이후 창건했습니다. 수전에 능했던 왕건은, 내륙에서는 전력에서 견훤에게 항상 밀리는 입장이었습니

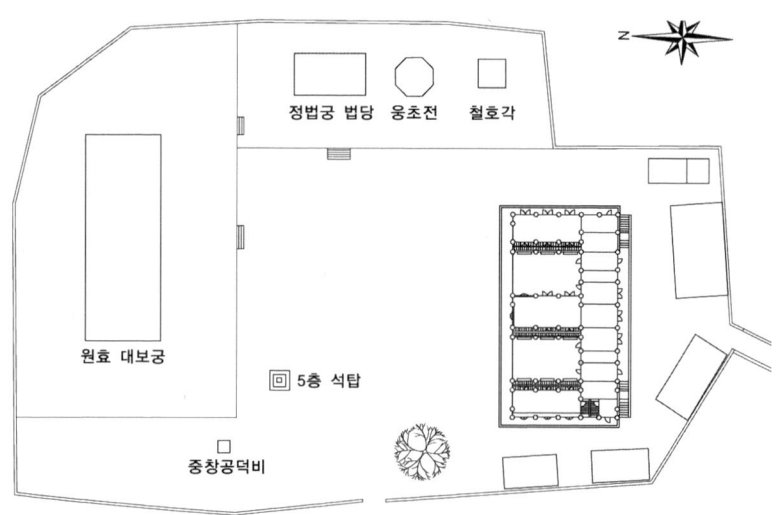

개태사지 배치도

다. 개태사는 왕건이 거의 죽을 뻔했던 격전을 겪은 후 승리를 기념해 지은 절입니다.

왕건이 친히 썼다고 하는 원문(願文) 중에 "… 모(왕건)는 그 뜻이 간사한 자를 누르고 악한 자를 제거하며, 약한 자를 구제하고 기울어진 것을 붙들어 일으키는 데 있으므로, 털끝만큼도 침범하지 않고 풀 한 잎새도 다치지 않았습니다 (…) 부처님의 붙들어주심에 보답하고, 산신령님의 도와주심을 갚으려고, 특별히 맡은 관사에게 명하며 불량을 창건하고는, 이에 산의 이름을 천호(天護)라 하고, 절의 이름을 개태(開泰)라고 하나이다… 라 하였습니다.

개태사에는 고려 시대에 지어진 큰 삼존석불이 있습니다. 개태사 삼존석불과 탑은 조선 시대에 이 절이 폐사되면서 좀 떨어진 곳에 흩어지게 되었습니다. 1930년대에 절을 재건하면서 지금 위치에 유물들을 모았다고 합니다. 고려 석불은 통일신라에 비한다면 조각의 비례가 좀 이상해 보이기도 합니다. 이곳 개태사의 석불 역시 큰 규모로 유명하지만 미학적으로 뛰어나다고 보기는 어렵습니다.

개태사에서 또 유명한 것은 쇠솥입니다. 고려 시대의 것이라는 대형 쇠솥이 있는데, 그 크기로 봐서 절의 규모와 수용하는 사람의 규모가 컸음을 증명해줍니다.

돈암서원은 우암 송시열이 어렸을 때 김장생의 제자가 되고자 공부하던 곳입니다. 이곳을 드나들며 김장생뿐 아니라 그의 아들 김집에게도 배웠다 합니다.

돈암서원 안에는 응도당이 있습니다. 응도당의 '응(凝)'은 '이루다, 성취하다'는 의미입니다. 《서경》 '고도모(皐陶謨)'에 "오진을 순하게 하여 공적을 이루리다(撫于五辰 庶績其疑)"에서 유래했는데, 사계 김장생이 예학을 완성시킨 유학자라 하여 '응도'라는 단어를 쓴 것 같습니다. 퇴계 이황의 도산서원에는 '진도(進道)', 학봉 김성일의 임천서원에는 '입도(入道)', 한강 정구의 무흘구곡에는 '견도(見道)'라는 말을 썼습니다. 중국 무이산 자양서원에서는 '명도(明道)'라는 말을 썼습니다. 그 밖에도 '구도(求道)'라는 단어를 쓴 곳도 있습니다.

　이 서원의 배치는 일반적인 유교 서원과는 개념이 다르기 때문에, 원래 절이었던 공간이 조선 시대에 들어와 유가(儒家)에 의해 용도가 바뀐 곳이라는 생각을 하게 됩니다. 조선 시대에 수많은 불교 사찰들이 유가에 의해 다른 용도의 건축물로 바뀌었습니다. 돈암서원 역시 그런 예로 보입니다. 이곳에 들어가 보면 아주 묘한 누 같은 건물이 하나 있는데, 이 건물을 잘 보면 서원이라기보다는 금당에 가까워 보입니다. 꽃담도 있습니다. 불교에는 극락정토의 개념이 있어서 꽃담 같은 장식을 긍정적으로 보았습니다만 유가들은 그렇지 않았습니다.

　전체적으로 지형을 보면 건물이 남북으로 들어갔어야 옳은데, 현재는 동서로 되어 있습니다. 이런 것들을 종합해 보니 다른 건물 배치도 조

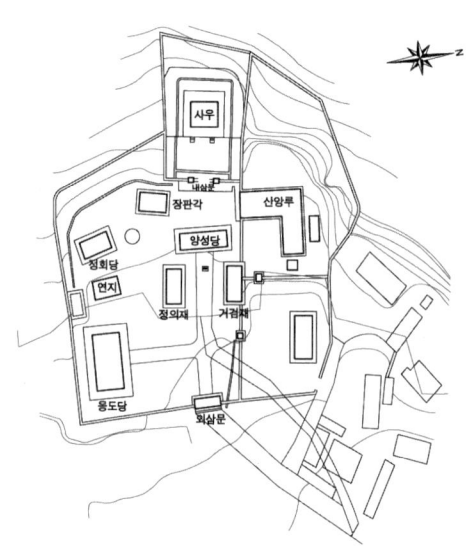

돈암서원 배치도

금씩 기본 개념에서 어긋나게 되었던 것으로 보입니다. 소수서원도 전형적인 서원 배치와는 다릅니다. 이 돈암서원과 비슷하게 불교 사찰 위에 덧지어진 사례가 아닐까 추측할 수 있습니다.

은진의 관촉사와 강경의 팔괘정

은진은 금강 유역입니다. 조선 시대에는 이곳 강경포 창고에 은진의 세곡을 모았고, 시진포 지역에는 노성, 연산의 창(倉)이 있어 금강 유역의 물자를 수송하는 데 중요한 거점 역할을 했다고 합니다. 시진포에 면한 황화산은 산정에 큰 돌이 평평하고 널찍하여 시진의 물을 굽어보고 있으니 이를 황화대라 부릅니다. 백제 의자왕은 그 위에서 잔치를 벌이며 놀았다고 전해집니다. 조선 시대에 시진포는 장삿배가 모이는 곳으로, 돛대가 연접하고 사람들이 왕래하며 물화를 매매하기 때문에 시진포라는 이름이 붙었다고 합니다.

관촉사는 은진 미륵으로 유명한 절입니다. 관촉사는 고려 시대의 가

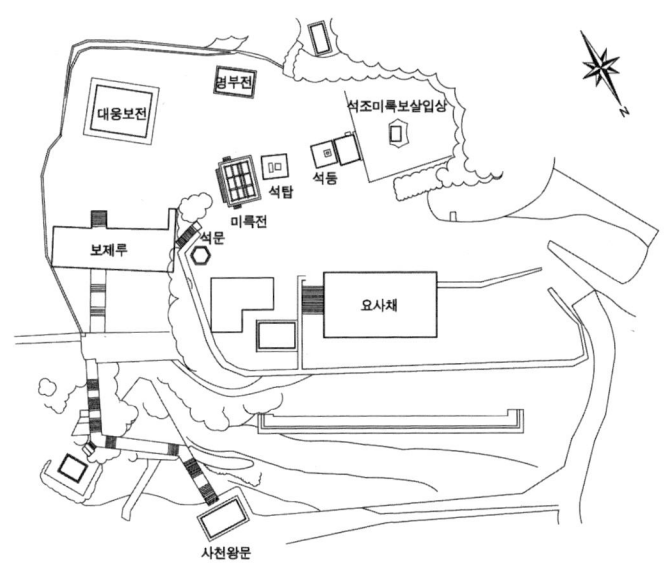

관촉사 배치도

람 배치를 보여주는데, 고려 시대의 흔적이 많이 남은 곳입니다. 불상의 크기가 매우 크다는 점을 고려할 때, 관촉사 역시 고려 시대에 역원의 기능을 하던 사찰로 추측됩니다.

관촉사 돌미륵은 높이가 54척이나 됩니다. 세상에 전하기를 고려 광종 때 반야산 기슭에 큰 돌이 솟아 오른 것을 승려 혜명(慧明)이 쪼아서 불상을 이루었다고 합니다. 관촉사는 역원의 기능을 겸했기에, 지형이 높은 곳은 불사 건축이 주가 되고 낮은 곳은 요사채(역원 기능)가 주가 되게 배치했습니다.

관촉사에는 석조 미륵상뿐만 아니라 배례석(拜禮石, 절을 찾은 불자들이 부처님께 합장하고 예를 갖추는 장소로 사용됨)이며 석등도 남아 있습니다. 현재의 석문이 원래의 절 입구입니다. 석문으로 들어오면서 석등이 있고 그 사이에 배례석이 있었을 것입니다. 그러니까 절의 전체 배치는 T자, 즉 정(丁)자의 개념이었던 것입니다. 현대에 들어 증축하고 길도 내면서 일부 통로도 바뀌는 등 형태가 달라졌습니다. 제 생각에 관촉사에는 불상이 있는 절터가 아주 높은 곳에 있었고 거기까지 가파른 계단이 쭉 이어져 있었을 것으로 짐작됩니다. 금당이 없는 가람이었을 것이라는 거죠. 즉, 가파르고 긴 계단을 따라 올라와 불상에 절을 하고 내려가는 형태였기 쉽습니다. 건물이 많아진 것은 후대의 일인 것이죠.

충주 미륵대원에 가면 고려 시대의 대형 불상이 있습니다. 삼십 척, 즉 10m 이상의 불상이 있으면서 역원의 기능을 하는 절이었다고 이전에 설명 드렸습니다. 미륵대원 같은 절도 사람들이 잠자는 숙소는 아래쪽에 있고 부처님이 계신 곳은 위쪽이었을 것입니다.

고려 시대에는 절을 워낙 많이 지었기 때문에 가람 배치 유형 역시 여러 가지로 분화됩니다. 그래서인지 아직 고려 시대의 가람 배치에 대해선 이렇다 할 연구 성과가 나와 있질 않습니다.

팔괘정은 우암이 강경에 세운 정자입니다. 우암의 스승 김장생이 임리정을 짓자 가까운 곳에 우암이 팔괘정을 건립했다고 합니다. '임리(淋漓)'는 《주역》에 나오는 글자이고 팔괘라는 이름 역시 우암이 역학(易學)에 관심이 많았음을 말해줍니다.

임리정과 팔괘정은 조망이 거의 비슷한데 팔괘정이 약간 더 높은 곳에 배치되어 있고, 뒤쪽으로 암벽이 가로막고 있는데 그 바위에는 각자를 새겨 놓기도 했습니다. 정자 주변으로 서쪽의 들과 논 자락, 부여로 흘러나가는 금강과 주변 평야가 한눈에 내려다보입니다. 정자에서 지평선이 보이는 곳이 드문데 이곳에선 지평선을 조망할 수 있습니다. 사계절 서로 다른 경치들이 꽤 아름답습니다.

백제가 부여로 왕도를 옮겼을 때 임금이 배를 타고 유람하던 지역이 이곳 강경 바로 인근까지였다고 합니다. 강경은 조선 후기, 일제강점기까지 교역의 중심지였으며 훌륭한 조망을 제공하는 지역이기도 합니다. 평야 지대에 갑자기 대가 불록하게 올라온 지형이기 때문입니다.

송시열 생가 터와 화양구곡

송시열의 생가는 앞서도 말씀드렸듯이 옥천에 있습니다. 옥천군 이원면인데 일명 구룡촌이라는 마을입니다. 구룡촌에 가보면 송시열이 태어난 생가 터는 마을 사람들이 사는 쪽에서 둔덕을 하나 넘어 있는 것을 알 수 있습니다. 외진 곳에 놓여 있으면서 방향도 다른 곳을 보고 있다는 점이 독특합니다.

우암 송시열의 아버지가 성균관에서 진사까지 공부했던 경력이 있다고 하는데, 집터를 보면 아마도 매우 가난하게 살았던 것 같고, 집안 대대로 기개가 대단했던 것 같습니다. 집터로 미루어본다면 보통 양반들이나 사대부들의 집과는 판연히 다릅니다.

황간의 한천정사(寒泉精舍) 터에는 우암 송시열의 후손들이 지금도 살고 있습니다. 황간은 우암이 공부하러 갔던 곳입니다.

우암이 살았던 지형은 물이 돌아 나가는데, 잘 보면 곡류단절 지형입니다. 주변은 사방으로 돌아가며 농경지이고, 높은 자락 밑으로 집들이 있습니다. 이 중 가운데 좋은 자리에 우암의 며느리 묘소가 있습니다. 원래는 우암 자신의 묘를 쓰려고 했는데 며느리가 죽자 우암이 묘 자리를 잡아준 것이라고 합니다.

이곳의 묘비는 눈여겨볼 만합니다. 저는 우리나라 비석의 비례와 장식 개념이 효종에서 숙종 사이에 바뀌었다고 보고 있습니다. 이 시대의 묘제를 보면 그 사실을 확실히 알 수 있습니다.

옛날 묘에는 장명등(長明燈)이라는 게 있습니다. 묘역에 세워 불을 밝혀 천지사방의 귀신을 쫓는다는 의미로 만든 것인데, 불교에서 부처님의 불법이 천지사방에 밝혀져 누리리라는 염원이 변한 것입니다. 효종 숙종 대 이전의 우리나라 장명등은 불교 부도처럼 생겼습니다. 그러다 이 시대에 이르러 가냘프고 곡선 요소가 많은 모양의 석물로 바뀌었습니다. 물

송시열 생가

론 크기도 역시 작아졌습니다.

    반면 묘지의 비석이나 신도비는 이 시대를 기점으로 얇고 긴 모양에서 두툼한 모양으로 바뀌었습니다. 우암 송시열 묘의 비석도 두툼합니다. 두툼해서 옆과 앞이 잘 구별되지 않을 정도입니다.

    전반적으로 이 시대 이후의 석물의 규모는 대부분 작아지고 조각 디자인은 여성적으로 변했습니다. 이런 특색이 조선 후기까지 이어졌고, 일제강점기 이후에는 일본의 영향을 받은 디자인으로 변모한 것입니다.

우암 송시열이 경영한 화양구곡은 충북 괴산군 청천면 화양리에 위치합니다. 조선 중기에 퇴계 이황을 전후한 무렵부터 조선 말기까지 우리나라에는 50여 개의 구곡(九曲)이 경영되었습니다. 반면 고려 시대에는 구곡 이야기가 등장하는 기록을 찾을 수 없습니다. 구곡이 본격적으로 운위된 것은 중종 대로 보는 것이 옳을 것 같습니다. 중종 대 소요당 박하담(朴河淡)의 운문구곡 이후 퇴계 이황부터 구곡의 경영이 인기를 끌며 성행했던

화양구곡 중 4곡 금사담

것입니다.

　화양구곡의 특징은 구곡 사이의 구분이 아주 명료하다는 것입니다. 10리 조금 넘는 길이에 걸쳐 구곡의 구분이 뚜렷하게 되어 있습니다. 매 곡마다 눈으로 보면서 '이건 이런 이유로 곡으로 볼 수밖에 없다'라고 확인할 수 있습니다. 이런 특징은 다른 구곡에선 찾아보기 어렵습니다. 4곡의 금사담에 있는 암서재는 우암이 사색과 공부를 한 곳입니다. 이곳 바위에 두 개의 각자가 새겨져 있기도 합니다.

우암의 사당 강한사

앞서도 말씀드렸듯이 강한사는 정조가 지어준 우암의 사당입니다. 정조는 효종과 우암의 관계를 이상적인 군신 관계로 보았기 때문에 그 본을 받자는 의미에서 사당을 지어주었다고 했습니다. 강한사가 우암의 연고지가 아닌 여주에 있는 것도 효종의 능과 연관이 있습니다. 효종의 능인

여주 강한사, 영릉과의 배치도

영릉이 원래 동구릉에 있다가 여주로 옮겼기에 우암의 사당도 여주에 있습니다.

강한사의 사당 건물의 배치는 효종의 능과 연관해서 봐야 합니다. 여주 관아가 동쪽에 있고 효종 능이 서쪽에 있는 그 사이에 강한사가 있습니다. 강한사 내의 사당이 동쪽에서 서쪽을 향해 효종의 능을 바라보는 구도인 것입니다.

최근에 아파트 단지가 강한사와 영릉 사이에 들어서면서 그 시선을 막아버렸습니다. 옛 건축의 기본이던 축선상의 배치 등을 고려하지 않은, 현대 건축과 경제 논리가 낳은 결과라고 봅니다.

이상으로 우암 송시열과 관련된 경기, 충청 일대의 유적들을 살펴보았습니다. 우암이며 남명·퇴계뿐 아니라 우리 역사에는 많은 학자들이 있습니다. 자신의 성향에 맞는 스승을 마음속으로 정해놓고 그를 따라가는 공부도 한번 해볼 만하다고 생각합니다. 공부를 할 때엔 그저 문헌만 읽을 것이 아니라 오늘 답사처럼 그 유적과 흔적을 따라 공간을 답사해보는 과정도 반드시 필요합니다. 인간의 사상이란 공간의 영향을 받을 수밖에 없고, 인간이 만들어내는 공간 또한 그의 사상에 영향을 받게 마련이기 때문입니다.

보은사(報恩寺, 신륵사, 벽사)
«신증동국여지승람», 권 7, 여주목, 불우

여강 동쪽 기슭 봉미산에 있다. 옛 신륵사(神勒寺)인데, 벽돌 탑이 있으므로 속칭 벽절(甓寺)이라 한다. 우리 예종(睿宗) 때에 영릉을 절 서쪽 10리에 옮기고, 드디어 고쳐서 큰 절을 짓고, 인하여 지금의 액(額)을 내렸다.

절에 강월헌(江月軒)이 있는데 고려의 명승 나옹이 죽은 뒤에 그 제자들이 석종(石鍾)에 사리를 간직하고 진당(眞堂)을 세웠는데, 이색이 기(記)를 지었으며, 또 대장각(大藏閣)이 있는데 이숭인(李崇仁)이 기를 지었다.

김수온(金守溫)의 기에, "여주는 국도의 상류 지역에 있으며, 산이 밝고 물이 아름다워 낙토라 칭하여 오는데, 신륵사가 바로 이 형승(形勝)의 복판에 있다. 옛날 현릉(玄陵)의 왕사(王師) 나옹과 한산 목은 선생과 이공 두 사람이 서로 이어 와서 놀았다. 이로부터 이 절이 드디어 기좌(畿左)의 유명한 절이 되었다. 다음 해 성화(成化) 9년에 대왕대비 전하께서 유사(有司)에게 명하여 다시 고쳐 짓고, 액을 내려 보은이라 하고, 선왕릉의 원찰(願刹)로 삼았다. 처음 세조대왕이 꿈에 세종대왕을 뵙고 친근히 말씀을 받들어 즐거움이 생시와 같았다. 세조께서 추모하는 정이 더욱 간절하여 세종대왕과 소헌왕후(昭憲王后)를 위하여 영릉 옆에 절을 세워 명복을 비는 장소로 하고자 하였다. 이에 유사에 명하여 나무를 찍어 떼를 만들어 띄워서 강 언덕에 쌓았는데, 하루 저녁에 큰 비로 홍수가 나서 미친 물결이 휩쓸어 갔다. 명년에 세조께서 돌아가시고 국가에 사고가 많아 영릉 옆의 절을 경영할 겨를이 없었다.

때마침 일관이 아뢰기를, '영릉 좌국(坐局)의 풍수가 옛 법에 맞지 아니함이 있사오니, 마땅히 능을 다시 세워서 큰 복을 받으시기 바랍니다.' 하였다. 예종이 여러 신하들에게 그 의논을 내렸더니 모두 아뢰기를, '이장하는 법이 예로부터 있습니다. 장사할 때에 빠진 것이 있어도 오히려 개장(改葬)하옵는데, 하물며 이제 풍수를 맡은 관원의 말이 있음은 반드시 상고한 것이 있을 것이니 따르지 아니할 수 없습니다.' 하였다. 예종께서 재신(宰臣)을 나누어 파견하여 그 땅을 선택하게 하였더니 군신이 아뢰기를, '여흥의 북쪽에 한 큰 골짜기가 있는데, 산이 형세를 벌려서 주(主)와 대(對)가 분명한데 풍수법에 말한, 산이 멈추고 물이 구부러져서 자손이 천억이 된다고 한 그대로입니다. 신등이 본 바로서는 능을 모실 곳이 이보다 나은 곳은 없을 듯합니다.' 하였다. 예종이 전지를 조정에 내려 좋다 하여, 성화 5년 기축에 세종의 재궁(梓宮)을 여주에 옮겨 농사 지내는 일이 끝나자 대왕대비 전하께서 분부하시기를, '선왕께서 부왕을 꿈에 보시고 장차 영릉 밑에 절을 세우려 하시었으나, 급히 승하하시어 문득 신민을 버리셨으므로 절을 경영할 겨를이 없었더니, 이제 선왕이 하늘에 계시는데, 우리들이 빨리 유지를 거행하지 아니하면, 어찌 장차 선왕을 지하에서 뵈올 것인가.' 하였다. 곧 상당부원군 신 한명회, 서평군(西平君) 신 한계희(韓繼禧) 등에게 명하여 능에서 멀지 않게 절을 세울 곳을 택하게 하니, 신 명회 등이 아뢰기를, '능의 국내(局內)에는 절을 세울 만한 곳이 없습니다.

«신증동국여지승람»에 나타난 보은사

신륵사는 일명 벽절로 옛 현인들이 놀던 자취가 완연하옵고, 또 선왕의 능과 거리가 매우 가까워 종고(鐘鼓)의 소리가 들릴 만하옵니다. 만일 이것을 수리하면 옛것을 인하여 새롭게 만드는 것인데, 일은 반이라도 공은 갑절이나 될 것이오니, 이보다 편리함은 없을 것입니다.' 하였다. 임진 2월에 대왕대비께서 분부를 내리기를, '이제 능을 겨우 끝마쳤는데 또 일반 백성을 부리는 것은 불가하다. 이제 간경도감(刊經都監)은 이미 파하였고, 쓰던 전곡(錢谷)이 아직도 남아 있으니, 그것을 내수사(內需司)에서 전장(專掌)하여 출납하여 노는 사람에게 보수를 주어 역사하게 하고, 혹시라도 폐가 없도록 하라.' 하고, 신 한명회·한계희를 명하여 제조(提調)를 삼고, 여주 목사 신 이신효(李愼孝), 원주 목사 신 김춘경(金春卿), 내시부상선(內侍府尙膳) 신 이효지(李孝智)를 감역관(監役官)으로 삼아 그 해 2월에 역사를 시작하여 겨우 10월에 끝마쳤다. 그 전 것을 수리한 것이 몇 간이고, 새로 지은 것이 몇 간이니, 합쳐서 2백여 간이 되었다. 종과 북 같은 도구와 일용 집기도 모두 새로 만들었다. 신이 생각건대 사찰의 흥폐는 진실로 그 때를 기다림이 있는 것이요, 또 운수가 그 사이에 관계됨이 있는 것이다. 신륵사 풍경의 아름다움은 우리나라에 소문난 것으로서 사대부들이 바람에 돛을 달고 왕래하여 배들이 서로 연달았으나, 아직 한 사람도 그 절을 일으키고 창설하지 않았다.

다행히 이제 황려대부(黃驪大府)는 천백 년 산천의 모인 기운이 가만히 간직되어 있다가, 오늘날 성명(聖明)의 시대에 발하여 선왕의 능을 이 고을에 경영하여 큰 일이 이미 정하여 큰 경사가 시작되었으니, 우리 국가는 억만 년의 끝없는 기업(基業)을 열었다. 이에 부가 승격되어 주가 되고, 절 또한 일신되니, 이것은 바로 때를 기다린 것이요, 운수에 관계된 것이다. 우리 대왕대비 전하께서 때에 고금이 있고 땅에 피차가 있음을 탓하지 아니하시고, 선왕의 끼치신 뜻을 생각하시어, 능을 이미 옮기고 빨리 절을 세우셨으니, 그 잘 계승하여 크게 나타낸 아름다움이 여러 선왕에 빛이 되고 전고에 뛰어났다. 신이 비록 늙고 어두우나 감히 머리 조아려 절하며 삼가 글로 써서 후세에 밝게 보이지 아니하겠는가." 하였다.

쌍청당(雙淸堂)
«신증동국여지승람», 권 18, 회덕, 누정

본 현 사람 송유(宋愉)의 별장이다. 박팽년(朴彭年)이 지은 기문에, "천지 사이에 바람과 달이 가장 맑은데, 사람 마음의 신묘함도 또한 이와 다름이 없다. 다만 형기(形氣)에 구애되고, 물욕에 더럽혀져 능히 그 본체를 온전히 보전하는 자가 드물다. 대개 연기와 구름이 사면에서 모여들어 천지가 침침하게 가려졌다가도, 맑은 바람이 이를 쓸어내고 밝은 달이 공중에 떠오르면, 위와 아래가 통투(通透)하게 밝아져서 털끝만한 점철(點綴)도 없게 된다. 그 기상은 진실로 용이하게 형용할 수 없는 것이니, 오직 사람으로서 그 마음을 온전히 지켜 더럽힘이 없는 자라야 족히 이에 당할 만하며 스스로 즐길 수 있을 것이다. 그러므로 이로써 일찍이 황노직(黃魯直)이 용릉(舂陵)에 견주었으며, 소강절(邵康節)도 또한 '청야음(淸夜吟)'이란 시를 지어 그 맛을 아는 자가 적은 것을 탄식한 것이다. 혹 요즈음 세상에도 또한 이 낙을 아는 자가 있는가. 시진(市津) 송유(宋愉)공은 본래 대대로 벼슬하던 구가(舊家)였다. 그러나 공명을 좋아하지 아니하여 촌야(村野)에 물러나와 산 지가 이제 30여 년이 되니, 그 고을은 충청도 회덕이요, 마을은 백달촌(白達村)이라 이른다. 사당을 거실 동쪽에 세워 선대의 제사를 받들고, 전답 두어 날가리를 설치하여 제사의 수용에 이바지하게 하였다. 드디어 사당 동쪽에 따로 당을 세운 것이 무릇 7간이다. 그 중간을 온돌로 만들어 겨울에 쓰기에 맞도록 하였고, 바른편으로는 3간인데 포주(庖廚)와 욕실(溜浴), 그리고 제기의 저장소 등에 각기 정한 곳이 있으며, 단청으로 담을 두르니 화려하면서도 사치스럽지 않았다.

매양 시사(時祀)나 기제사 날을 당하면 공이 반드시 심의(深衣)를 입고 별당에 들어가서 재계(齋戒)하여 공경과 정성을 다하였고, 무릇 제사하는 법이 모두 «예경»을 좇았으며, 또 가절(佳節)을 당하면 반드시 술자리를 마련하고, 손을 맞이하여 혹은 시를 읊고 혹은 노래하며, 향당(鄕黨)과의 즐거움을 흡족히 하였고, 만년에는 선학(禪學)을 좋아하여 그 마음을 담박하고 고요하게 가지고 사물에 얽매이지 않으니, 대개 그 천성이 높고 또 밝아서 명리를 벗어난 사람이었다. 중추부사 박연 공이 그 별당에 '쌍청(雙淸)'이라 편액을 지어주고 또 시를 지었다. 나는 이를 듣고 옷깃을 여미고 말하기를, 참으로 쌍청이란 뜻이 이러하구나. 백이(伯夷)는 성(聖)의 청(淸)한 분이었는데, 공은 그 백이의 풍(風)을 듣고 흥기(興起)된 이인가. 대개 바람이란 귀로 얻어 듣고, 달은 눈에 보이는 것인데, 사람들이 모두 이 두 가지 물건의 맑음은 알면서도, 내 한 마음속에 저것을 부러워하지 않을 만한 것이 있음은 알지 못하고 있다. 그런즉 그것을 아는 자가 알지 못하는 자와 견줄 수 없음을 어찌 알리요, 이제 공의 선조를 받드는 공경심과 손과 즐기는 흥취를 보건대, 그 스스로 즐거워하는 지취를 가히 알 수 있다. 그러나 호량(濠梁) 위에서 물고기의 즐거워하는 것을 보고 장자(莊子)도 물고기가 무엇을 즐거워하는지 몰랐으며, 혜자(惠子) 또한 몰랐던 것이니, 내 어찌 감히 (공의 즐거움을) 조금인들 엿볼 수 있으리오. 공의 아들 주부(注簿) 계사(繼祀)가 내가 그 말속(末屬)에 있다 하여, 나로 하여금 기문을 쓰도록 한 것이다.'"하였다.

«신증동국여지승람»에 나타난 쌍청당

개태사(開泰寺)
«신증동국여지승람», 권18, 연산. 불우

천호산(天護山)에 있는데, 고려 태조의 진전이 있다. 고려 태조 19년(936)에 백제를 정벌하여 큰 승리를 거두어, 하내(河內)의 30여 군(郡)과 발해국(渤海國) 사람들이 모두 귀순하였다. 드디어 유사에게 명하여 개태사를 창건하고, 친히 원문(願文)을 지어 손수 이를 쓰기를, "생민(生民)들이 백 가지 근심을 만나니 많은 고통을 이겨낼 수 없었습니다. 군사는 경내에 얽히어서 재난이 진한(辰韓)을 시끄럽게 하니 사람들은 의탁해 살 길이 없고, 집들은 온전히 담이 없었습니다. 운운. 하늘에 고하여 맹세하기를 '큰 간악한 무리를 섬멸 평정하여 생민을 도탄에서 건져, 농사와 길쌈을 제 고장에서 임의로 할 수 있게 하겠나이다.'하였다. 위로 부처님의 힘에 의탁하고, 다음에 하늘과 신령의 위엄에 의지하여, 20여 년 간의 수전(水戰)과 화공(火攻)으로 몸소 시석(矢石)을 무릅쓰고, 천릿길 남으로 치고 동으로 쳐서 친히 간과(干戈)를 베개로 삼았더니 병신년(936) 가을 숭선성(崇善城) 가에서 백제 군사와 대진하여, 한번 부르짖으니 흉광(兇狂)의 무리가 와해하였고, 두 번째 북을 울리니 역당(逆黨)이 얼음 녹듯 소멸되어 개선의 노래가 하늘에 떠 있고, 환호 소리는 땅을 뒤흔들었습니다. 운운. 풀잎의 도적과 산골의 흉도들이 저희들의 죄과를 뉘우쳐 새사람이 되겠다고 곧 귀순해 왔습니다. 모(某, 왕건을 말함)는 그 뜻이, 간사한 자를 누르고 악한 자를 제거하며, 약한 자를 구제하고 기울어진 것을 붙들어 일으키는 데 있으므로, 털끝만큼도 침범하지 않고 풀 한 잎새도 다치지 않았습니다. 부처님의 붙들어주심에 보답하고, 산신령님의 도와주심을 갚으려고, 특별히 맡은 관사에 명하여 불당을 창건하고는, 이에 산의 이름을 천호(天護)라 하고 절의 이름을 개태(開泰)라고 하나이다. 운운. 원하옵건대 부처님의 위엄으로 덮어주고 보호하시며, 하느님의 힘으로 붙들어주옵소서."하였다.

김장생 졸(卒)
인조실록, 권 25, 9년(辛未, 1671) 8월 9일(庚戌)

전 형조참판 김장생이 죽었다. 장생은 자가 희원(希元)으로, 자질이 돈후하고 효도와 우애가 순수하고 지극하였다. 일찍이 율곡 이이를 따라 성리학을 수학하여 마음을 오로지 쏟아 독실히 좋아하였다. 독서할 적마다 반드시 의관을 정제하고 무릎을 꿇고 앉아서 매일 경전과 염락(濂洛)의 여러 책들을 가지고 담긴 뜻을 탐색하였는데, 마음에 흡족하지 못한 점이 있으면 밤낮으로 사색하여 조금도 게을리 하지 않으며 반드시 그 귀취를 얻고 난 다음에야 그쳤다. 또 고금의 예설(禮設)을 취하여 뜻을 찾아내고 참작하여 분명하게 해석하였으므로 변례(變禮)를 당한 사람들이 모두 그에게 질문하였다. 일찍이 신의경(申義慶)이 편집한 《상제서(喪制西)》를 정리하고 절충하여 《상례비요(喪禮備要)》라고 이름 하였는데, 세상에 유행하였다. 장생은 사람을 정성으로 대하며 화기가 애애하였으나, 일의 시비를 논하고 사람의 선악을 분별할 때는 말과 낯빛으로 굽히거나 흔들림이 없었다. 선조(宣祖) 초에 유학을 존숭하여 장려하였는데, 상신(相臣) 박순(朴淳)이 성인의 경전에 침잠하고 옛 가르침을 독실하게 믿는다고 그를 천거하자 드디어 벼슬하여 여러 차례 주군(州郡)을 맡았다. 상이 반정하여 덕이 높은 이를 구하였는데, 장령으로 부름을 받아 올라왔다.

이때 상이 바야흐로 사묘(私廟)에 직접 제사지내려 하였는데, 예관이 '상이 친손자로서 할아버지의 왕통을 이은 이상 본생(本生)의 어버이에 대해 두 아버지를 모신다는 혐의가 없으니 축사(祝辭)에 의당 아버지(考)로 일컫고 아들로 일컬어야 한다.'고 하였다. 이에 장생이 수천 마디의 말로 상소를 올려 그 설을 공격하여 깨뜨렸는데, 이는 모두 선유(先儒)의 정론에 근거한 것이었다. 그러다가 추숭하자는 의논이 일어나자 장생이 여러 차례 소를 올려 옳지 않음을 힘껏 말하였으나 끝내 쓰이지 않았다. 장생은 조정에 있기를 즐기지 않은 데다가 나이도 많았으므로 드디어 청하여 연산으로 돌아갔는데, 형조참판으로 불렀으나 장생은 사양하고 오지 않았다. 집에서 병으로 죽으니 나이 84세였으며, 학자들이 사계(沙溪) 선생이라고 일컬었다.

부고를 아뢰자 제사와 부의를 하사하고 이조판서에 추증하였으며 장례 때에는 본도(本道)에게 조묘군(造墓軍)을 지급하도록 하였는데, 원근에서 장례에 모인 자가 거의 1천 명이나 되었다. 뒤에 장유(張維)가 경연에서 시호를 내리기를 청하였으나 상이 허락하지 않았는데, 이는 그가 예를 의논한 것이 합치되지 않았기 때문이었다.

김집 졸(卒)
인조실록, 권 16, 7년(丙申,1656) 윤5월 13일(庚申)

숭정대부 판중추부사 김집이 졸하였다. 김집의 자는 사강(士剛)이고, 대하선 계휘(繼輝)의 손자이며, 참판 장생의 아들이다. 장생이 당대의 유종(儒宗)이었으므로 김집은 일찍부터 그의 가르침을 받아 뜻을 세움이 매우 돈독하였다. 인조께서 반정하여 학행(學行)이 훌륭한 것으로 등급을 뛰어넘어 6품직을 제수하였으며, 그 후에 여러 차례 불렀으나 나오지 않았고 승지에 학배되었으나 얼마 되지 않아 물러갔다. 상께서 즉위하시자 특별히 예조판서에 임명하고 얼마 되지 않아 등급을 뛰어넘어 이조판서에 임명하였다. 예우가 날로 융성하자 김상헌, 송준길, 송시열 등과 더불어 마음과 힘을 합쳐 도우니, 조야(朝野)가 우러러보았다. 당시 송준길이 집의가 되어 혼탁한 자를 물리치고 결백한 자를 드러내는 일을 행하여 김자점(金自點)의 죄악을 국론하였고 또 명류들의 아부하는 죄를 탄핵하니, 자점 등이 불만을 품어 착한 무리를 원수처럼 보고 기필코 자기 멋대로 하고자 하여 안으로는 역모를 꾀하고 밖으로는 청과 내통하여, 상헌과 김집이 영수(領袖)가 되었다고 말하여 일이 예측할 수 없는 지경에 이르렀는데, 상이 곡진하게 미봉한 것을 힘입어 일이 끝나게 되었다.

김집이 이로부터 더욱 세사에 뜻이 없어 소명을 여러 차례 내렸으나 끝내 나오지 않았다. 그의 학문은 '경(敬)'을 위주로 하였으므로 종일토록 단정히 앉아 있어 게으른 모습을 볼 수 없었으며, 보이지 않고 들리지 않는 부분에 힘을 써 늙을 때까지 더욱 삼가 조예가 매우 깊었으며 예학에 더욱 뛰어났다. 이에 원근의 학자가 모두 존모하였으나 성품이 겸손하여 평생 스승으로 자처하지 않았다. 나이 80이 되자 특별히 숭정(崇政) 품계에 올려 판중추부사에 임명하였으나 병이 위독해지자 여러 생도들에게 이르기를 "나는 생사의 이치를 환히 알아 마음에 동요됨이 없으니, 이에 있어서는 거의 옛사람들에게 부끄러울 것이 없다."고 하였다. 83세로 졸하니 사람들이 서로 조문하였다. 일찍이 그가 거처하던 집을 '신독(愼獨)'이라고 편액하였으므로 학자들이 신독재선생이라고 일컬었다.

한양, «해동지도»

불교에서 이상적인 입지관을 나타내는 양수삼산(兩水三山)이란 두 개의 물이 합쳐진 곳에 산이 셋 있다는 뜻이다. 두 개의 물인 남한강과 북한강이 합해진 영역을 지도에서 보면 매우 넓게 펼쳐

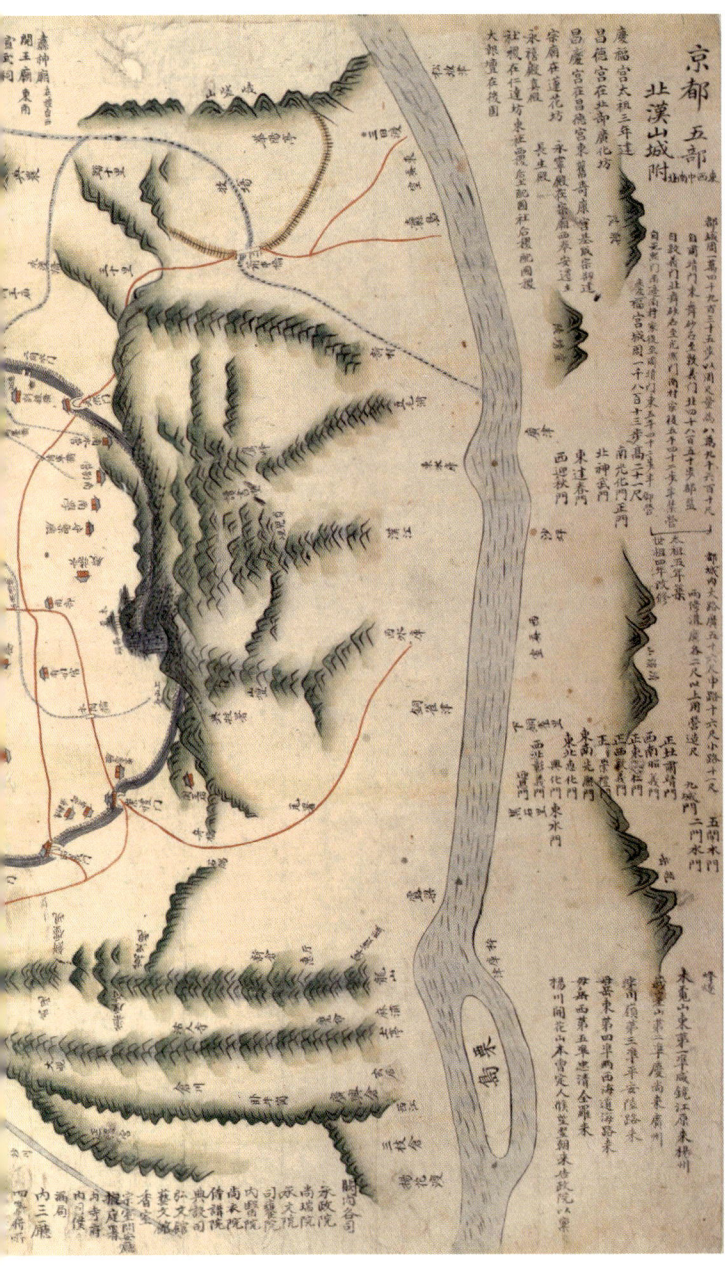

져 있다. 이 지역에 있는 큰 산 셋은 삼각산, 관악산, 용문산이다. 이 세 산이 남한강, 북한강 두 물줄기 사이에 골고루 분포해 있는 것이다.

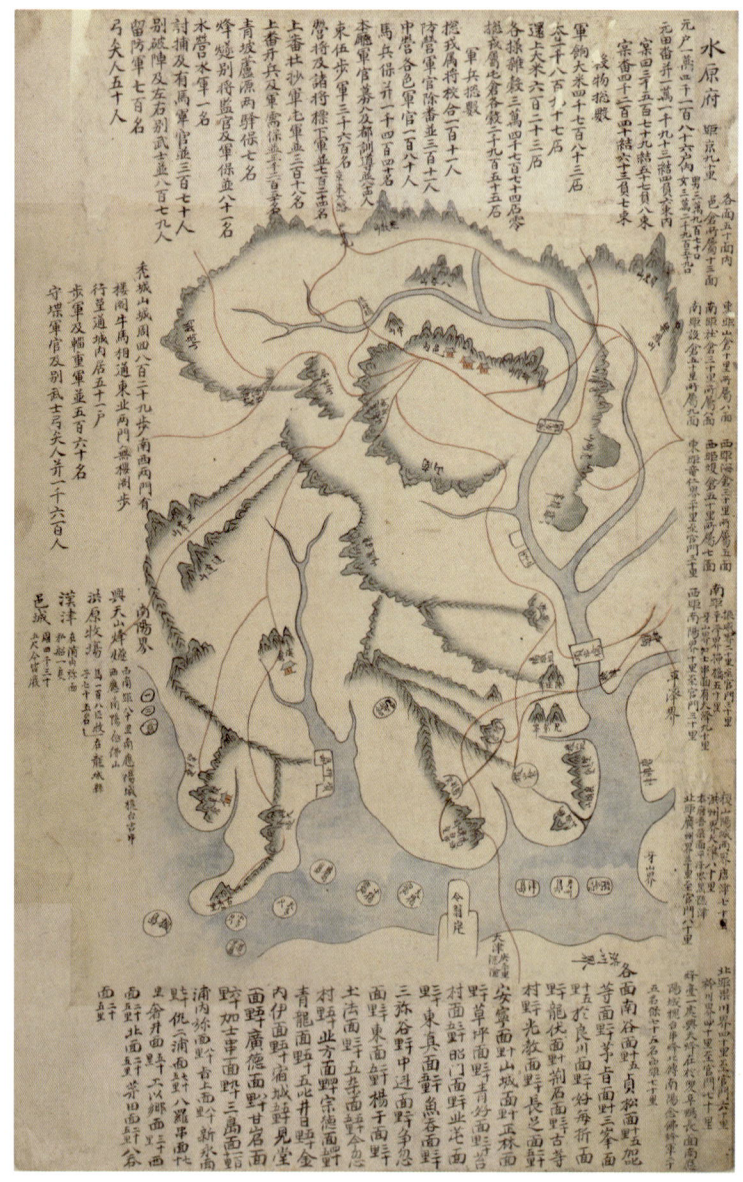

우암 송시열이 있었던 화성의 무봉산 만의사는 고려 후기 때 세력이 컸지만 조선에 들어와 쇠락했다. 우암은 이 절에 들어가 향촌으로 삼았다. 이 만의사 근처 직촌이라는 곳에 그 후손들이 남아 아직도 모여 살고 있다. 절 이름을 따라 산 이름을 만의산이라고도 했다.

회덕현, 《해동지도》

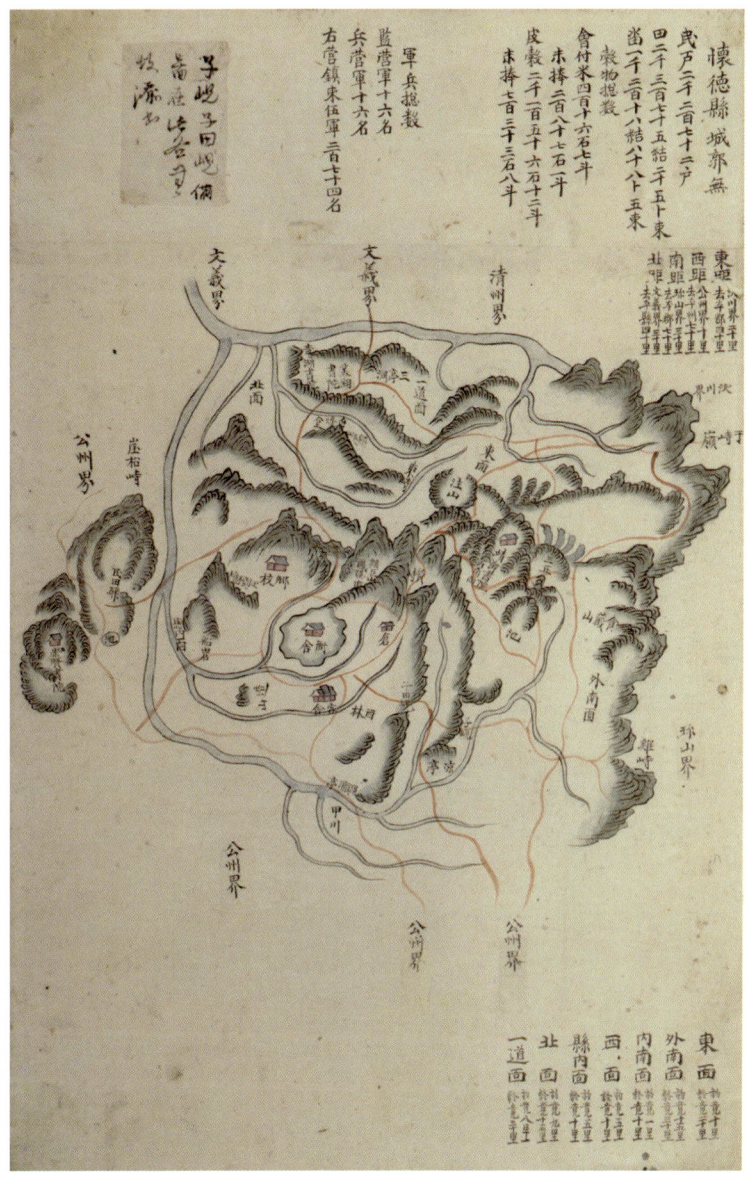

현재는 대전시 소속이지만 조선 시대까지 회덕현이라 불렸던 계족산 자락에 은진 송씨가 대대로 살아왔었다. 우암 송시열과 더불어 3송이라 불리우는 동춘 송준길, 제월 송규렴이 살던 집이 남아 있다. 조선 초기에는 송유라는 사람의 별장인 쌍청당이 있었다.

연산현, 《해동지도》

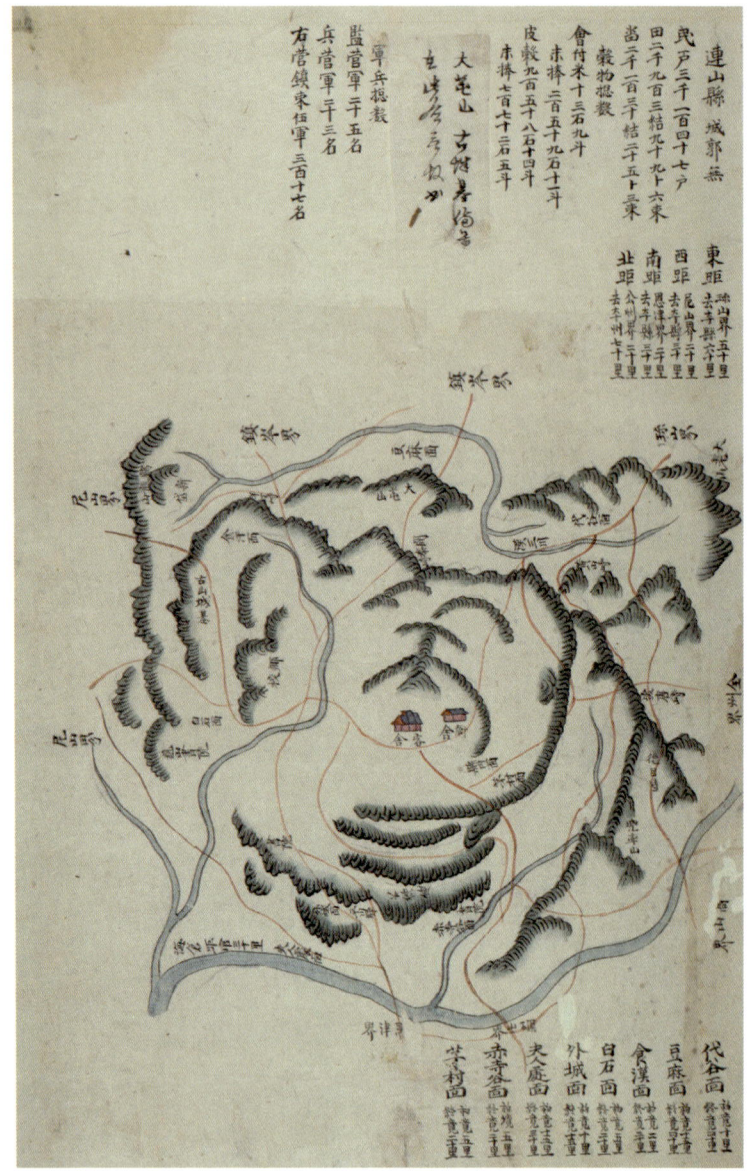

연산은 역사적으로 중요한 군사 요충지였다. 나당 연합군이 백제를 공격할 때, 백제의 계백이 황산벌에서 3개의 병영을 설치하고 네 번 싸워 모두 이겼으나 끝내 군사가 적고 힘이 모자라 패했다고 한다. 왕건도 이곳에서 견훤에게 패하여 목숨까지 잃을 뻔했다.

은진현, «해동지도»

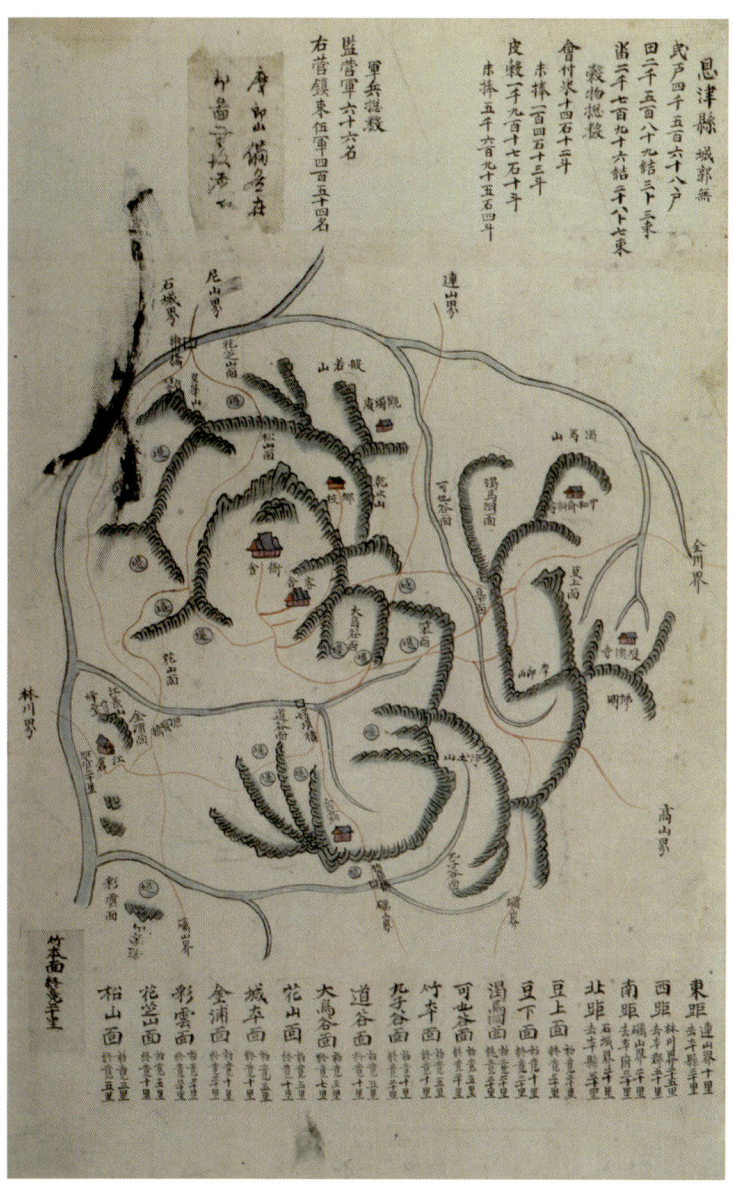

은진은 금강 유역이다. 조선 시대에는 이곳 강경포 창고에 은진의 세곡을 모았고, 시진포 지역에는 노성, 연산의 창(倉)이 있어 금강 유역의 물자를 수송하는 데 중요한 거점 역할을 했다.

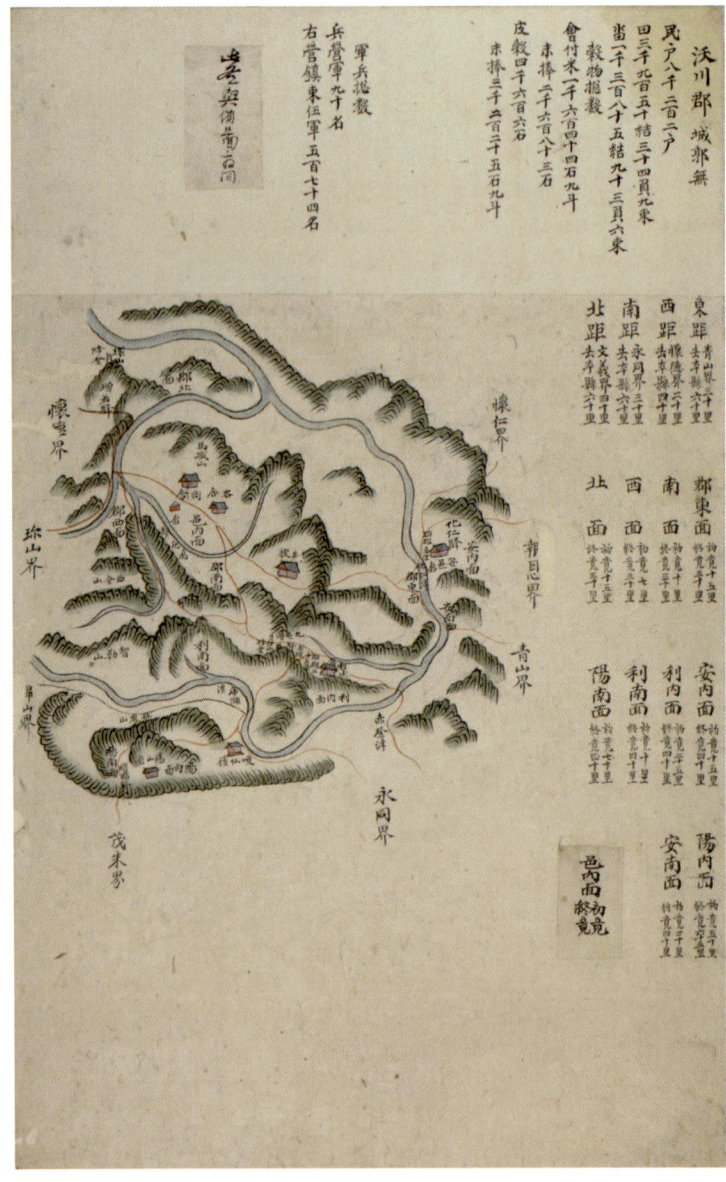

송시열의 생가는 옥천군 이원면의 일명 구룡촌이라는 마을에 있다. 송시열이 태어난 구룡촌의 생가 터는 마을 사람들이 사는 쪽에서 둔덕을 하나 넘어 있다. 외진 곳에 놓여 있으면서 방향도 다른 곳을 보고 있다는 점이 독특하다.

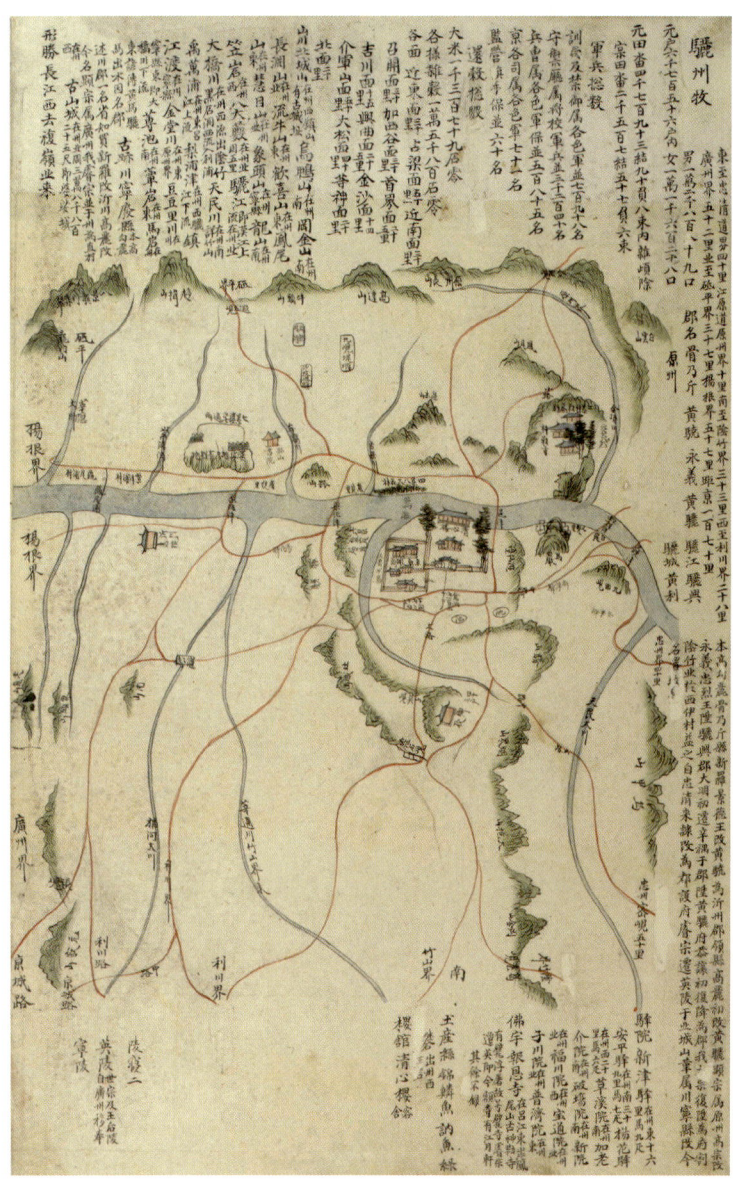

강한사는 정조가 지어준 우암의 사당이다. 정조가 효종과 우암의 관계를 이상적인 군신 관계로 보았기 때문이다. 강한사가 우암의 연고지가 아닌 여주에 있는 것도 효종의 능과 연관이 있다. 여주 관아가 동쪽에 있고 효종 능이 서쪽에 있는 그 사이에 강한사가 있다.

남명 선생이
지리산에 이르기까지

남명 조식의
삶을 따라가는 여정

이번 시간은 남명 조식 선생의 발자취를 따라서 건축 답사를 해보려 합니다. 한 사람의 인생 여정을 따라가면서 공간적으로 그 삶을 재구성해보는 방법은 답사 가운데에서도 좀 독특한 방법입니다. 하지만 자신이 흥미를 품게 된 역사적 인물을 좀 더 입체적으로 이해할 수 있는 방법이 되기도 하고, 특정 지역 중심의 답사 방식에서 탈피할 수 있는 계기가 되어주기도 하는 답사법입니다. 혹시 여러분도 관심이 있는 역사 인물이 있다면 그의 삶을 공간적으로 재구성해보시는 건 어떨까요? 이제, 남명 조식 선생의 삶을 따라가 보면서 그 부근의 중요 건축물도 함께 살펴보겠습니다.

실상사의 벅수와 쌍탑

남명의 일생에서 가장 중요한 지역은 지리산 남록 일대입니다. 그는 이 부근에서 말년을 보냈습니다. 이 지역으로 들어가면서 먼저 들를 만한 곳이 바로 실상사입니다. 실상사는 남명 조식과 직접적인 관련은 없지만 지리산 범위에 있는 중요한 절입니다.

실상사는 828년 홍척국사가 구산선문의 하나인 실상산문(實相山門)을 개산(開山)하면서 창건했다고 하는데, 조선 시대까지 실상사는 운봉현에 소속되어 있었습니다. 홍척은 도의(道義)와 함께 당나라에 들어가 선법(禪法)을 깨우친 뒤 귀국하였고, 도의는 장흥 가지산에 들어가 가지산파를 세우고 길림사를 창건했습니다. 실상사는 3대조 편운(片雲)스님에 이르러 크게 선풍을 떨쳤는데 1468년에 화재로 전소된 뒤 200여 년 동안 폐허로 남아 있었기 때문에 조선 시대의 문적에는 별로 나타나지 않습니다. 그러나 그 뒤 여러 번 중창하여 현재에 이릅니다.

실상사의 당우로는 보광전, 약사전, 명부전, 칠성각, 선리 수도원, 누각 등이 있고, 3층 석탑, 석등, 부도, 탑비, 동종, 철제여래좌상 등의 보물도 많다고 알려져 있습니다. 그러나 실상사를 찾는 사람들에게 첫 번째로 눈에 들어오는 것은 아마도 절 어귀의 돌 벅수일 것입니다. 큰 눈을 부라

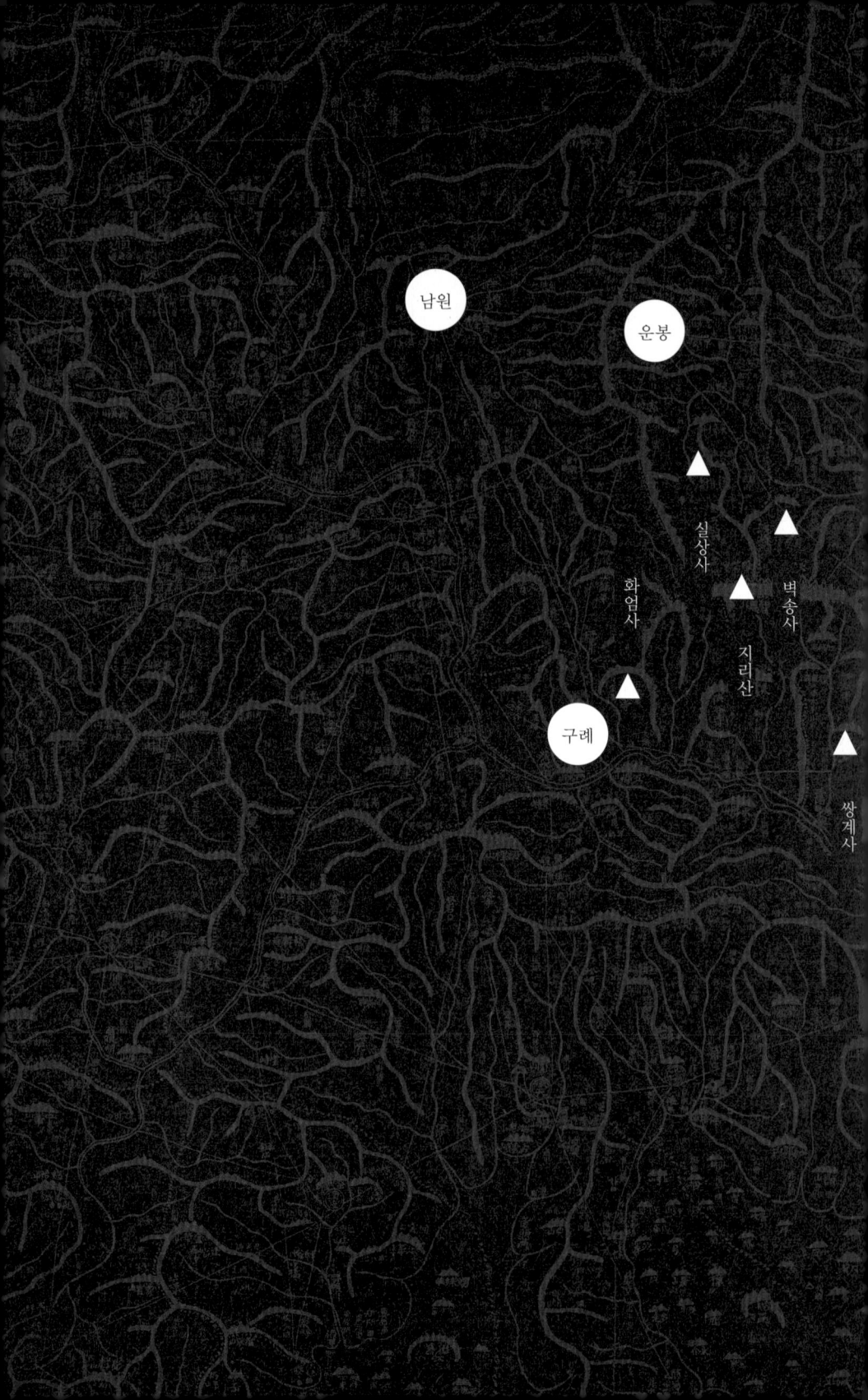

삼가

산청

단속사

남사마을

진주

산천재·덕천서원

하동

대동여지도
남명 선생이 지리산에 이르기까지

남명 조식 선생의 일생에서 가장
중요한 지역은 지리산 일대이다.

산천재·덕천서원 ▲
단속사 ▲
남사마을
진주

산맥도
남명 선생이 지리산에 이르기까지

앞의 «대동여지도»를 바탕으로
지리산 일대를 현재 지형도에 그린
산맥도이다.

리고 떡 하니 버티고 서 있으니까요. 원래는 실상사 입구의 다리를 건너기 전에 두 개의 벅수가 있었는데 그중 하나는 비가 많이 올 때 떠내려갔다는 말도 있습니다.

벅수는 흔히 돌로 만든 장승이라 해서 석장승이라고 불리는데 실은 벅수와 장승은 다릅니다. 전라도 지역에는 돌로 만든 벅수가 남아 있는 절이 몇 군데 있습니다. 주로 나주와 화순 쪽입니다. 절 말고 마을 어귀에 서 있는 벅수들도 물론 있습니다. 벅수는 눈이 부리부리하고 투박하게 생긴 게 특징입니다. 제가 조사한 바로는 위도상 제일 북쪽에 남은 벅수가 정읍 부근의 원백암리 마을부터 보이고, 거기서 전라남도까지 쭉 이어집니다.

실상사 벅수

실상사의 입지에서 주목해야 할 점은 이 절이 평지에 위치한 평지 가람이란 사실입니다. 산 속에 있는 절은 중요 건물을 해발 고도가 높은 쪽에 배치합니다. 반면 평지형 가람은 중요한 건축물을 중심에 십자형으로 배치하는 것이 특징입니다. 그렇다면 실상사에서 가장 중요한 건축물이 무엇일까요? 바로 쌍탑입니다. 평면도를 보시면 탑이 입지의 가운데에 있고 그 좌우에 십자형으로 건물이 배열되어 있는 걸 알 수 있습니다. 절로 들어가다 보면 탑 뒤쪽에 금당이 있습니다.

　모르고 보면 절들은 다 비슷비슷해 보이겠지만, 남아 있는 건축 배치 형태를 자세히 살핌으로써 그 절의 연대를 짐작할 수 있습니다. 절에 두 개의 탑, 즉 쌍탑이 배치된 것은 통일신라 시대부터의 일입니다. 원래 인도에서 사찰의 중심은 '스투파'라 불리는 탑이 됩니다. 금당이 있기 전에 탑이 종교적 경배의 대상이 되고 탑 주위로 회랑 같은 형식의 건축물을 세워 회랑이 탑을 감싸고 있는 형태가 되었습니다. 그러다가 그리스 헬레니

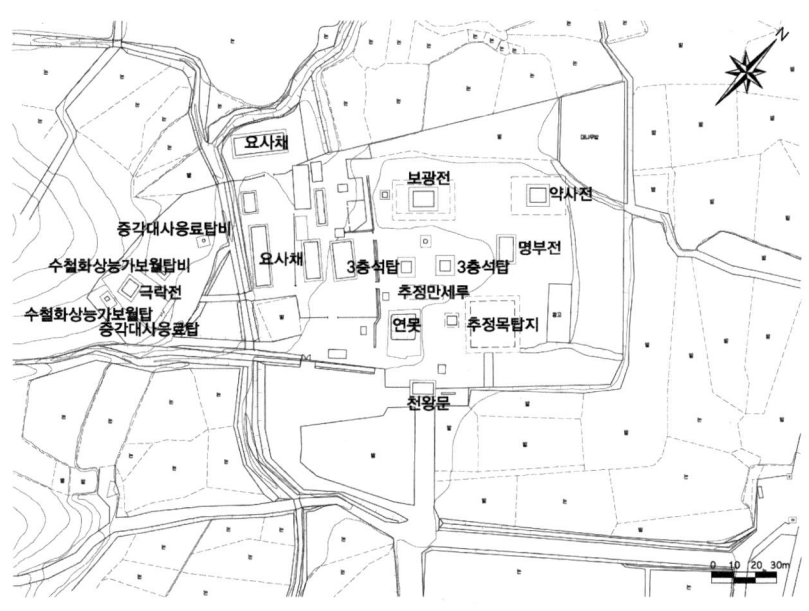

실상사 배치도

즘의 영향을 받은 이후부터 부처를 불상으로 만들어 모시게 되면서 금당을 건축하게 되었습니다. 점점 이 금당이 사찰 건축의 중심으로 변해간 것입니다.

통일신라 때 조성된 절 가운데엔 쌍탑이 있는 절이 많습니다. 불국사나 감은사지가 그렇습니다. 또 경주 남산의 동쪽에 남아 있는 쌍탑 역시 절이나 절의 이름은 남아 있지 않지만 절 안에 놓였던 것임이 틀림없어 보입니다. 이 쌍탑은 불국사보다 조성 연대가 더 올라가는 것으로 알려져 있습니다.

실상사는 평지 가람이자 그 배치 형식이 완성되지 않은 과도기적인 양상을 보입니다. 통일신라기이긴 하지만, 평지 가람 배치의 완성형인 법주사보다는 정리가 덜 된 형식, 좀 더 오래된 연대의 것입니다. 법주사에 가보면 팔상전이 가장 가운데에 있습니다. 그리고 다른 건물들이 팔상전을 중심으로 십자형으로 배치되어 평지형 가람 중에서 가장 안정적이며 완성된 배치라고 볼 수 있습니다. 여기에 비하면 실상사의 구조는 완결되어 있지 않습니다.

부도가 절 중심에서 멀리 떨어져 치우친 한쪽에 배치된 것도 실상사의 특징이지요. 실상사를 지나실 때엔 이런 사실들을 기억하고 건축물을 관찰해보십시오. 아마 절의 규모 전체가 눈에 들어올 것입니다.

벽송사의 벅수와 3층 석탑

함양의 벽송사 어귀에도 실상사처럼 벅수가 있습니다. 이곳엔 조형적으로 매우 훌륭하며 기막히게 아름다운 목제 벅수가 있습니다. 그런데 벅수의 위치는 애초와는 다릅니다.

벽송사는 원래는 지리산 자락 가파른 경사 지대에 있어서 문과 같은 구조물을 제대로 갖추기 어려운 지형에 있었습니다. 그 대신 입구에 나무로 된 벅수가 있었습니다. 절의 입구를 알리는 기능이었던 것입니다. 지금은 머리 부분이 부식되고, 따로 벅수각을 만들어 벅수를 그 안으로 옮겨 놓아 예전의 아름다움을 제대로 감상하기는 어렵습니다.

장승이 나타난 것이 고려 시대라는 데에 대해선 대체로 의견을 모으고 있는데, 벅수와 장승이 어떻게 다른지, 정확하게 그 기능이 무엇인지에 대해선 아직 뚜렷한 결론이 나지 않고 있습니다.

양산 통도사에는 국장생이라는 유적이 남아 있습니다. 주지하다시피 고려 시대에는 불교가 국교였습니다. 불교 정신이 통치 이데올로기화 되다 보니 국가적으로도 불교를 진흥했습니다. 당연히 사원의 경제적인 위상도 높았습니다. 통도사는 고려 시대에도 아주 큰 절이었습니다. 절의 영역과 산림의 규모도 컸고, 절의 재산을 일반인들이 침범하지 못하도록 영역을 표시하고 규제도 해야 했을 것입니다. 국장생(국장승)은 그 흔적으로 보입니다.

이렇게 절에 소속된 장승은 영암 월출산의 도갑사에도 유적이 남아 있습니다. 통도사 주변에는 열두 개의 장승이 있었다는데 지금 남아 있는 것은 두 개 정도이고, 도갑사에는 세 개의 장승이 남아 있지요. 반면에 조선 시대의 장승은 리수(里數), 즉 거리를 표현한 것이라는 기록이 김정호의 «대동지지»에 나와 있습니다.

이런 이유로 저는 마을 어귀에 있는 조형물은 벅수라 불러야 한다고 생각합니다. 반면 주요 거대 사찰의 경계에 일정한 간격으로 세워져 주위 영역을 표시하거나 거리, 지리를 표시하는 상징물은 장승이라고 불러야 합니다.

벽송사에서 또 볼만한 것은 고려 시대의 것으로 보이는 3층 석탑입니다. 석탑의 기단부가 굉장히 높게 올라온 게 보입니다. 일반적으로 기단부가 이렇게 높아진 것은 고려 시대의 일입니다. 이런 사실로 미뤄볼 때 벽송사는 고려 시대에 창건되었다가 어떤 연유인지는 잘 알 수가 없지만 훼손된 후 조선 중종 대인 1520년 벽송(碧松, 승려인 지엄[1])이 3층탑 아래에 다시 절을 중창한 것입니다. 벽송사는 한국전쟁으로 다시 훼손되었다가 중창하여 현재에 이릅니다.

산청향교와 도천서원

다음으로는 산청향교를 보겠습니다. 산청은 산양, 산음으로도 불리며 산곡이 깊고 물이 많은 지역입니다. 산청은 지리산 주변에서는 제일 외진 곳입니다. 이번에 산청을 택한 이유는 남명 조식의 제자인 오건 때문입니다. 오건은 본관이 함양인데 남명과 퇴계 양쪽을 모두 스승으로 모시고 공부를 했습니다. 사실 남명과 퇴계는 학풍이 많이 다르기 때문에 이런 일이 생기기가 쉽지 않았습니다.

퇴계와 남명 양쪽 모두에서 공부를 했던 사람으로는 한강 정구, 김우굉, 김우옹 같은 인물들이 있습니다. 김우굉을 퇴계의 제자라고만 알고 있는 사람도 많습니다. 김우옹은 왕조실록에도 임금의 물음에 남명과 퇴계 양쪽의 문인이라 대답한 기록이 있습니다. 남명의 흔적을 찾으러 간 길

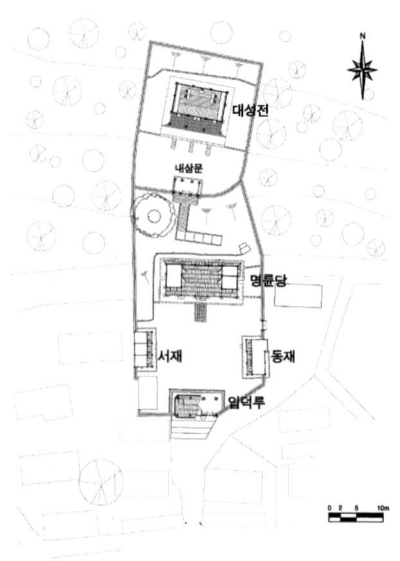

산청향교 배치도

산청향교 전경

에 이 산청향교를 들른 이유는 바로 이 때문입니다. 향교 자체는 건축적으로는 독특한 것이 없습니다. 이 부근에는 또 오건[2]을 모신 서계서원[3]도 있습니다.

다음으로 볼 곳이 문익점을 모신 도천서원[4]입니다. 문익점은 퇴계도 칭찬하고 남명도 문집에서 칭찬한 인물입니다. 이 서원은 후손들이 만든 곳이고, 묘지도 이곳에 있습니다.

문익점이 가져 온 목화씨를 재배에 성공시킨 사람은 문익점의 장인 정천익입니다. 그는 1362년 승보시(升補試)에 합격하여 생원 자격을 얻은 사람으로, 사위 문익점이 원나라에 서장관으로 갔다 귀국하면서 가져온 목화씨를 심어 3년 간의 노력 끝에 재배법을 터득하여 종자를 널리 보급하였습니다. 또 씨를 뽑는 씨아와 실을 뽑는 물레를 모르던 차에 이를 고

도천서원 전경

안하여 목화를 직조의 원료로 쓰게 할 수 있었습니다. 정천익의 아들 정문래가 제사법을 고안하였고, 손자 정문영이 면포 짜는 법을 발명했다고 합니다. 목화를 처음 심어 번식시킨 곳인 산청군 단성면 사월리는 면화시배지로 사적 지정이 되었습니다.

정천익은 당시 여주에 살았는데 왜 경상도 진주까지 내려가서 목화 재배를 연구했을까 하는 의문도 듭니다. 현재 여주군 능서면에는 정천익과 문익점의 후손들이 부락을 이루어 살고 있으며, 문익점과 이색을 모시는 매산서원이 남아 있는 곳이 있습니다. 한번 답사하시고 판단해 보십시오.

도천서원을 방문할 때는 퇴계와 남명, 두 사람의 뛰어난 학자가 문익점에 대해 어떻게 평가했는지를 찾아보고 가면 더 좋겠습니다. 동일한 인물을 칭찬한 글을 비교해 보면 남명과 퇴계 두 사람의 인품과 가치관, 글을 쓰는 스타일 등을 알 수 있어서 흥미롭습니다.

여러 성씨들이 모여 사는 남사마을

남사마을은 여러 성씨들이 모여 사는 마을입니다. 이 마을에 대해서는 학술적으로 실측해서 연구한 성과들도 나와 있습니다. 다른 부분들이야 다른 연구자들이 공부해 놓으신 부분이니 넘어가고, 저는 오래된 마을이면서도 왜 여러 성씨들이 한 마을에 모여 사는지에 대한 궁금증이 생겼습니다. 원래 반촌은 몇 가지 한정된 성씨를 중심으로 마을이 형성되는 것이 보통의 경우니까요.

남사마을을 이루는 주된 성씨는 성주 이씨, 밀양 박씨, 진양 하씨, 전주 최씨, 연일 정씨, 재령 이씨, 김해 김씨 등입니다. 첫 번째로 입향하여 정착한 것은 고려 말의 진양 하씨였다고 합니다. 성주 이씨는 단종 복위운동이 사건화(1456)되면서 성삼문의 이모부인 이숙순이 낙향하여 정착하면서 입향조가 되었다 합니다. 밀양 박씨는 병자호란(1636~1637) 당시 외가에 피난해 온 박승희, 박승필 등이 정착하면서 후손들이 지금까지

살아왔다고 합니다. 이곳은 이상택 씨 가옥, 최재기 씨 가옥, 사효재와 정려, 사양정사, 초포정사, 니사재, 망추정, 잉견재 등의 건축물들이 전하고 있습니다.

저로서는 여러 성씨로 이루어진 이 마을이 혹시 보부상 출신으로 부를 이룬 사람들이 모여 형성된 것이 아닌가라는 추측을 해봅니다. 마을 입지도 그런 추측을 뒷받침해주는 것이, 남사마을은 큰 길목에 붙어 있기 때문입니다. 전통적인 입지관에서 보자면 마을은 큰 길목에 면해서 붙어 있지는 않습니다. 여러 성씨들이 모여 있다는 것, 오래된 마을이면서 벼슬이나 학문으로 진출한 인물들의 기록이 별로 없다는 것, 경제적으로는 꽤 번성했던 흔적들이 남아 있다는 점 등에서 이런 추론을 해볼 수 있지 않을까 싶습니다.

마을 안 주택의 배치도 이런 심증을 굳히게 해줍니다. 남사마을은 마

남사마을 배치도

을 안 가옥의 배치에서 위계가 보이지 않습니다. 원래 우리나라의 오래된 취락에 가보면, 그 마을 안에서 중심과 위계가 명료하게 보입니다. 마을에서 가장 중심이 되는 건축물은 어디고, 신분이 높은 집안이나 종갓집은 어디에 있고, 하는 것이 다 드러납니다. 그런데 이 마을엔 그런 위계가 보이지 않는다는 말입니다.

최치원의 독서당이 있던 단속사

남사마을을 지나 조금 더 가면 단속사지라는 큰 절터가 나옵니다. 단속사는 748년 통일신라기에 창건한 절로, 쌍탑식 가람 배치를 따르고 있습니다. 지금은 절은 훼손되었고 남아 있는 3층 쌍탑은 국보로 지정되어 있

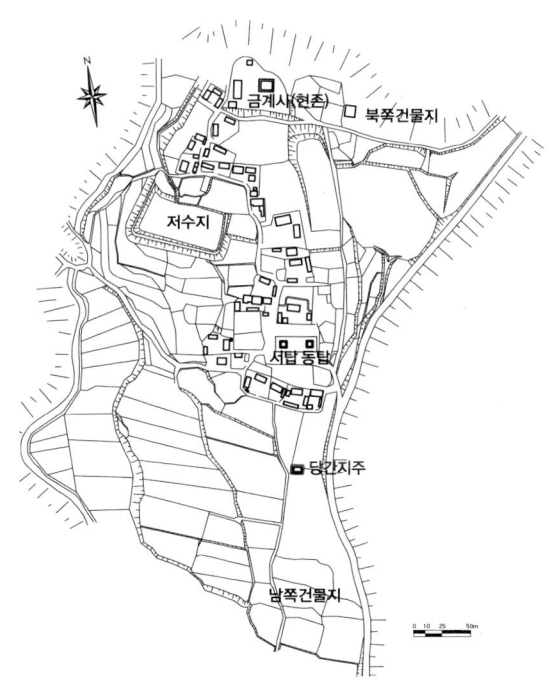

단속사지 측량도

습니다.

단속사에는 우리가 관심을 가질 만한 것들이 많습니다. 단속사 입구엔 고운 최치원이 쓴 '광제암문(廣濟嵒門)'이라는 4글자가 있습니다. 또 최치원의 독서당(讀書堂)이 있었는데, 나중에 신라의 고승 대감국사의 영당(影堂)이 되었다고 합니다. 뿐만 아니라 단속사에는 신라 시대 솔거의 벽화가 있었다고 하며, 동서 3층 석탑, 신행선사와 대감국사가 남긴 비명과 김은주가 남긴 진정대사의 비문 등이 있었다고 전해집니다.

고려 말 문신인 통정 강회백이 이 절에서 글을 읽으면서 매화 한 그루를 손수 심었습니다. 그 뒤 그의 벼슬이 정당문학에 이르렀으므로, 그 매화나무를 정당매(政堂梅)라 불렀답니다. 지금 그 매화나무의 수령이 600년을 넘었다고 합니다. 큰스님들도 이 절에서 많이 나왔고, 고려 시대부터 경상우도 출신의 무척 많은 유림들이 이곳에서 과거 공부를 했다는 기록이 있습니다.

단속사는 남명 조식과도 연관이 있는 곳입니다. 남명의 문집에 보면 단속사 터에 피어 있는 정당매를 노래한 시가 있습니다. 그런데 이 시는 단순히 매화를 이야기하는 것이 아니라 어떤 인물을 빗대어 풍자하는 내용입니다.

절 부서지고 중 파리하고 산도 옛날같지 않은데,
전 왕조의 임금은 집안 단속 잘 하지 못했네.
조물주가 추위 속에 지조 지키는 매화의 일 정말 그르쳤나니,
어제도 꽃은 피우고 오늘도 꽃을 피웠구나.

寺破僧羸山不古
前王自是來堪家
化工正誤寒梅事

昨日開花今日花

이 시가 바로 남명이 지은 〈단속사정당매(斷俗寺政堂梅)〉라는 시입니다. 고려 말 정당(문학)[5] 벼슬을 지냈던 통정 강회백[6]은 고려가 망하자 지조를 지키지 않고 조선에서도 벼슬을 했다고 합니다. 남명은 그를 빗대어 여기저기서 꽃을 피운다고 표현했습니다.

이런 역사적 의미를 담고 있는 단속사가 이제는 완전히 훼손되어 일부 유적만을 찾아 볼 수 있게 되었습니다. 남아 있는 터만 보아도 이 절이 얼마나 컸는지를 알 수 있습니다.

남명 조식이 만년을 보낸 산천재

다음으로 볼 곳이 남명 조식이 만년을 보낸 집, 산천재입니다. 주역에 있는 글귀를 가져와 접목을 해서 붙인 이름입니다.

남명은 처음에 김해 산해정에 있다 합천 삼가현으로 옮깁니다. 삼가현 계부당 뇌룡정이란 곳에 있다가 나이 60이 되면서 지리산 쪽으로 옮겨 산천재에 자리를 잡았습니다.

산천재는 흐르는 물 가까이에 있습니다. 물에 면해 있는 셈이죠. 그런데 물과 집 사이에 나무를 심었습니다. 아마 집이 물가에 있으니 대지를 튼튼하게 버텨주기 위해 심은 것 같습니다.

산천재에서 특이한 것은, 대문에서 들어가면서 천왕봉이 보인다는 것입니다. 집은 서향인데 문에서 들어오면서 보았을 때 집이 지리산을 막는 것이 아니라 트여 있습니다. 산천재에서 남명이 지은 〈덕산 계정 기둥에 씀〉이라는 시는 아주 유명합니다.

천 석들이 종을 보게나!
크게 치지 않으면 소리 없다네.

산천재 전경

어떻게 하면 두류산처럼,
하늘이 울어도 울지 않을 수 있을까?

請看千石鍾
非大扣無聲
爭似頭流山
天鳴猶不鳴

〈제덕산계정주(題德山溪亭柱)〉라는 제목의 이 시는 지리산의 마음이 자신과도 같다는 의미를 내포하고 있습니다. 일설에 의하면 덕천 현감을 제안 받은 남명이 그 자리를 사양하는 마음을 이 시로 읊었다고도 하는데, 그 사연의 진위 여부는 확인할 수 없어도 비유의 스케일이 대단히 큰 것만은 확실합니다.

남명의 문집인 《남명집》을 읽어보면 남명의 스케일을 짐작할 수 있는 부분이 많습니다. 벼슬을 주제로 퇴계와 주고받은 편지들도 그렇습니다. 퇴계가 기대승과 주고받은 사단칠정론에 대해 남명이 퇴계에게 한마디 한 편지가 있습니다. 소학에 보면 "물 뿌리고 비질을 하는 절도(灑掃應對進退之節)"라는 구절이 나오는데, 학문을 처음 배우는 기본 자세를 의미합니다. 남명은 퇴계에게 '물 뿌리고 비질도 할 줄 모르면서 우주를 논하는 건 웃기는 일이니 좀 타이르도록 하라'면서 은근히 퇴계에게 듣기 싫은 쓴소리를 했습니다.

상소를 올릴 때 '구급(救急)입니다'라고 이야기를 한 구절도 있습니다. 구급, 즉 목을 내놓고 상소문을 올린 것입니다. 명종 임금이 즉위해서 얼마 되지 않았을 때 남명이 상소를 올렸습니다. 〈단성소〉라고 하는데, 자신을 단성 현감에 제수한 것에 대한 상소문입니다.

이 사람의 문장은 과거시험에 겨우 뽑히기에도 부족하고 행실은 물 뿌리고 비질하는 일을 제대로 해내기에도 모자랍니다. (…) 나라 일이 벌써 그르쳤습니다. (…) 자전께서 생각이 깊으시기는 하나 깊숙한 궁중의 한 과부에 지나지 않고, 전하께서는 어리셔서 선왕의 한 아드님이실 뿐이니 천 가지, 백 가지 천재와 억만 갈래 인심을 무엇으로 감당해내며 무엇으로 살펴 (…) 냇물이 마르고 좁쌀 비가 내리니 그 조짐이 그 무엇이겠습니까?

이런 구절이 〈단성소〉에 나오는데, 대비와 임금에게 이런 표현을 쓸 수 있는 신하가 조선 왕조에 또 있었겠습니까? 제가 공부를 위해 《조선왕조실록》을 두 차례 정독해 읽었지만, 이렇게 자기 소신을 꼿꼿하게 밝힌 상소문은 없었습니다. 남명은 일생을 자기 소신껏 살았고, 과거에 연연하지 않고 학문을 열심히 닦는 길을 선택했습니다. 벼슬이나 정치를 경멸했다고 할까요?

학문적으로 비교해 볼 때 퇴계는 '경(敬)'과 '인(仁)'을 강조했습니다. 반면 남명 조식은 '경(敬)'과 '의(義)'를 강조했습니다. '인'이라는 개념은 매우 철학적이고 관념적입니다. 그에 비해 '의'는 행동과 관계가 많습니다. 같은 성리학자라 해도 들어가 보면 방향이 다릅니다. 또한 남명은 성리학만 진리가 아니라, 일정한 경지에 오르고 나면 불교나 다른 학문이나 무엇이 다르겠냐는 이야기도 했습니다. 그래서 사문난적으로 몰려 비판을 받기도 했습니다.

남명의 이런 학풍은 남명과 퇴계가 죽고 난 이후에 그 영향이 선명하게 드러납니다. 임진왜란이 일어났을 때 의병을 일으킨 선비들은 거의 모두 남명의 제자들이었습니다. 광해군이 나중에 남명의 제자들을 널리 등용한 것도 이 사실을 높이 샀기 때문입니다.

광해군은 정치적, 외교적으로는 훌륭한 감각을 갖춘 임금이었던 것 같습니다. 젊은 나이에 강인한 성품과 정책으로 적을 만들었지만, 명과 후금 사이에서 등거리 외교를 펼치고 인재를 등용한 것은 잘한 일이라고 봅니다. 인선에서 배제된 서인 등이 인조반정을 일으키긴 했습니다. 반정이란 현대어로는 쿠데타가 되겠죠. 그런데 그 남인들의 명분이 과연 옳은 것인지 저로선 확실히 말하기 어렵습니다.

또한 퇴계의 학맥에 있는 학자들이 거의 '구곡(九曲)'을 경영한 데 비해 남명의 제자들이 구곡을 경영한 사례는 덕천서원의 재건립에도 적극 참여하였던 부사 성여신을 제외하고는 없습니다. '구곡'이라고 하면, 주자의 뒤를 이어 자연에서 학문을 닦고 풍류를 즐기는 개념으로 흔히 알고 있는데 저는 그렇게만은 생각하지 않습니다.

명분상으로는 구곡의 경영이 자연으로 귀의한다는 뜻도 있었겠지만 한쪽에서 보자면 결과적으로 구곡이란 향촌의 토지를 그 명분으로 확보하려는 의도가 있지 않았나 생각합니다. 남명의 제자들은 스승의 영향인지 그런 면에서는 깔끔한 모습을 보여주고 있습니다. 남명은 평소 제자들에게도 학문에만 신경 쓰고 세속적인 데에는 마음을 쓰지 말라고 가르쳤습니다. 예를 들어 남명의 제자이던 동강 김우옹에게 보낸 편지를 보면 돈 많은 소실 아내를 얻어 가정이 안정되기를 바라는 마음을 꾸짖고 있는 것을 볼 수 있습니다.

제자들이 남명의 은거 정신을 실천한 곳, 덕천서원

덕천서원은 남명이 살았던 산천재와 멀지 않습니다. 남명의 제자이던 수우당 최영경을 필두로 주변 다른 제자들이 더불어 세운 서원으로서, 남명의 은거 정신을 실천한 곳이라는 평가를 듣습니다.

저는 덕천서원을 볼 때마다 건축을 조성한 조형자의 의지가 공간의 이미지를 결정하는 것에 대해 감동을 받곤 합니다. 덕천서원은 누가 보더라도 간결하고 군더더기가 없는 공간입니다. 반면 최영경과 더불어 남명의 제자였던 한강 정구가 지은 현풍 도동서원의 경우를 보십시오. 정구는 나중에 퇴계에게도 배운 인물인데 도동서원은 우리나라의 서원 중에서 가장 정교하고 여성적으로 잘 꾸며진 아기자기한 공간입니다. 덕천서원과 아주 대조가 됩니다.

수우당 최영경은 청렴하며 아주 가난했다고 합니다. 또한 강직하기로 이름이 높았습니다. 역시 남명의 제자이기도 했던 한강 정구가 성주의 현재 회연서원(檜淵書院) 자리에 백매원을 조성한 일이 있었다고 합니다. 매화나무를 잔뜩 심은 정원이었는데, 수우당이 만년에 그곳을 방문했다가 어떻게 매화가 오얏꽃과 함께 피어 있느냐며 도끼로 나무뿌리를 찍었다는 일화도 있습니다. 은근히 오얏나무가 매화나무와 같이 섞인 것을 묵인한 정구를 비판한 것입니다.

그런 수우당과 그의 사우들이 지은 공간이니 덕천서원 역시 남명선생의 학풍과 성품을 그대로 나타냅니다. 아주 간결하면서 매우 단정한 짜임새를 자랑합니다. 나무의 식재 역시 기본에 충실합니다. 학문을 위한

덕천서원 경의당

공간이고 다른 군더더기는 없습니다. 과연 남명의 정신을 기리는 공간답다고 생각합니다.

덕천서원을 떠나기 전, 남명 선생이 쓴 〈제목 잃은 편지(失題)〉 한 꼭지를 읽어보고 자리를 뜨는 것이 어떨까 합니다. 남명 선생의 글은 문집 《남명집》에서 옮겼습니다.

> 지금이 어떤 때며, 어떠한 지경입니까? 허위를 일삼는 무리들은 모두 인원(麟垣)과 다름이 없는데, 이런데도 버젓이 현자의 자리를 차지하고 앉아서 종장(宗匠)인 것처럼 행동하는 것이 과연 옳겠습니까? 기자(箕子)가 거짓 미치광이 짓을 한 것은 상(商)나라의 흥망에 관계된 것이 아니고, 자신이 명이(明夷)에 처해 성현으로 자처하지 않으려고 한 것이었습니다.
>
> 근대에 한훤(寒暄)과 효직(孝直)도 모두 선견지명이 부족하였는데, 하물며 나와 같은 사람이겠습니까? 나는 이 세상 사람들 속에 뒤섞여 살며, 술자리에 앉아 있는 사람과 다름이 없고자 합니다. 그렇다고 어찌 시끄럽게 떠들고 기질을 부리며 다른 사람을 안중에도 두지 않는 사람처럼 그렇게 행동하겠습니까? 지금 나는 내 자신이나 스스로 지킬 뿐, 중한 명을 받고 있는 상태에서 빨리 벗어나고자 할 따름입니다. 이 늙은이에게 소견이 없어서 그런 것이 아닙니다.

남명 조식 선생의 〈두류산 유람록(遊頭流錄)〉에 의하면,

'내 일찍이 이 두류산을 덕산동으로 들어간 것이 세 번이었고, 청학동과 신응동으로 들어간 것이 세 번이었고, 용유동으로 들어간 것이 세 번이었으며 백운동으로 들어간 것이 한 번이었으며, 장항동으로 들어

간 것이 한 번이었다. 그러니 어찌 다만 산수만을 탐하여 왕래하기를 번거로워하지 않는 것이겠는가? 나름으로 평생 계획을 가지고 있었으니 (…) 이번 걸음은 또한 다시 가기 어려운 걸음이었으니 어찌 가슴이 답답하지 않겠는가?'

하며 시를 지었다.

全身百討都爲謬
方丈於今已背盟

이제는 이미 방장산과의 맹세조차 어기게 되었네
몸을 온전히 하고자 하는 온갖 계책 모두가 어긋났으니

남명이 〈유두류록〉을 지은 지 2년 뒤인 1560년, 퇴계 이황은 〈조남명의 유두류록 뒤에 씀〉이라는 제목의 글을 다음과 같이 남기고 있다.

'조남명의 〈유두류록〉은 놀러다니며 탐구하는 일을 본인 외에도, 일에 따라 뜻을 나타내는 데에 감분하고 격앙한 말이 많아, 사람으로 하여금 늠름하게 하여, 오히려 그 사람됨을 상상해 볼 수 있게 한다. 그 '한 번 햇볕을 쬐는 정도로는 아무런 유익함이 없다'라는 말과 '끊임없이 발전하는 사람이 되느냐 끊임없이 퇴보하는 사람이 되느냐 하는 것도 다만 발 하나 까닥하는 사이에 달려 있다'라는 말은 모두 지론이고, 이른바 '명철(明哲)의 행불행' 이란 등의 말은 참으로 천고영웅의 탄식을 자아내고 귀신을 어두운 속에서 울 수 있게 한 것이다. 어떤 이는 그가 기이한 것을 좋아하므로 중도(中道)를 행하기가 어려울 것이라고 의심하기도 한다. 아! 자고로 산림의 선비는 기개가 이와 같았다. 이와 같지 않으면 족히 남명이 되지 못했을 것이다. 그 절박기미(節拍氣味)의 소종래와 같은 것에는 약간 알 수 없는 부분이 있으니, 이것은 후세 사람 중에 반드시 능히 분별하는 자가 있을 것이다'

가정 경신련 맹춘(嘉靖 庚申年 孟春)에 진성 후인 경호(眞城 後人 景浩)가 계상서사(溪上書社)에서 씀.

쌍계사, 경사지의 가람 배치

여기서 하동 쪽으로 내려가면 쌍계사가 있습니다. 쌍계사의 원래 이름은 옥천사(玉泉寺)였다고 합니다. 최치원이 이곳에 머물러 글을 읽었다 하고, 그가 쓴 진감국사비가 금당 앞에 남아 있습니다.

쌍계사는 지리산 자락에 있는 경사지에 가람을 배치했습니다. 그런 지형에서도 축을 중심으로 건물들이 대칭적으로 배치되어 있어 대단히 강력

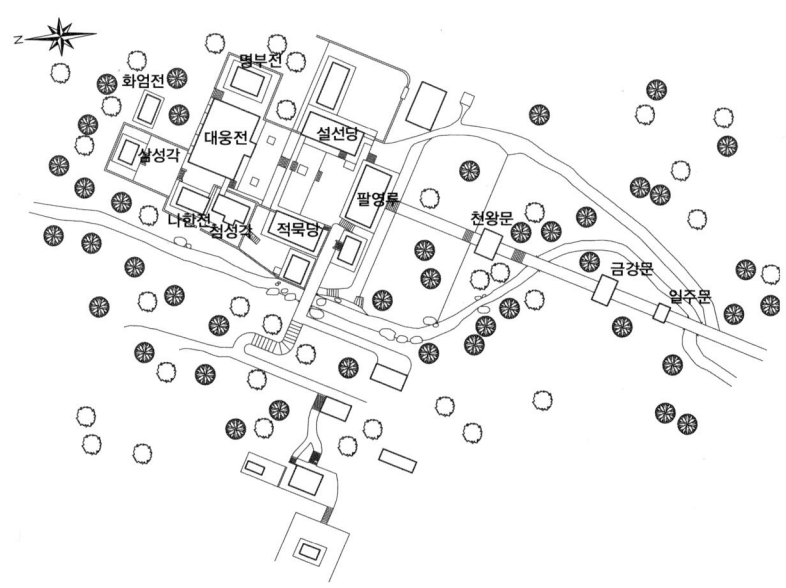

쌍계사 배치도

쌍계사의 축
쌍계사는 지리산 자락의 경사지에 가람을 배치했음에도 불구하고 금당 앞에 서서 정면을 바라보면 건물들이 산봉우리의 축선상에 일직선으로 대응되는 것을 볼 수 있다.

한 축선상의 배치를 보여줍니다. 금당 앞에 서서 정면을 바라보면 산봉우리가 두드러지게 사찰의 배치 축에 맞추어서 대응되는 것을 느낄 수가 있습니다.

《신증동국여지승람》에 보면 쌍계사의 뜰에 늙은 괴목(槐木)이 있었는데, 그 뿌리가 북쪽으로 작은 냇물을 가로질러 얽혀 그 모습이 마치 다리(橋) 같아서 절의 스님이 다리로 만들었다 합니다. 그런데 그 나무는 고운 최치원이 손수 심은 나무라고 합니다.

고을 입구에는 돌 두 개가 마주하고 있는데 동쪽 돌에 '쌍계', 서쪽 돌에는 '석문'이라는 글자가 새겨져 있습니다. 그리고 옛 비의 비문은 최치원이 지은 것이라고 합니다. 최치원이 이 절에 있으면서 승려 호원상인(顥源上人)한테 부친 시가 있습니다.

> 종일토록 머리 숙이고 붓끝을 희롱하니,
> 사람마다 입 다물어 맘속 말하기 어려워라.
> 진세(塵世)를 멀리 떠난 건 즐거우나
> 풍정(風情)이 없어지지 않으니 어찌할고
> 개인 놀 단풍 길에 그림자 섯갈리고
> 비오는 밤 흰 구름 여울에 소리 연했다.
> 읊조리는 마음, 경치를 대해 얽매임 없으니
> 네 해 깊은 기틀 도안(道安)을 생각노라

쌍계사에서는 물길 위로 진입로가 지나가도록 진입 도로를 만들었다는 것도 눈여겨 보아야 할 점입니다. 쌍계사라는 이름도 아마 이런 물길의 특징에서 비롯된 이름인 것 같습니다.

쌍계사에서 그냥 지나칠 수 없는 특이한 건물이 바로 청학루입니다. 청학루라는 이름은 불교 사찰에 어울리지 않는 이름으로 다분히 도교적이죠. 제가 보기엔 원래는 청학루가 절에 편입된 것이 아니라 별도의 공간이 아니었나 싶습니다. 최치원이 쌍계사에 머물 때 도교에 심취해 있던 그를 위해 절 측에서 조금 분리된 지역에 따로 공간을 내줬을 가능성이 있습니다. 그러다 세월이 흐르면서 점차 절이 커지면서 구조가 오늘날처럼 변했다는 말이 됩니다.

화엄 10대 사찰 중 첫 번째, 화엄사

다음은 유명한 구례 화엄사(華嚴寺)를 보겠습니다. 원래 지리산에서 섬진강 쪽에는 오래된 절이 많이 남았습니다. 그 중에서 화엄사가 가장 유명합니다.

화엄사는 연기스님이 544년에 세웠다고 합니다. 《신증동국여지승람》에 보면, "절 속에 한 전(殿)이 있는데 네 벽을 흙으로 바르지 않고 모

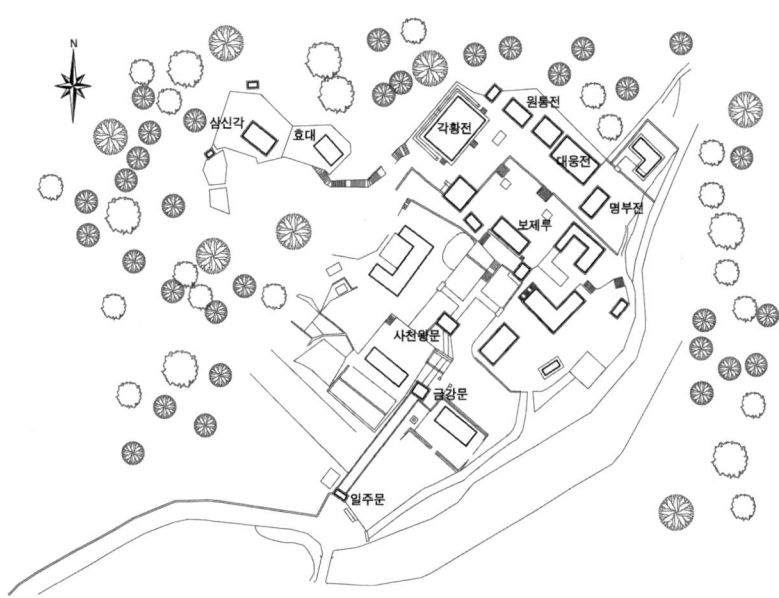

화엄사 배치도

화엄사 전경

두 청벽(靑甓)을 만들었으며 그 위에 화엄경을 새겼으나 여러 해가 되어 벽이 무너지고 글자가 지워져서 읽을 수가 없다. 석상이 있어 어머니를 이고 섰는데 이것을 속담에 말하기를, '연기와 그 어머니가 화신한 곳이다' 한다. 절 앞에 큰 시내가 있고 동쪽에는 일류봉, 서쪽에는 월류봉이 있다"고 되어 있습니다.

화엄사에서 특히 중요하게 눈여겨 보아야 할 사실은 이 절이 화엄종과 연관되어 있다는 점입니다. 절의 이름도 «화엄경»에서 왔습니다. 이 절은 의상에 의해서 화엄 10대 사찰 중의 첫 번째가 됩니다. 원효와 의상의 '해골 물 이야기'는 모르는 사람이 없는 유명한 이야기입니다. 설화에도 나와 있지만 의상은 중국 유학을 다녀왔습니다. 제가 보기에 의상은 이후의 행적으로 볼 때 왕실 쪽 집안의 인물이었던 같습니다. 중국 유학을 다녀온 의상이 가장 먼저 간 곳이 태백산에 있는 부석사입니다. 부석사의 창건 전설 역시 많이 알려져 있습니다만, 제 견해로는 원래 부석사는 전통적인 바위 신앙을 믿던 신도들이 모여 있던 곳입니다. 의상이 그곳으로 들어가 전통 신앙을 믿는 신도들을 해체시키고 화엄 사상의 종찰로 만들어 놓은 것입니다. 이런 정도의 일이라면 국가적 뒷받침 없이는 하기 어려운 일입니다. 그 후 의상의 제자인 연기가 전라도 쪽으로 내려와 화엄사를 창건합니다.

화엄사는 조선 시대에 들어 왕실의 원당 사찰이 되면서 크게 번창합니다. 입구에서 들어가자면 축이 한 번 꺾이면서 대웅전이 나옵니다. 축이 꺾인 것은 창건 이후 절의 구조에 변화가 생겼다는 증거입니다. 다른 건축물에서도 축의 변화는 곧 전체 구조에 일어난 변화를 가리킬 때가 많습니다. 화엄사에는 대웅전 옆에 또 다른 큰 건물이 서 있습니다. 그것은 유명한 각황전으로, 숙종 때 건축된 건물입니다. 각황이라는 이름에서 왕실과의 연관을 읽을 수 있습니다.

화엄사의 이런 배치는 일반 사찰과는 다릅니다. 그리고 가람 배치의 구조를 읽기가 어려운 절입니다. 원당 사찰이 되면서 어마어마하게 증축이 되어 구조가 복잡해졌기 때문입니다. 각황전을 지으면서 그쪽을 굉장히 넓혀간 흔적도 있습니다. 각황은 원래 부처님을 뜻하지만, 임금에 의해 조성된 전각을 강조하는 뜻으로 이해됩니다.

구례의 천은사는 화엄사의 말사로 알려져 있지만 규모는 상당히 큰 절입니다. 홍덕왕 3년(828)에 덕운대사에 의해 창건되었다고 하니 역사도 꽤 오래됩니다. 과거에는 천은사가 지리산으로 올라가는 여정에 포함되어 있었습니다. 화엄사가 좀 거친 느낌이 든다면, 천은사는 여성적이며 부드럽고 배치가 매우 좋았습니다. 그런데 아쉬운 것은 현대에 들어 불사를 크게 벌이면서 원래의 구조가 망가졌다는 것입니다. 사찰 뒤쪽으로 가면 옛날의

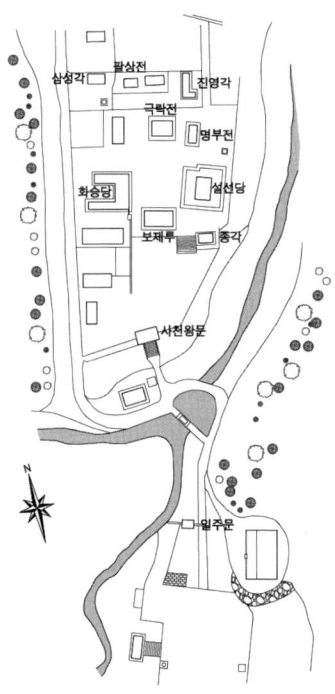

천은사 배치도

모습과 분위기를 느낄 수 있습니다.

남원의 만복사지와 광한루

다음은 남원의 만복사지를 보겠습니다. 만복사는 고려 태조 왕건의 명으로 창건되었습니다. 일설에는 고려 문종 때 창건했다고도 합니다. 왕건은 고려를 세운 후, 자신의 기억에 남는 전투를 벌였던 자리마다 절을 세웠다고 말씀드렸습니다. 만복사지 역시 그런 장소로, 견훤과 전투를 벌인 장소라고 합니다.

만복사는 왕명에 의해 지어진 만큼 가람의 규모가 굉장히 큽니다. 이 절은 평지 가람의 형식을 취하고 있는데 지금은 원래의 규모와 구조가 훼손되었습니다. 원래는 절의 가운데에 탑이 있고 회랑이 있는 구조였던 것으로 보입니다. 이 절은 구례나 지리산 쪽에 있는 다른 절들과는 배치가

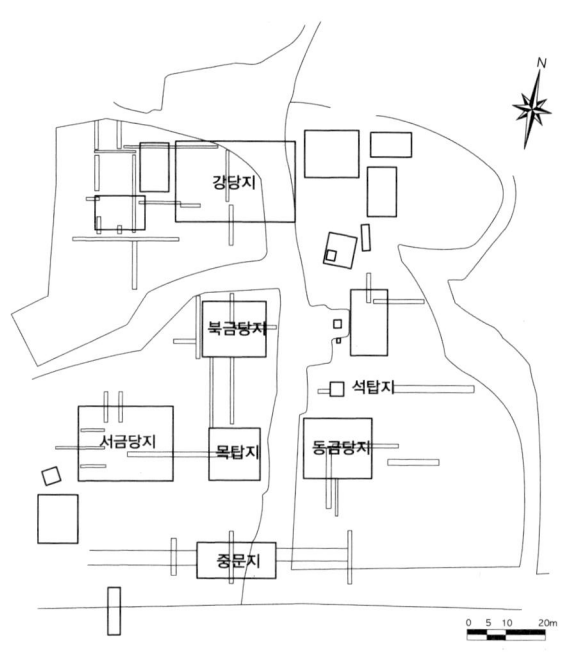

만복사 배치도

전혀 다른 느낌이 듭니다. 그 이유는 만복사의 창건 연대가 이들과 다른 데서 찾는 것이 옳을 듯합니다.

이 지역에서 마지막으로 볼 것은 광한루입니다. 광한루라면 춘향전의 배경으로 유명한데, 건축적으로도 가치가 있는 곳입니다. 영남에는 진주 촉석루, 합천 함벽루, 안동 영호루 등 규모가 큰 누가 몇 곳 있습니다. 그에 비견해 광한루는 전라도에서 가장 큰 누입니다.

광한루는 옆으로 진입하여 지리산 쪽을 바라보도록 되어 있습니다. 중경(中景)으로는 감아 돌아 흐르는 내가 보이고, 원경(遠景)으로는 지리산이 보입니다. 광한루 앞에는 연못을 만들었는데, 이것은 누를 위하여 근경(近景)을 조성한 것입니다. 광한루에서는 근경, 중경, 원경이 겹쳐지면

광한루

서 풍경을 만들어냅니다.

제가 알기로, 광한루의 연못에 섬을 조성한 사람은 송강 정철입니다. 처음에는 연못만 조성했었는데, 나중에 연못에 섬이 생기면서 그 이전보다 훨씬 더 성숙된 원림의 성격을 갖추게 된 것입니다. 물만 있는 것보다 섬이 생기면서 친수(親水) 공간, 즉 물에 접하는 면을 넓혀준 것이 특징입니다. 광한루의 연못은 상당히 넓은데, 연못 가운데 섬이 들어가면서 짜임새 있는 원림 구조를 완성한 것으로 보입니다. 시각적 대상으로서의 볼거리를 근경에 등장시킨 점에 주목할 만하고, 영남 지역의 누가 주로 고려 시대에 생긴 데 비해 광한루가 조선 시대에 건립되었다는 점은 기억될 만합니다.

지금까지 남명 조식의 유적과 산청, 하동, 남원 지역의 주요 건축물들을 살펴보았습니다. 절도 있었고 향교나 서원, 누도 있었는데, 한 지역이지만 다양한 시대의 건축물들을 볼 수 있는 것도 우리나라 답사의 재미입니다. 물론 이 점 때문에 답사가 어렵게 느껴지기도 합니다. 특정한 시대에 대한 공부뿐 아니라 역사 전체, 건축사와 원림사(園林史) 전체를 알고 가야 제대로 볼 수 있으니까요. 하지만 이런 지식 배경을 가지고 건축을 본다면 건축의 겹을 읽어내는 재미를 느낄 수 있습니다. 우리나라의 옛 건축은 대부분 특정한 시대에 지어지고 그대로 보존되기보다는 시대를 거치면서 조금씩 변화를 겪은 결과물에 가깝습니다.

그런 우리 건축을 보면서 시대 변화 속에서 건축이 겪은 변화를 관찰하고 짐작해보는 것은 후학으로서 어렵지만 즐거운 일입니다. 그 변화가 왜 생겼는지를 고민해 보는 것도 공부할 거리가 되지요. 여러분들도 그런 재미를 조금씩 익혀가시기 바랍니다.

오자강에게 줌(與吳子强書) «남명집», 서(書)
(경상대학교 남명학 연구소, 1995, 159쪽)

자수(子修, 이준민)가 서쪽으로 간 뒤, 인편이 이어지지 않아 서신을 전할 길이 없었는데 유독 공은 나를 멀리하는 마음이 없군요. 전에 보낸 편지를 보고서 여전히 고질병이 있다는 것을 알아 멀리서 혼자 안타까워한 지 오래되었습니다. 지금 다시 보내온 편지를 보고서 근래에도 묵은 증세가 그대로인 줄을 상상할 수 있었습니다. 어떤 인연으로 큰 의원을 만나 우리 군자로 하여금 날듯이 건강하게 하여, 십리 뽕나무 밭 사이에서 나를 좋아하게 할 수 있을까요.

세상에 나아가고 물러날 때에는 너무 단호하게 해 흔적을 남겨서는 안 되니 공이 적의(適宜)하게 요량해야 할 것입니다. 유독 곁에서 보는 사람은 안목이 흐릿하지 않아, 손을 흔들어 사공을 불러서 자신을 부르는 소리를 따라 얼른 떠나가지 풍랑을 기다리지 않습니다.

시속이 숭상하는 바를 자세히 들여다보면 당나귀 가죽에 기린의 모형을 뒤집어씌운 것 같은 고질(痼疾)이 있습니다. 온 세상이 모두 그러해 혹 세무민하는 데 급급하고 있으니. 크게 어진이가 있더라도 구제할 수 없을 것입니다. 이는 실로 사문(斯文)의 종장인 사람이 오로지 상달(上達)만 주로하고 하학(下學)을 궁구하지 않아 구제하기 어려운 습속을 이루었기 때문입니다. 일찍이 그와 더불어 서신을 왕복하며 논란을 했지만 돌아보려 하지 않았습니다. 공은 지금 이 폐단을 구제하기 어렵다는 것을 알지 않으면 안됩니다.

나의 건강이 쇠약해짐은 날이 갈수록 더욱 심해지기만 합니다. 이제는 마음대로 움직여 선조의 제사에 가서 절할 수도 없으니 다른 일은 알 수 있을 것입니다.

방금 소명(召命)을 내리고 식물(食物)을 하사하셨다고 들은 듯한데, 또한 무엇 때문입니까? 성상께서 전교가 있었습니까? 혹 아뢴 자가 있었습니까? 이 늙은이가 죽을 때까지 남들을 속여 위로 임금까지 속이게 되었으니, 이 지경에 이르렀는데 황천에서 어떻게 눈을 감겠습니까?

죽기 전에 한 가닥 그리운 생각을 금치 못하겠으니 남쪽으로 내려오는 인편이 있거든 한 글자 소식을 아끼지 마십시오. 한 글자 소식 소식을 통할 날이 다시 얼마나 되겠습니까? 당시 여관에서 가슴 아픈 이별을 할 때 공은 등 뒤에 서 있었고 내가 탄 말은 쏜살같이 내달았습니다. 뒷날 이 세상을 영결하고 땅속으로 돌아가 청산에 높이 누우면 이 회포를 모를 것입니다. 다 갖추지 못합니다.

오건 졸기(吳健卒記)
선조수정실록, 7년, 갑술(1574)

전 홍문관 전한 오건이 졸하였다. 오건은 어릴 때부터 성품이 단성(端誠)하고 견고하였는데, 11세에 부친의 상을 당했을 때 이미 효성으로 소문이 났고 장성하여 모친의 상을 만나서는 더욱 예문(禮文)에 독실하였다. 집안이 가난하여 학문에 뜻이 있어도 선생을 모시고 배우지 못했는데, 집안에 있는 《중용》 1권을 수백 번 읽어 음훈(音訓)이 익숙해진 뒤에 비로소 깊이 사색하며 전심으로 정밀을 기하였다. 그리하여 오래되어 의심나고 모르는 것이 차츰 없어진 다음에야 《대학》·《논어》·《맹자》로 옮겨갔는데, 그때는 공부하기가 매우 쉬웠다. 이에 선생 장자(長者)를 찾아가 강론하였는데, 요체가 있었으므로 이황 이하 숙유들이 모두 그가 정밀하고 깊어 미칠 수 없다고 칭찬하였으니, 이로 말미암아 저명해져 현직에 등용되기에 이르렀다. 명묘(明廟)가 승하하였을 때는 예복으로 방상 삼년(方喪三年)을 하고 소식(素食)하였으니, 그 독실한 행실이 이와 같았다. 벼슬에서 물러난 뒤에 사람이 많이 아깝게 여겼으며 반드시 다시 기용하려고 잇따라 시종직(侍從職)을 제수하였으나, 모두 사양하고 나아가지 않았다. 시골에서 지낸 지 3년 만에 졸하니 나이는 54세였으며, 학도들은 덕계(德溪) 선생이라 불렀다. 그 뒤에 향인이 사당을 세워 향사하였다.

삼우당문공묘사기(三憂堂文公廟祠記)
《남명집》(경상대학교 남명학 연구소, 1995)

고려 좌사간대부(左司諫大夫) 문공(文公)의 묘가 강성현(江城縣, 산청군 단성면) 북쪽 갈로개산(葛蘆介山)에 있다. 건문(建文) 2년(1400), 조정에서 예에 맞게 장사지내도록 하고 민호(民戶)를 두어서 무덤을 지키도록 명했다.

공의 휘는 익점(益漸), 자는 일신(日新)인데 본관은 강성(江城)이다. 젊어서부터 배우기를 좋아했고 훌륭한 행실이 있었다. 지정(至正) 경자년(1360) 과거에 합격하였고 벼슬을 역임해서 우문관(右文館) 제학(提學)에 이르렀다. 국조에 이르러, 태종대왕께서 공의 공덕과 행실을 추렴하여 아름답게 여기시고 참지의정부사(參知議政府事) 예문관 제학으로 증직하고 강성군으로 봉해서 시호를 충선(忠宣)이라 하였다. 세종대왕은 특별히 직급을 올려서 부민후(富民侯)로 봉했다.

지정 연간에 공이 서장관(書狀官)으로서 원나라에 갔다가, 어려운 나랏일을 당하여 남쪽 거친 곳으로 귀양 갔다. 삼 년 만에 풀려서 돌아오는데 도중에 목화꽃을 보았다. 엄중하게 금하는 법을 돌아보지 않고, 남모르게 감추어서 돌아와 우리나라에 번식시켰다. 우리나라 백성들이 만세토록 혜택을 입도록 했으니, 그 공을 어찌 작다고 하겠는가? 그런데 공이 충절 때문에 당시에 하지 말아야 할 것을 범해서 남쪽 너른 곳으로 가지 않았더라면 어찌 그 종자를 우리나라에 옮겨 올 수 있었겠는가? 대저 한 몸이 나그네로서 오직 나라를 보위하고 백성을 윤택하게 하는 일만을 생각한 사람을 나는 공에게서 보았으니, 국조에서 특히 총애하는 명령을 내려서 포상한 것이 마땅할 것이다. 천순(天順) 5년(1461)에 도천(道川)에다 사당을 세워 봄가을에 제사를 지내는 것도 임금의 명령을 받들어 고을 사람들이 이룩한 것이었다.

공은 어버이를 섬김에 그 도리를 다해서, 잠깐 동안이라도 곁을 떠난 적이 없었다. 비록 관직에 있었을 때에도 일 년 동안에 휴가를 두 번 갈 수 없음을 걱정하였다. 그 후 만 리나 먼 황무지에서 귀양 살다가 오 년 만에 돌아올 적에도 오직 부모님께 인사드리는 일만을 급하게 생각했다. 그러므로 원나라 조정에 있을 때에는 관직에 제배된 지 십여 일 만에 사직하였고 본국에서도 관직에 임명된 지 오일이 못되어서 직임을 그만 두었다. 아는 사람은 "공의 어버이 생각하는 마음은 (너무도 지극하여) 우환과 부귀 속에서도 능히 잊지 못했다."라고 하였다. 그 후 모친상을 당해서 복을 입고 여모하는데 마침 왜구가 날뛰는 것을 만났다. 사람들이 모두 도망쳐 숨었으나 공은 최복(衰服)을 입고 건질(巾絰)을 두르고서 하늘을 우러러 통곡하며 제사 음식을 올리는 일에 예사 때와 같이 하였다. 도적들 또한 감탄해서 나무를 깎아, "효자를 해치지 말라(勿害孝子)."라는 네 글자를 써놓고 갔다. 이로 인해 홍무 16년(1383)에 조정에서 돌에 새겨 표창하였던 것이다.

만년에는 고려의 운수가 끝날 것을 알고 병을 핑계하여 벼슬하지 않았다. 신라와 고려 때에 비록 설홍유, 최문헌이 있어 능히 학문을 창도하여 내려오기는 하였으나, 말엽에 이르러서는 학문이 차츰 없어지고 점점 쇠해지고 학교도 망가져서 세상에서는 모두 불교를 믿게 되었다. 공이 홀로 개연히 여기고 학업을 힘써서 후학이 돌아갈 바를 보였다. 스스로 삼우거사(三憂居士)라 일컬었는데, 세 가지 근심이라 함은 왕국이 떨치지 못함을 걱정하고, 성학(聖學)이 전해지지 않음을 걱정하고, 자신의 도가 확립되지 못했음을 걱정한다는 것이었다. 그 후에 다시 한번 세상에 나온 일도 아마 할 일이 또 있었기 때문이었을 것이다.(결낙)

퇴계에게 답함(답퇴계서)
«남명집»(경상대학교 남명학 연구소, 1995)

하늘에 있는 북두성처럼 평소 우러러보았고 책 속에 있는 성현처럼 까마득히 만나기 어렵다고 생각했습니다. 그런데 문득 간절한 뜻으로 깨우쳐주신 편지를 받고 보니 저의 병통을 다스릴 약이 될 말씀이 넓고도 많아 아침저녁으로 만나던 사이 같았습니다.

식(植, 남명 본인을 가리킴)과 같이 어리석은 사람이 어찌 자신을 아끼는 것이 있겠습니까. 단지 헌된 이름을 얻음으로써 한 세상을 크게 속여 성명(聖明)에게까지 잘못 알려지게 된 것입니다. 남의 물건을 훔치는 것도 도둑이라 하는데 하물며 하늘의 물건을 훔치는 데에 있어서이겠습니까? 이 때문에 몸둘 바를 모르고 두려워하며 날마다 하늘의 꾸지람을 기다렸는데, 과연 하늘의 꾸지람이 이르렀습니다. (중략)

다만 생각건대 공은 서각을 태우는 듯한 명철함이 있지만 식(植)은 동이를 이고 있는 듯한 탄식이 있습니다.(중략) 게다가 눈병까지 있어 앞이 흐릿하여 사물을 제대로 보지 못한 지가 여러 해 되었습니다. 명공께서 발운산으로 눈을 밝게 열어주시지 않겠습니까?(후략)

퇴계에게 드림(여퇴계서)
«남명집»(경상대학교 남명학 연구소, 1995)

(전략) 요즘 공부하는 자들을 보건대 손으로 물 뿌리고 비질하는 절도도 모르면서 입으로는 천리를 담론하여 헛된 이름이나 훔쳐서 남들을 속이려 하고 있습니다. 그러나 도리어 남에게 상처를 입게 되고, 그 피해가 다른 사람에게까지 미치니, 아마도 선생 같은 장로께서 꾸짖어 그만두게 하지 않기 때문일 것입니다. 저와 같은 사람은 마음을 보존한 것이 황폐하여 배우러 찾아오는 사람이 드물지만, 선생 같은 분은 몸소 상등의 경지에 도달하여 우러르는 사람이 참으로 많으니 십분 억제하고 타이르심이 어떻겠습니까? (후략)

을묘년에 사직하는 상소문(단성소)
«남명집»(경상대학교 남명학 연구소, 1995)

선무랑 단성 현감에 새로 제수된 조식은 진실로 황공하여 머리를 조아리며 주상 전하께 소를 올립니다. (전략) 신이 벼슬에 나아가기 어려워하는 뜻은 두 가지가 있습니다. 지금 저의 나이는 예순에 가깝고 학문은 어두우며 문장은 과거 시험 끝자리에도 뽑힐 수 없고 행실은 물 뿌리고 비질하는 일을 제대로 해내기에도 모자랍니다. (중략) 전하의 나라 일이 이미 그릇되었고 나라의 근본이 이미 망했으며 하늘의 뜻은 이미 떠나버렸고 민심도 이미 이반되었습니다. (중략) 자전께서 생각이 깊으시기는 하나 깊숙한 궁중의 한 과부에 지나지 않고, 전하께서는 어리시어 다만 선왕의 한 외로운 아드님이실 뿐이니, 천 가지 백 가지의 천재와 억만 갈래의 민심을 어떻게 감당해내며 무엇으로 수습하시겠습니까? 냇물이 마르고 곡식이 비처럼 내리니 그 조짐이 무엇이겠습니까? (중략) 엎드려 원하옵건대, 전하께서는 반드시 마음을 바로하는 것으로써 백성을 새롭게 하는 요점으로 삼으시고, 몸을 수양하는 것으로써 사람을 쓰는 근본으로 삼으셔서, 왕도의 법을 세우십시오. 왕도의 법이 왕도의 법답지 않으면 나라가 나라답게 되지 못합니다. 밝게 살피시길 엎드려 바라옵니다. 신은 떨리고 두려운 마음을 감당할 수 없습니다. 죽음을 무릅쓰고 전하께 아룁니다.

정묘년에 사직하면서 승정원에 올린 상소문
«남명집»(경상대학교 남명학 연구소, 1995)

지금 신은 나이가 시제에 이르고 늙고 병든 데다 죄까지 중하여 부르시는 명을 좇아 달려갈 수가 없었습니다. 성상께서 은택을 베풀어 너그럽게 용서하사 죄를 다스리지는 않으셨지만 만번 죽는 것이 마땅하옵기에 처벌을 기다리옵니다.(중략) 신이 엎드려 보니, 나라의 근본은 쪼개지고 무너져서 물이 끓듯 불이 타듯 하고 여러 신하들은 거칠고 게을러서 시동 같고 허수아비 같습니다. (...) 뇌물을 주고 받음이 극도에 달했고 백성들을 착취하는 풍조가 극도에 달했고 백성들의 원통함이 극도에 달했고 음식을 호화스럽게 먹고 있습니다. 공헌이 통하지 않고 오랑캐들이 업신여겨 쳐들어오고 있습니다. 온갖 병통이 급하게 되어 하늘의 뜻과 사람의 일도 또한 예측할 길이 없습니다. 이러한 폐단을 버려두고 구제하지 않으면서 한갓 헛된 이름만을 일삼고 말만 번지르르한 사람을 따르고 있습니다. 아울러 산야에 버려진 신을 찾아 어진 이를 구한다는 아름다운 이름만을 일삼으려 하는데 헛된 이름으로는 실질적인 어려움을 구제할 수 없습니다. 이는 마치 그림의 떡으로 굶주림을 구하지 못하는 것과 같으니, 발등에 떨어진 급한 일을 구제하는 데에는 전혀 보탬이 안됩니다. (중략) 처사가 함부로 나라 일을 논의한 죄에 대해서는 신이 당연히 벌을 받겠사옵니다. 삼가 소장을 올리옵니다.

지리산(智異山)
«신증동국여지승람», 권39, 남원, 산천

산세가 높고 웅대하여 수백 리에 웅거하였으니, 여진 백두산의 산맥이 뻗어내려 여기에 이른 것이다. 그리하여 두류(頭流)라고도 부른다. 혹은 백두산의 맥은 바다에 이르러 그치는데 이곳에서 잠시 정류(停留)하였다 하여 '유(流)'자는 '유(留)'자로 쓰는 것이 옳다고도 한다. 또 지리(地理)라고 이름하고 또 방장(方丈)이라고도 하였으니, 두보(杜甫) 시의 ‹방장삼한외(方丈三韓外)›의 주(註)와 «통감집람(通鑑輯覽)»에서 "방장이 대방군(帶方郡)의 남쪽에 있다." 한 것이 이곳이다. 신라는 이것으로 남악(南岳)을 삼아 중사(中祀)에 올렸다. 고려와 본 조에서도 모두 이에 따랐다. 산을 둘러싼 고을 십 주(州)가 있는데, 북쪽은 함양(咸陽)이요, 동남쪽은 진주(晉州)요, 서쪽에는 남원이 자리 잡고 있다. 그 기이한 봉우리와 깎아지른 듯한 절벽은 이루 헤아릴 수 없는데, 동쪽의 천왕봉(天王峯)과 서쪽의 반야봉(般若峯)이 가장 높으니 산기슭에 혹 구름 끼고 비가 오며 천둥 치고 번개가 요란해도 그 위 산봉우리는 청명하다. 해마다 가을 하늘이 높으면 새매가 북쪽에서 몰려드는데 열군(列郡)의 사람들이 다투어 그물을 쳐서 잡는다. 전하는 이야기에 태을(太乙, 북극신)이 그 위에 거하니 많은 신선들이 모이는 곳이며, 용상(龍象)이 거하는 곳이라고도 한다.

정묘년에 사직하면서 승정원에 올린 상소문   «신증동국여지승람»에 나타난 지리산

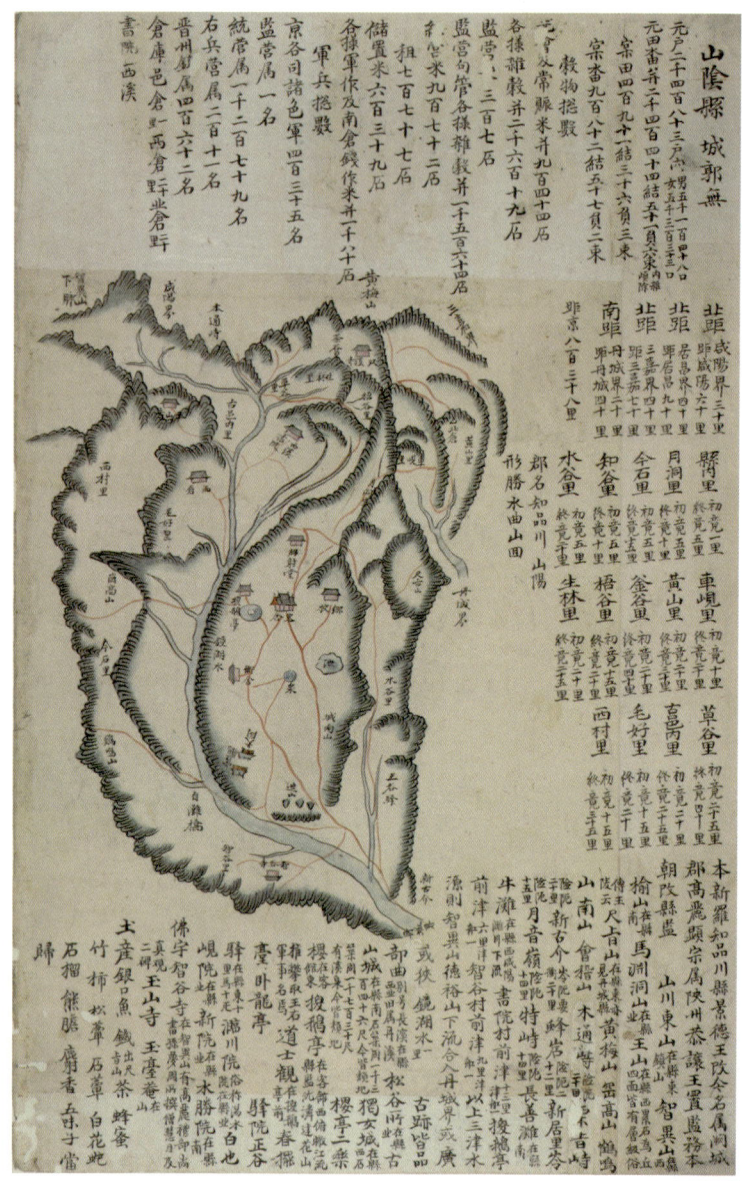

남명은 처음에 김해 산해정에 있다 합천 계부당 내룡정이란 곳으로 옮겼다. 나이 60이 되면서 다시 지리산 쪽으로 옮겨 천왕봉이 바라다보이는 산천재에 자리를 잡았다. 남명의 제자 수우당 최영경을 필두로 주변 다른 제자들이 더불어 세운 덕천서원 역시 산천재와 멀지 않다.

하동부, 《해동지도》

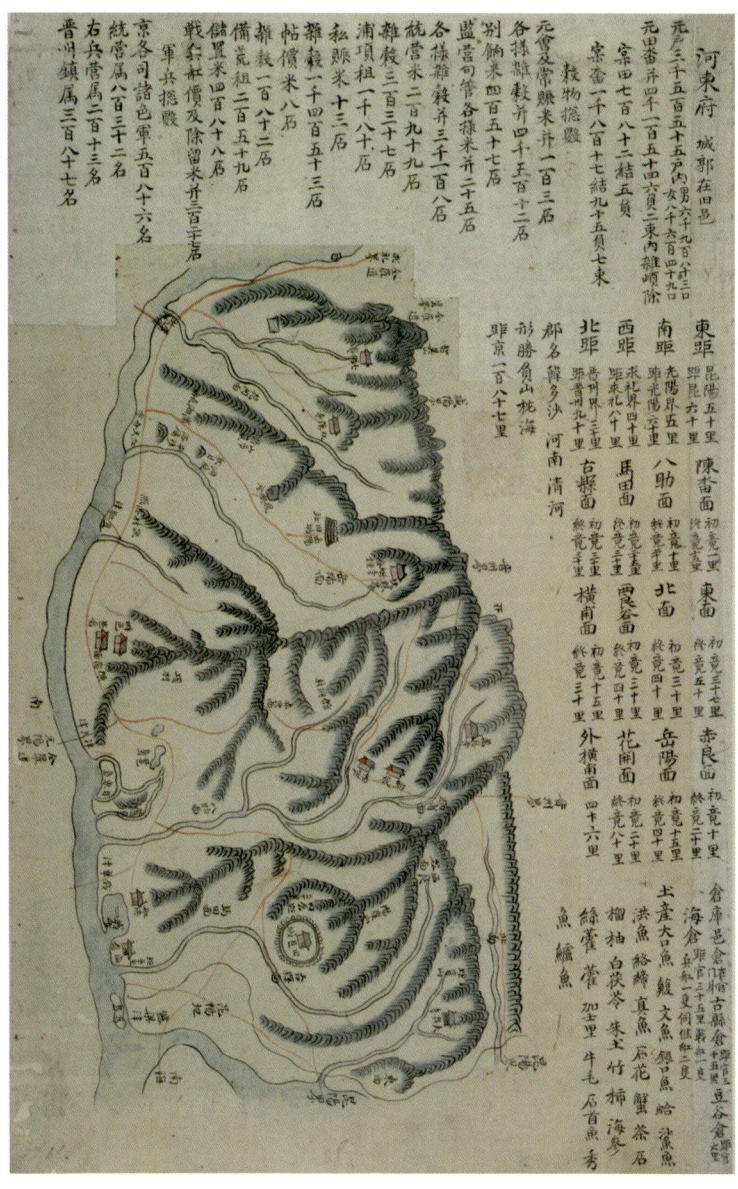

산청에서 하동 쪽으로 내려가면 쌍계사가 있다. 지리산 자락 경사지에 가람을 배치한 쌍계사는 축을 중심으로 건물들이 대칭적으로 배치되어 있어 강력한 축선상의 배치를 보여준다. 금당 앞에서 정면을 바라보면 산봉우리가 두드러지게 사찰의 배치 축에 맞추어서 대응되는 것을 느낄 수가 있다.

구례현, 《해동지도》

원래 지리산에서 섬진강 쪽에는 오래된 절이 많이 남아 있다. 그 중에서 구례의 화엄사가 가장 유명하다. 화엄사는 조선 시대에 들어 왕실의 원당 사찰이 되면서 크게 번창했고 규모도 상당히 크다. 화엄사가 좀 거친 느낌이라면, 천은사는 여성적이며 부드럽고 배치가 좋다.

남원부, 《해동지도》

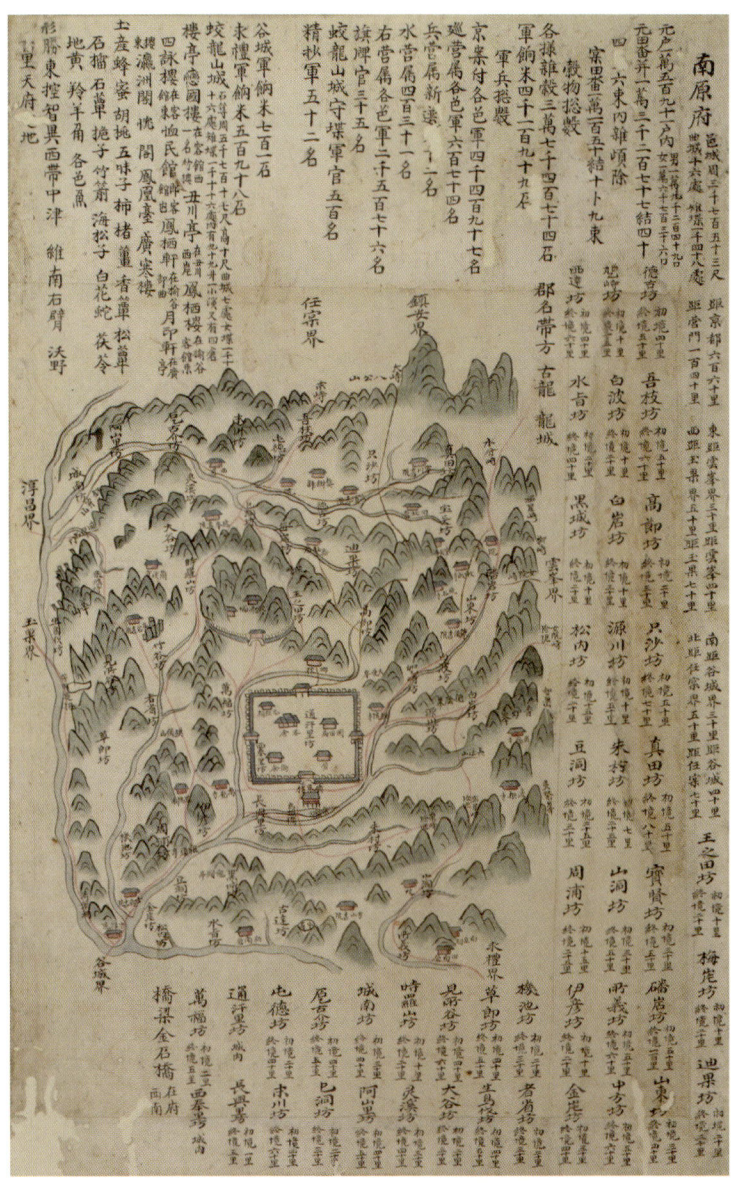

고려 태조의 왕명에 의해 지어진 남원의 만복사는 가람 규모가 굉장히 크며 평지 가람의 형식을 취하고 있다. 지금은 원래의 규모와 구조가 훼손되었다. 이 절은 구례나 지리산 쪽에 있는 다른 절들과는 배치가 다른데, 그 이유는 만복사의 창건 연대가 이들과 다르기 때문이다.

학문과 이념이
지리를 만들다

퇴계 이황과
안동

경북 안동은 1980년대 말부터 꽤 인기 있는 여행지로 꼽히고 있습니다. 특히 조선 시대 양반문화의 자취를 찾을 수 있는 곳이라 많이들 방문하시는 것 같습니다. 여기서는 퇴계 이황과의 관계 속에서 안동을 둘러보고자 합니다.

안동의 역사와 인물

안동이 조선 시대 유교문화권의 중심지라고 하지만 조선 시대에 사림파가 지방으로 낙향해서 처음 자리를 잡은 곳은 낙동강의 우안(右岸)입니다. 안동은 낙동강의 좌안(左岸)에 있으니,[1] 안동의 강 건너편에서 유교문화가 더 먼저 시작된 셈입니다.

조선 개국 초기에 김종직 등의 사림파는 낙동강 우측에 있는 김천, 현풍, 함양 쪽으로 자리를 잡습니다. 이 흐름이 지리산 근처 하동 부근까지 내려갑니다. 나중에 남명 조식도 낙동강 우안에 정착했습니다. 그러다가 명종 때부터 낙동강 건너 맞은편에도 사림파가 자리를 잡습니다. 이곳은 안동이 있는 쪽입니다. 회재 이언적이 경주 양동에, 충재 권벌이 봉화 닭실 쪽에 정착하면서 낙동강의 좌안, 경상좌도 쪽 인물이 드러나기 시작합니다. 유명한 퇴계 이황이 그 다음 세대입니다.

안동의 역사는 원래 고려 개국 때로 거슬러 올라가야 합니다. 고려 개국 당시의 삼태사인 권행, 김선평, 장정필 세 사람이 모두 안동에 본향을 둔 성씨입니다. 원래 이들은 경주 김씨였는데 태조 왕건에게 개국 이후 성을 하사받았습니다.

안동 김씨가 본격적으로 영향력을 가지게 된 것은 조선 시대 이후부터입니다. 안동 김씨는 신(新) 안동과 구(舊) 안동으로 나뉩니다. 구 안동은 선(先) 안동이라고 하는데, 퇴계의 고향으로 유명한 예안 쪽을 말합니다. 고려 시대 무인 출신인 김방경이 바로 구 안동 출신입니다. 역사적으로 볼 때 구 안동 출신에서는 계속 유명한 인물이 많이 나왔고, 신 안동

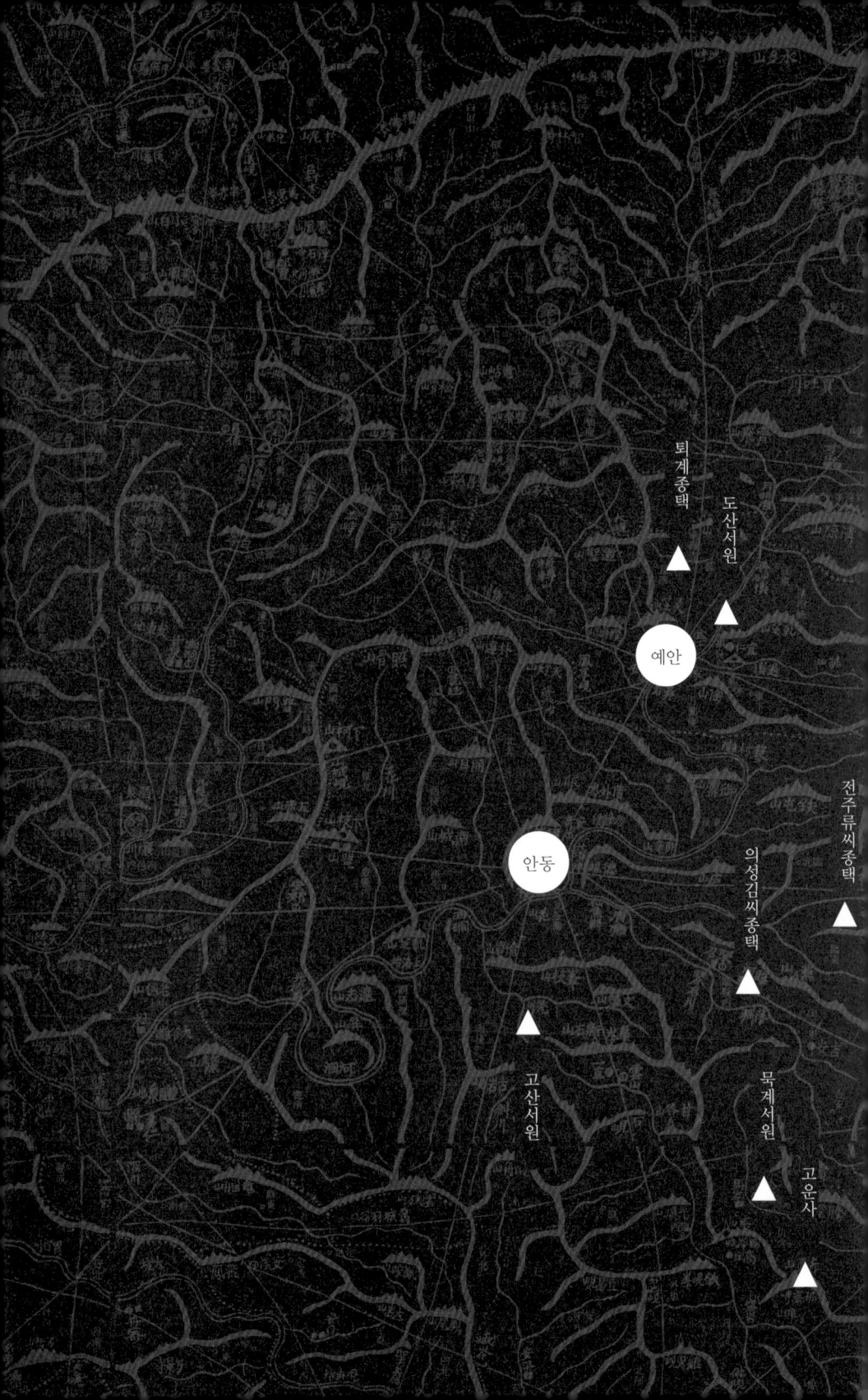

대동여지도
학문과 이념이 자리를 만들다

안동권역은 퇴계 이황을 중심으로 한 성리학 발달의 근거지이다.

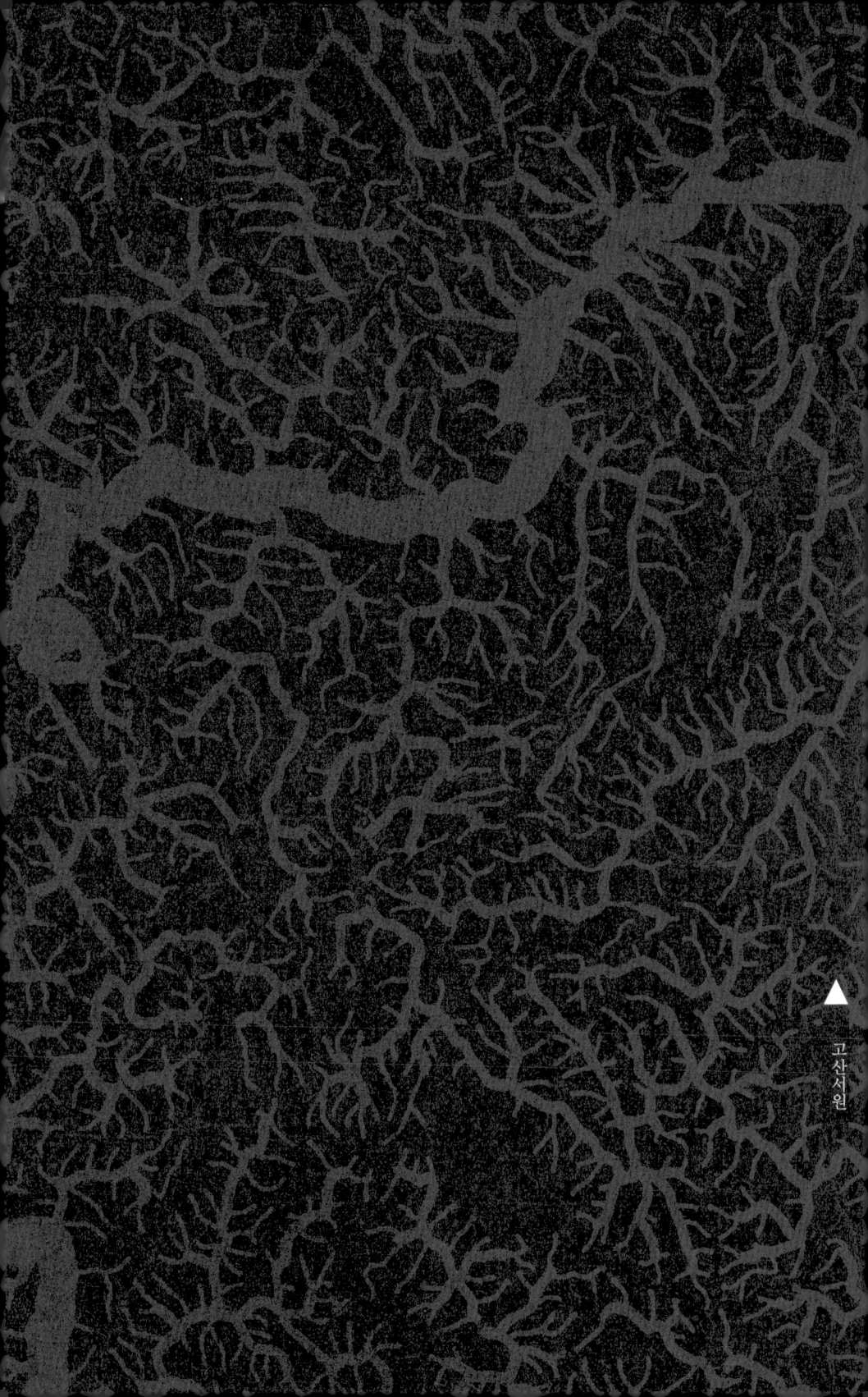

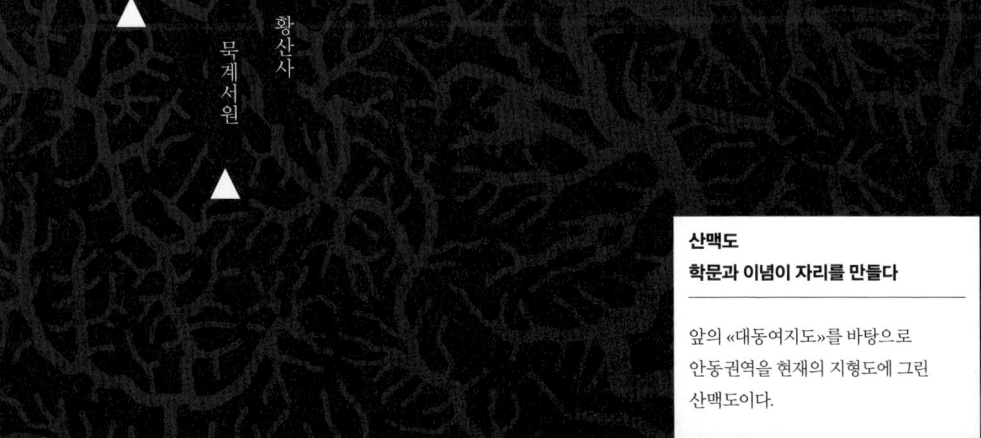

황산사

묵계서원

산맥도
학문과 이념이 자리를 만들다

앞의 «대동여지도»를 바탕으로
안동권역을 현재의 지형도에 그린
산맥도이다.

출신의 인물들은 상대적으로 늦게 득세한 편입니다. 특히 퇴계 이황을 정점으로 신 안동에서 인물이 많이 배출되어 이들의 근거지는 현재까지도 안동 지역의 중심축을 형성하고 있습니다. 퇴계 이후 이 지역 출신들이 단합해서 사림문화를 형성하였기 때문입니다.

지리적인 입장에서 안동을 볼까요? 안동은 위쪽으로는 백두대간의 남쪽 자락에 접했고, 남쪽으로는 낙동강 상류를 접하고 있습니다. 안동권이라면 동쪽으로는 영덕, 영양에서 서쪽으로는 상주, 문경 정도가 포함됩니다. 경주 위쪽으로 청송, 의성 지역까지도 안동권에 포함이 됩니다.

안동에 대한 고정관념을 깨뜨리는 고운사

안동권에서 먼저 살펴볼 곳은 의성의 고운사입니다. 유교문화권인 안동에서 절부터 살펴보다니 좀 역설적인 것 같습니다. 그런데 유림의 고향이면서도 고찰이 많은 지역이 바로 이 안동 지역입니다.

이곳의 사대부들이 절에서 공부를 했다는 기록은 많이 남아 있습니다. 퇴계 이황도 어려서 절에서 과거 공부를 했다는 기록이 자주 문헌에 등장할 정도입니다. 특히 봉정사나 청량사가 그런 절들입니다. 오늘날 우리가 가진 선입견과는 달리, 유림들은 불교에 무턱대고 적대적이지는 않

고운사 배치도

앉던 듯합니다. 절에서 학문을 닦기도 했고, 절과 지역 역사에 관심을 가지고 기록으로 남긴 자료도 많습니다. 절을 통해 인적인 교류도 많이 했었습니다.

고운사는 예부터 현재까지 의성군에 속합니다. 등운산 자락에 의상이 681년 창건한 절로 원래 이름은 고운사(高雲寺)였는데, 뒤에 최치원이 이 절에 머물면서 여지(如智)·여사(如事) 두 스님과 함께 가운루와 우화루를 짓고 최치원의 호인 고운(孤雲)을 따라 고운사(孤雲寺)라 개칭했다고 전해집니다. 고려 정종 3년(948)에 운주조통(雲住照通)이 중창한 이후 여러 차례의 중창을 거쳤습니다. 고운사에는 국보인 석가여래좌상이 있습니다.

고운사는 최치원과 연관이 있다고 전해지는 절인데 아쉽게도 최치원과 관련된 유적이나 문헌이 남아 있지는 않습니다. 절의 배치도 통일신라기의 원칙에서 좀 벗어나 있습니다. 절의 모습으로 봐서는 고려 때의 흔적은 좀 있는 것 같고, 아마도 안동권 남쪽 지역 선비들의 공부처였을 가능성이 보입니다.

우리나라에서 전탑[2]이나 모전탑이 가장 많이 분포가 되어있는 곳이 안동입니다. 모전탑[3]은 삼국 시대 승려들이 당나라에 다녀온 후 당시 당나라에서 유행하던 전탑을 흉내 내어 만들었다고들 합니다. 경주 주변에는 모전탑이 여러 기 있습니다. 안동 댐으로 들어가는 쪽, 탑동에 있는 모전탑은 굉장히 큽니다. 안동역 근처에도 모전탑이 있고, 의성으로 가는 쪽 조탑동에도 있습니다.

모전탑의 분포에는 재미있는 사실이 있습니다. 충청도에는 모전탑이 딱 하나, 제천에 있을 뿐입니다. 그리고 다른 모전탑들은 거의 다 경상도에 분포되어 있습니다. 경주에도 있고 청도에도 있습니다. 그러나 경상우도 쪽에는 전탑 계열의 탑이 없습니다. 언급한 이 지역들 말고는 태백산 앞쪽 정암사지에 모전탑이 있습니다.

제가 안동의 답사 일정을 이곳 고운사에서 시작한 것은 안동에 대한 고정관념, 유학과 역사에 대한 선입견에 대해 문제를 제기하고 싶었기 때문입니다. 절 자체는 흔적만 남은 곳입니다만, 과연 우리가 기억하는 것이나 알고 있는 것이 역사적 진실인지에 대해 고민해볼 필요성을 일깨워주는 장소이기도 합니다.

고산서원, 영호루, 황산사

대산 이상정과 소산 이광정의 위패를 모시고 있는 고산서원은 지리적으로 봉우리 위에 있어서, 조망이 병풍처럼 펼쳐집니다. 강물이 돌아가는 가운데 산이 있고, 그 정상에 서원이 있어서 경치가 좋습니다. 서원 앞쪽에는 대(臺)가 있습니다. 이 대에서 강학(講學)을 했으리라 보이는데, 대는 흔히 알고 있는 서원의 정통 배치 원칙을 따르지는 않습니다.

효종, 숙종 때는 조선 성리학의 기반이 흔들릴 때였습니다. 임진왜란과 병자호란을 겪고 성리학이란 학문에 대해 근본적인 질문을 던지게 된 것이죠. 그 결과 대체로 세 개의 유파가 생겨났다고 말씀드린 적이 있습니다. 첫 번째는 성리학 이전 유학의 근본으로 돌아가보자는 흐름인데, 윤휴 같은 인물들이 공자의 원래 사상에 관심을 두었습니다. 두 번째는 양명학으로, 즉 최명길을 대표로 하는, 양명학을 연구한 강화학파가 있습니다. 그리고 세 번째는 노장사상에 심취한 학자들입니다. 박세당이 그 대표적인 인물입니다.

다양한 학문의 흐름이 등장하면서 성리학을 정통의 학문으로 믿던 학자들은 위기감을 느끼게 되었습니다. 그리하여 후학들을 부지런히 키우고 시회(詩會)나 강학도 크게 하면서 학맥을 튼튼히 하려 기도했습니다. 고산서원의 앞쪽에 있는 대(臺)의 존재는 이런 시대적 상황과 연관이 있습니다.

고산서원 옆에는 고산정사라는 건물도 따로 있습니다. 서원이 건립되기 이전에 지은 것인데, 이광정·이상정이 성리학에 정진하면서 후학들을 접견하고 가르치던 곳입니다. 정사 뒤편으로 서원을 다시 지은 것 역시 퇴계를 중심으로 한 성리학의 학맥을 굳건히 다지고자 하는 후학들의 의도였을 것입니다.

고산서원에는 고산칠곡이 있습니다. 흔히 사림 사대부들이 9곡을 조성해서 경영했는데 이곳은 지리적인 특성으로 공간에 여유가 없어 부득이하게 7곡에서 마친 것으로 보입니다.

영호루[4]는 경상도에서 대표적인 누의 하나로 꼽힙니다. 안동 시가지에서 보기에 강을 건너편 쪽에 있으면서 안동을 바라봅니다. 고려 공민왕이 피난을 와 이곳에서 좀 머물렀다고 합니다.

영호루는 북향이라 대부분의 누와는 방향이 반대입니다. 안동에서

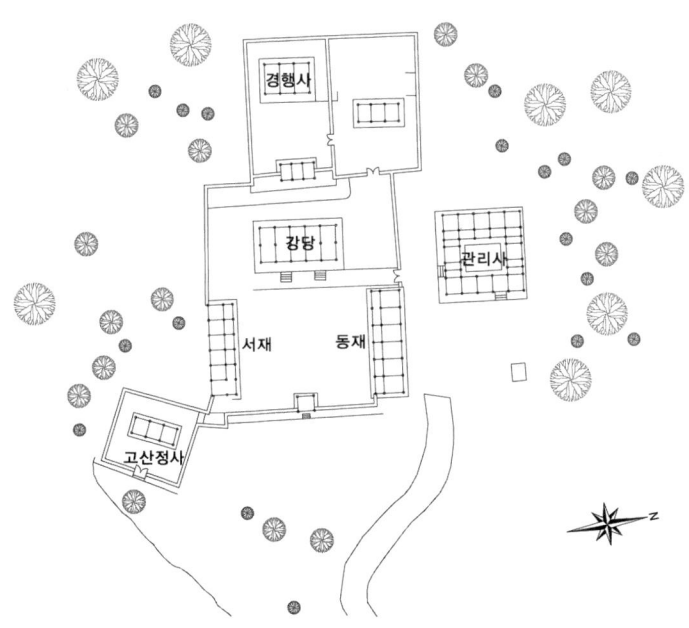

고산서원 배치도

가려면 배를 타고 강을 건너야 하고, 또 시가지가 바라다 보이니 경치가 상대적으로 두드러진 것도 아닙니다. 그런데도 이 누가 유명세를 탄 것은 아마도 임금이 피난을 와 머물렀다는 역사적 사실에 힘입은 것이 아닐까 합니다.

황산사가 있는 곳은 아기산(鵝岐山)입니다. 여기서의 '아(鵝)'자는 새, 구체적으로는 고니를 말합니다. 아기산은 《대동여지도》에 오리지산이라는 이름으로 나오는데, '오리지'란 오리발이란 말입니다. 재미있는 이름이죠? 이름으로 볼 때 옛사람들은 이곳 지형을 산줄기 다섯 자락이 오리발처럼 뻗어 있는 것으로 보았던 것 같습니다. 오리지산을 거점으로 근처 무실이라 불리던 곳 일대에 전주 류씨 일문이 살고 있습니다.

안동은 크게 동반과 서반으로도 나뉩니다. 동쪽인 동반에는 의성 김씨와 전주 류씨가 주로 거주합니다. 서반에는 안동 권씨와 하회 류씨가 많고, 예안을 중심으로 한 남쪽 지역에는 퇴계 후손인 이씨 일문이 많이 살

오리지산의 다섯 줄기

앉습니다.

황산사는 동반의 부녀자들이 모이는 근거지였습니다. 이 지역에서는 1년에 2번 정도 부녀자들이 집 밖으로 나와 절에 가서 하루 종일 노는 절놀이 풍습이 있었습니다. 여자끼리 모여서 이야기도 하고 음식도 먹으면서 하루를 놀았습니다. 황산사는 동반 일대 전주 류씨, 의성 김씨 부인네들이 모여 노는 근거가 되었다 합니다. 이런 절놀이 풍습은 이미 말씀드린 것처럼 우리가 알고 있는 '억불숭유'와는 조금 다른 모습입니다.

전통 사회에서 절은 종교 시설일 뿐만 아니라 지역 사회에서 다양한 문화 교류 기능도 담당했었습니다. 서양 중세의 수도원이 종교적 역할만 한 것이 아니라 숙박 기능, 병원 기능, 음식문화를 보존 발전시키는 역할 등을 하지 않았습니까? 우리나라 절 역시 그런 측면에서 보아야 합니다. 중세엔 사원을 중심으로 한 사원 경제가 꽤 큰 힘을 가지고 있었던 점도 감안해야 할 것입니다.

절놀이는 제가 이 지역을 답사하면서 직접 이곳의 할머니들을 인터뷰하며 알게 된 풍습입니다. 유교문화, 성리학에 근거를 둔 생활방식이 뿌리를 내린 안동 지역에서도 이렇게 여인들의 숨통을 트이게 해주는 풍습이 있었던 것입니다.

아기산 자락에는 전주 류씨의 무실 종택도 있습니다. 원래는 이 자리가 아니었는데 수몰로 인해 현재 위치로 옮겼습니다. 수몰되기 전에는 서향으로, 멀리 산도 보이고 흘러가는 강물을 바라볼 수 있어 경치가 좋았었습니다.

전주 류씨 무실 종택과 정재 유치명의 종택

그 다음 들르는 곳이 정재 종택입니다. 이곳은 정재 유치명(1777~1861)의 종가인데, 유치명이 판서가 되고 불천위(不遷位)[5]가 되면서 종가가 되었습니다. 유치명은 퇴계 학문을 중흥시키기 위해 노력한 인물 중의 한 사람입

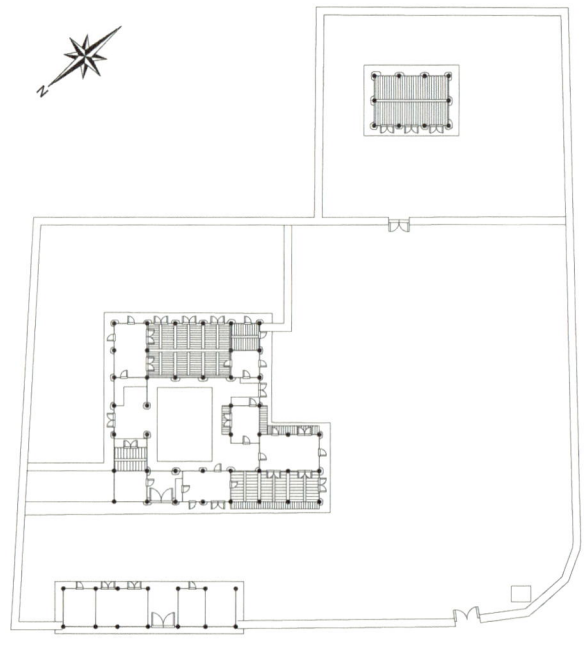

▲ 안동 입동 무실 종가

▼ 전주 류씨 무실 종택 배치도

니다. 그는 안동의 소호에서 대산 이상정의 외종손으로 태어났습니다. 어려서는 종증조부인 유장원에게 배웠고, 29세 되던 1805년 별시문과에 급제, 대사간을 거쳐 1853년 병조참판이 되었습니다. 유치명은 주희의 성리학을 충실히 계승한 주자학자였고 주자학에 대치되는 학설은 모두 이학(異學)으로 규정하였습니다.

유치명은 이황, 김성일, 장흥효, 이현일, 이재, 이상정, 남한조, 유치명, 김흥락으로 이어지는 학맥의 인물로 알려졌습니다. 그의 문인 가운데 이돈우, 권연하, 김흥락, 김도화, 유필영 등의 인물이 있습니다. 이들은 모두 국권 회복 운동과 국민 계몽 운동에 이바지한 사람들입니다.

정재 종택은 수몰 이후 새로 옮긴 터 위에 위치합니다. 예전의 집터는 무실이라는 큰 물길 옆에 있었는데 동쪽으로 큰 터가 있었습니다. 그 지역은 천을 끼고 마을이 발달하다가 인구가 늘면서 마을이 하나둘씩 분화되기 시작한 곳입니다. 현재 종택의 자리를 잡을 때는 제가 집안 분들과

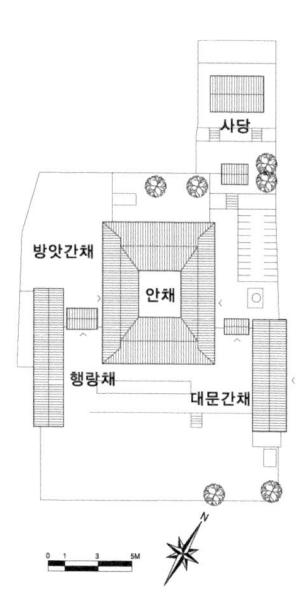
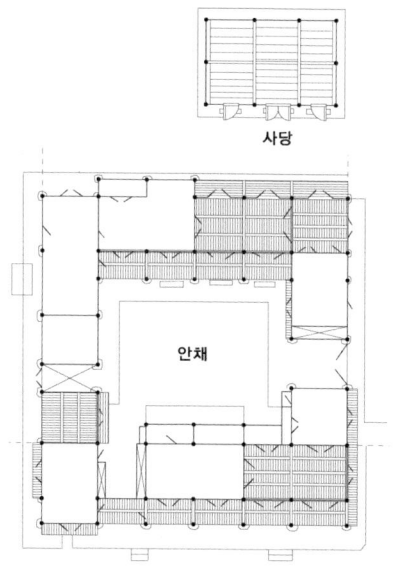

정재 종택(문화재 자료 52호) 배치도

▲ 수애당 종택 수몰전 전경

▼ 정재 종택 수몰 후 전경

약간 인연이 닿아 도와드리기도 했던 기억이 납니다.

이쯤에서 안동 지역의 주택 건축에서 나타나는 특징을 한번 짚어볼까요. 이 지역은 대체로 ㅁ자 형태의 집이 기본형입니다. 그러므로 안채는 완전히 폐쇄적인 공간이 되고, 사랑이 커질 경우 바깥 사랑, 안 사랑으로 분리, 확장됩니다.

폐쇄적인 안채의 구조 때문에 여자들은 완전히 폐쇄된 공간에서 활동합니다. 사랑과 통하는 쪽으로만 문이 나 있어서 그것으로 출입하며 일을 보도록 되어 있습니다. 이런 구조에서는 조망 운운 하는 것이 큰 의미가 없습니다. 안채는 물론이고 바깥채에서도 조망이 좋은 주택이란 거의 찾아볼 수 없습니다.

이우당 종택도 대체로 이런 기본형을 따르고 있습니다. 임하면에 있는 안동 권씨 부정공파 가옥도 비슷합니다. 단 이우당 종택에는 기본 ㅁ자 옆쪽으로 사당과 행랑이 약간 독특하게 자리 잡고 있습니다.

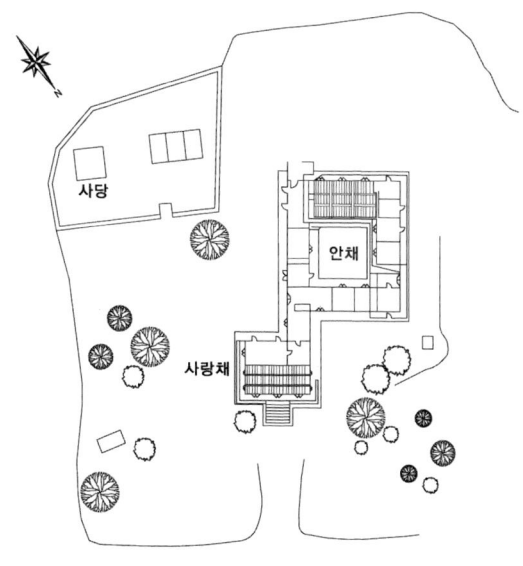

이우당 종택 배치도

의성 김씨 종택

내 앞(川前)의 의성 김씨 종택은 학봉 김성일(金誠一, 1538~1593)의 부친 김진이 자리를 잡은 곳입니다. 김진은 아들 4형제의 호를 모두 산 이름을 따서 지었는데, 이 4형제가 모두 과거에 급제했습니다. 그때부터 집안의 명성이 드높아졌습니다. 청계공 김진의 아들들은 모두 퇴계의 문하에서 공부를 했습니다. 청계공은 생전에 순천, 강릉, 영양, 울진 등에 후대를 위해서 새로 정주할 땅을 마련해두기도 했습니다.

이 집은 구조적으로 독특합니다. 한국식이 아닌 중국식 평면을 보여주고 있기 때문입니다. 이 집은 들어가면 종갓집의 모서리를 볼 수 있는데, 우리가 주목해야 하는 것도 이 부분입니다. 한국에서는 문을 들어서서 집의 모서리가 보이는 경우가 없습니다. 집의 정면이 보이는 것이 원칙입니다. 간혹 제각(祭閣)의 경우엔 이런 형태를 찾아볼 수 있지만 집에는 이런 구조를 쓰지 않습니다. 이런 배치는 중국에서 가끔씩 보이는 양식입니다. 그런데 왜 내 앞 의성 김씨 종택이 이런 양식을 따르고 있는 것일까요?

이 집을 현재 상태의 평면도만으로 논해서는 안 됩니다. 제가 추론한 바로, 현재의 집은 사랑채와 행랑채가 사라져 없어진 형태입니다. 일설에는 한자의 몸 '기(己)'자 평면으로 지어진 집이라고 합니다. 사랑채와 행랑채가 없는 지금 상태로도 무척 큰 것을 보면, 원래는 규모가 대단했겠죠.

조사한 바로는 이런 구조가 된 데에는 사연이 있었습니다. 영조 때 모반 사건에 이 집안이 연루된 적이 있었는데, 당시 박문수가 어사로 내려와 상황을 수습했다고 합니다. 박문수가 와서 보니 내압 종택의 규모가 엄청났던 것이죠. 들어가는 쪽에 연못부터 시작해서 사랑채도 번듯하고, 재청도 안채 오른쪽으로 크게 보였을 것입니다. 이렇게 규모가 큰 건축을 본 박문수가 집의 일부를 헐도록 조언을 했다고 합니다. 집이 원래의 형태에서 달라진 것입니다. 그렇게 본다면 이 집의 독특한 구조도 이해가 갑니다. 지금의 형태만 보면 마치 중국 건축물처럼 측면이 보이지만 원래의 구

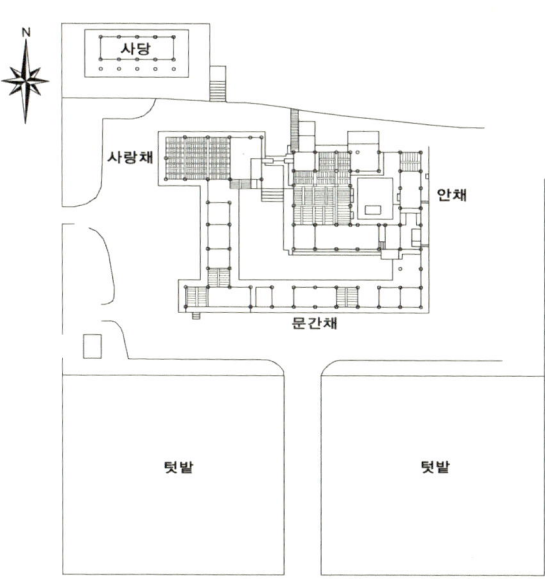

▲ 의성 김씨 종택 전경

▼ 의성 김씨 종택(보물 제 450호) 배치도

조는 그렇지 않았던 것입니다.

　이 집은 또한 독특하게도 부엌이 있는 데에 중정이 있어서, 하늘이 뚫려 있습니다. 또한 안채 큰마루 구조에 3대의 위계가 분명히 드러나 있습니다. 할머니–그 아래 며느리–그 아래 손자며느리로, 마루바닥의 위계가 수직 단의 높이로 명료하게 표현되어 있는 집입니다. 지금은 안채와 재청만 남아 있지만, 원래의 영화(榮華)를 짐작할 수 있습니다.

안동 김씨 일문의 묵계서원

안동문화권을 선(先) 안동과 후(後) 안동으로 분류하는 방식도 있다고 말씀을 드렸었는데, 후 안동, 즉 세도가 안동 김씨 일문에서 지은 서원이 묵계서원으로 보백당(寶白堂) 김계행이 그 주인공입니다. 김계행은 15~16세기의 인물로, 보백당이라는 호는 청백리를 의미합니다. "내 집에 보물이

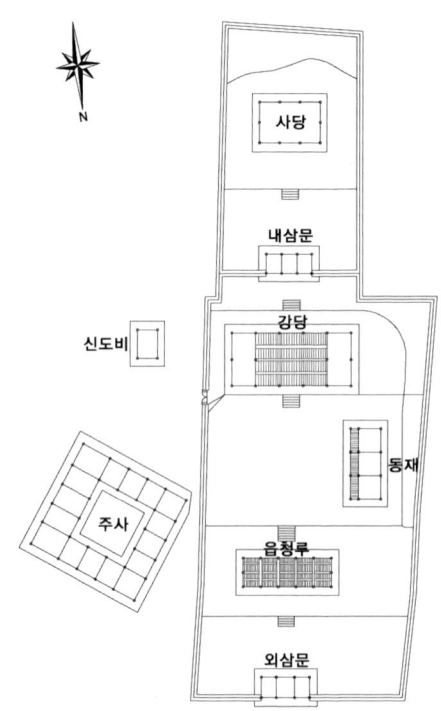

묵계서원 배치도

있다면 맑고 깨끗함뿐이다"라는 뜻입니다. 김계행은 50세 이후 급제해서 연산군 대에 사간을 지냈고 나중에 대사간으로 추존되었습니다. 조선 시대 안동 김씨 중에서는 이른 시기에 과거에 급제한 편입니다.

    유명한 학조대사는 김계행의 조카입니다. 학조는 김계행의 형 계권의 큰아들인데, 당시 왕실의 신임을 받는 유명한 승려였습니다. 그는 금강산 장안사의 증축이며 해인사의 중건도 맡아 했다 합니다. 학조대사는 남양주 와부면 덕소에 있는 안동 김씨 집안의 석실묘원 묘지 자리를 잡아주었는데 그 터가 하도 좋아서 장동 김씨라는 후손이 생겨나 번창했다는 말도 전해질 정도입니다.

    김계권의 아들 3형제는 안동 풍산의 소산으로, 김계행이 벼슬을 마치고 다시 내려오면서 묵계에 촌락도 형성했습니다. 여기엔 만휴정이란 정자가 있는데, 물이 흐르는 계곡에 위치해서 경치가 대단히 뛰어납니다. 김계행이 직접 정자 자리를 잡았다 합니다.

    묵계서원과 주변 마을은 입지가 독특합니다. 마을과 서원 모두 불쑥 올라간 언덕에 있습니다.

고성 이씨 종택 임청각과 예안향교

고성 이씨가 안동과 인연을 맺게 된 것은 경상 감사 이희의 사위 이증이 장인을 시종하는 과정에서 낙강(洛江, 낙동강을 줄여서 붙인 이름)의 경승에 매료되어 안동에 정착하기로 결심한 데에서 시작합니다. 그의 다섯 아들 중에 둘째 굉(士宏, 1440~1516)과 셋째 명(洺)이 안동에 땅을 가진 사족(士族)으로 정착을 시작했습니다. 이굉은 문과에 합격한 인물로, 1513년 개성 유수를 사직하고 안동으로 낙향하여 와부탄 물가에 귀래정을 세웠습니다. 아우 이명 역시 의흥 현감을 사직하고 1519년 안동 법흥동에 임청각을 세웠습니다. 이 임청각은 후손들에게 면면히 전해져 안동 고성 이씨 종택으로 연명되었습니다.

묵계서원

이명의 아들 중 막내인 이굉(李肱)이 귀래정 동쪽에 반구정을 짓고 재지 사족(在地士族, 조선 시대에 향촌에 머물러 있던 지식계층을 일컫음)으로서의 입지를 굳혔습니다. 이후 광산 김씨, 풍산 류씨, 반남 박씨, 고창 오씨, 영양 남씨, 진성 이씨 등과 통혼하며 안동의 명문으로 성장했다고 합니다.

고성 이씨가 안동으로 들어와 자리를 잡고 건축한 주택인 임청각은 지금도 크지만 원래는 더욱 큰 건물이었습니다. 원래 있던 사랑채나 행랑채 같은 부속 건물들은 안동에 철도가 들어오면서 철거되었습니다. 근처, 집 위쪽으로 가면 7층 전탑이 있는데 이 탑 역시 규모가 상당히 컸습니다. 원래 이 부근은 탑동이라는 이름으로, 절터였던 것 같습니다. 조선 초기에 절을 정리하면서 고성 이씨 집안이 이 지역에 자리를 잡은 것이 아닐까 합니다.

큰 종갓집 임청각의 행랑채는 좌측으로 배치되고, 그곳의 전면부에 긴 고각을 두곤 했습니다. 고각은 곡물창고를 말하는데 임청각의 고각은 대단히 깁니다. 안채에는 하늘이 뚫린 중정이 나란히 두 개나 있어 이 집의 규모를 잘 보여주고 있습니다. 사랑채와 행랑채가 지금은 모두 없어졌다는 사실도 사람들은 잘 모르는 것 같아요. 안채 오른쪽으로 군자정과

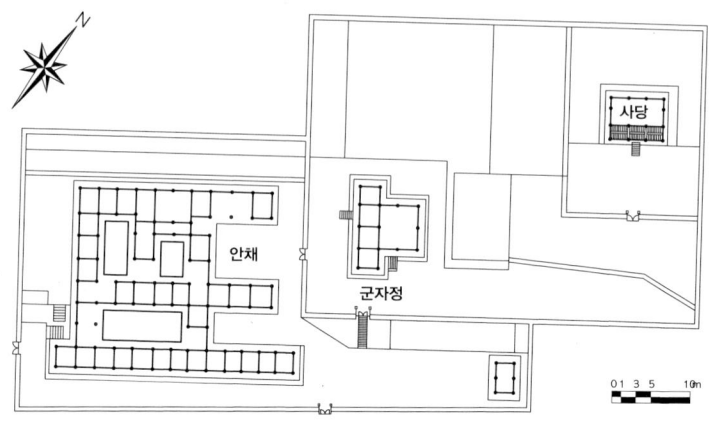

임청각 배치도(보물 182호)

재각이 있는 걸 보면 사실 사랑채 건물의 위치도 약간 불분명해 보입니다. 원래의 사랑채와 행랑채가 헐렸다는 사실을 그 애매한 평면으로 미뤄 짐작할 수 있습니다.

예안읍지로 알려진 〈선성지서(宣城誌序)〉에 의하면 "예안현의 넓이는 동서가 60리, 남북이 30리에 불과할 정도로 협소한 곳이지만 곳곳에 아름다운 산수가 펼쳐진 고장이다. 사람들이 산 중턱에 살지만 집들이 서로 이어지지 않고, 밭은 산허리에 있고, 들녘에서 농사를 짓지 않는다. 사람들이 다소 평탄한 장소에 터전을 잡고 사는 곳은 북쪽 온계, 남쪽으로는 오천, 동쪽으로는 부포, 서쪽으로는 가야가 대표적이다. 그 외 분천, 월천, 지삼, 한곡 등지 정도다. 예부터 살고 있던 사람들이 모두 다 순박하고 노둔하여 별로 알려진 바가 없다. 그러다가 고려 말 우탁 선생이 현의 남쪽 지삼 마을로 물러나 자리를 잡은 이후로 홍유석사(鴻儒碩士)들이 꼬리를 물고 배출되었으니 인걸은 지형을 따른다는 말이 어찌 빈말이겠는가"라

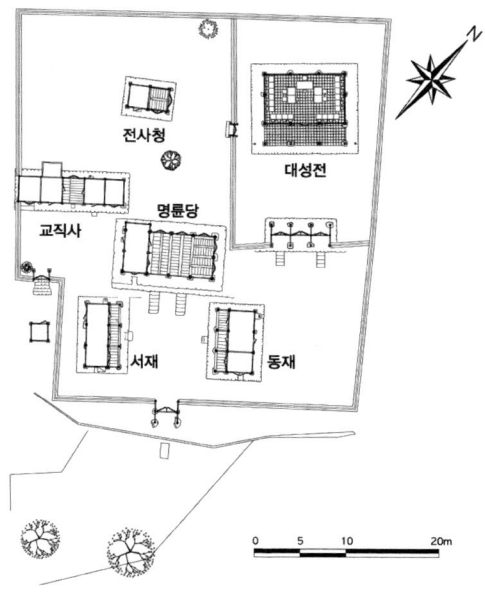

예안향교(유형문화재 제28호) 배치도

임청각

고 하였습니다. 이후 이 지역에서는 농암 이현보, 송재 이우, 퇴계 이황 등이 배출되었으며 그 다음부터는 이름난 인물들의 수를 일일이 헤아릴 수가 없습니다.

예안은 고려 말 우탁이 조정에서 물러나와 터를 잡고 살면서 알려지기 시작한 곳이라 했습니다. 진성 이씨가 온계에 터를 잡아 살면서 더욱 유명해지기도 했습니다.

이 지역의 예안향교는 수몰에서 살아남은 곳입니다. 향교만 간신히 외롭게 남고, 근처의 관아 건물은 모두 수몰되었습니다. 진성 이씨, 영천 이씨, 광산 김씨 등의 동족 취락도 모두 수몰로 사라졌습니다.

향교와 관아의 위치에 대해선 김정호의 지도식에서 보았던 기억이 나실 겁니다. 현재 남은 향교 위치와 규모로 보아 이 지역의 관아 위치에 대해서도 추측은 할 수 있습니다.

퇴계 태실과 도산서원

퇴계 종택은 연대가 그리 오래지 않은 곳이라 답사에선 본격적으로 다루지 않았습니다. 대신 관심을 가질 만한 곳은 오히려 퇴계 태실입니다. 태실은 현재의 퇴계 종택과 거리가 먼 온계리에 있습니다.

퇴계 태실 자리는 원래의 입향조 종택의 위치, 즉 이 집안이 예안에 들어오면서 처음 자리를 잡은 곳입니다. 퇴계는 온계에서도 영지산 북록에 자리를 잡았는데, 그곳엔 농암 이현보가 이미 자리를 잡고 살았습니다. 농암이 퇴계에게 농담 삼아 자신의 근거지에 왜 들어왔느냐 물었다고도 합니다. 그 말에 퇴계가 다시 지금의 도산서원 쪽 즉 토계, 하계 방향으로 옮겼다고 합니다.

퇴계 이황은 이 부근에서 여러 차례 옮겨 다녔습니다. 1세 때 아버지를 여의고 진주 목사였던 작은아버지를 따라서 7세 때 진주 청곡사로 갔습니다. 그곳에서 퇴계 형제는 사촌들과 함께 공부했다 합니다. 작은아버지 송재 이우를 스승으로 모셨습니다. 이우는 충재 권벌, 농암 이현보와 관직을 같이 했던 동향 친구이기도 했습니다.

　진주 청곡사를 시작으로 퇴계는 예안의 청량사 오산정, 월란암, 용두산 용수사 등으로 다니면서 성리학에 정진했습니다. 용두산은 태백산에서 남쪽으로 3백여 리 떨어진 곳에 우뚝 솟은 산입니다. 용수사는 그 산 남쪽에 있는데 고려 때 승려 성원이 처음 지었습니다. 고려 의종이 승려 석윤을 위하여 절을 고쳐 짓고 용수사라는 이름을 하사했다 합니다. 퇴계의 작은 아버지 이우는 용수사에 대한 시[6]를 남기기도 했습니다.

　도산서원은 퇴계 생전에 그 위치나 이후 성장에 대한 계획이 미리 마련되어 있었다 합니다. 그 중에서도 도산십이곡(陶山十二曲)은 주자의 무이구곡(武夷九曲)에서 영향을 받아 선비가 풍류를 즐기고 호연지기를 기

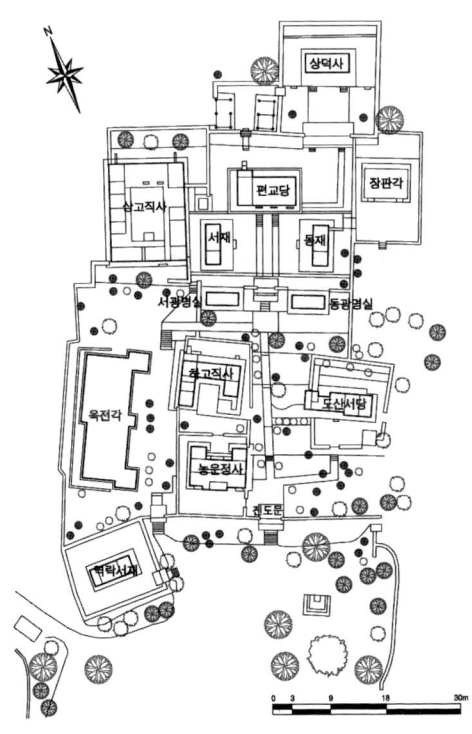

도산서원(사적 170호) 배치도

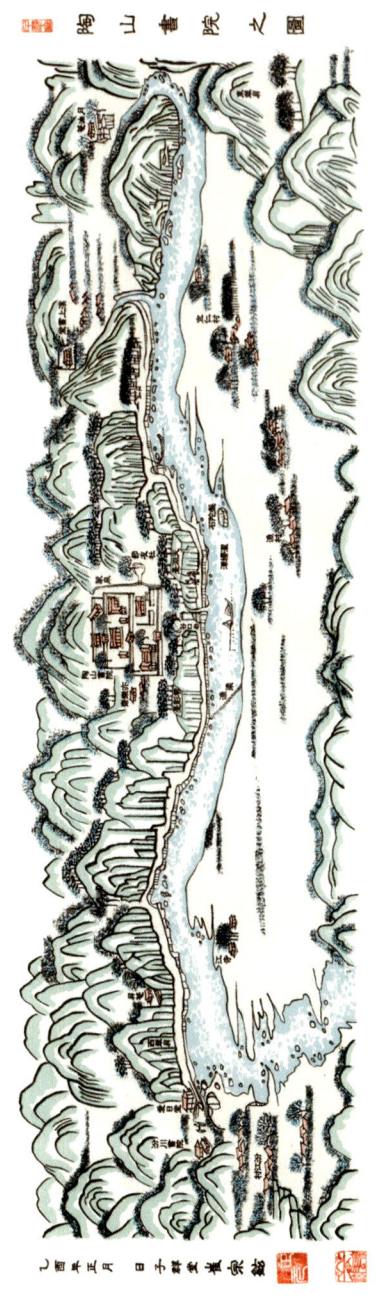

〈도산서원〉, 최종현, 2005
필자는 2005년 도산서원 영조사상에 관한 논문을 준비하는 과정에서, 이등(李澄)의 〈도산서원도〉, 강세황(姜世晃)의 〈도산서원도〉, 정선(鄭敾)의 〈도산서원〉 등의 그림이 현장에 가지 않고 그린 것으로 판단되어 답사를 바탕으로 그린 것이다.

른 곳으로 전해집니다. 도산서당 앞 냇가 낙천에 퇴계는 12곡을 명명하고 〈도산지곡지일(陶山之曲之一)〉과 〈도산지곡지이(陶山之曲之二)〉의 가사를 지었습니다. 그런데 구곡 경영은 단지 정신적, 문화적 가치만 있는 것이 아니라 지역의 토지에 사대부 계급의 장원을 형성한 의미도 있다고 앞서 말씀드렸습니다.

도산십이곡은 서애 류성룡의 운선구곡(雲仙九曲), 한강 정구의 무흘구곡(仸屹九曲) 등으로 이어졌습니다. 율곡 이이는 해주에 고산구곡(高山九曲)을 조영하고, 〈고산구곡가(高山九曲歌)〉를 지었습니다.

고산구곡은 다시 곡운 김수증의 화양구곡(華陽九曲), 이계 홍양호의 우이구곡(牛耳九曲), 화서 김평묵의 옥계구곡(玉溪九曲) 등으로 이어져서, 조선 말기까지 전국 여러 곳에서 구곡 경영 사례를 찾을 수 있습니다.

안동에 가시면 보통 하회 마을을 중심으로 여행을 즐기다 오곤 합니다. 가벼운 마음으로 여행을 떠나면서 굳이 성리학의 발전 과정이나 안동 문화권의 형성 과정, 퇴계의 자취 등을 생각하고 싶지 않다는 분들이 더 많으실 것 같습니다.

그렇지만 안동 지역에 지금처럼 전통 가옥들과 촌락이 형성된 것은 성리학의 역사와 떼어놓고 생각할 수 없습니다. 전공자나 관심 있는 분들이 아니라면 퇴계 이황을 중심으로 한 성리학의 계보는 재미없어 할 것입니다. 그래도 안동에 들르기 전 이 정도의 개괄 정보만 훑어보고 간다면 안동의 유서 깊은 고택들이 예사롭지 않을 것입니다.

화폐의 등장인물로 온 국민이 퇴계의 이름은 알고 있습니다. 하지만 정작 그의 생애나 사상에 대해선 잘 알지 못하는 현실이 조금은 안타깝지 않습니까.

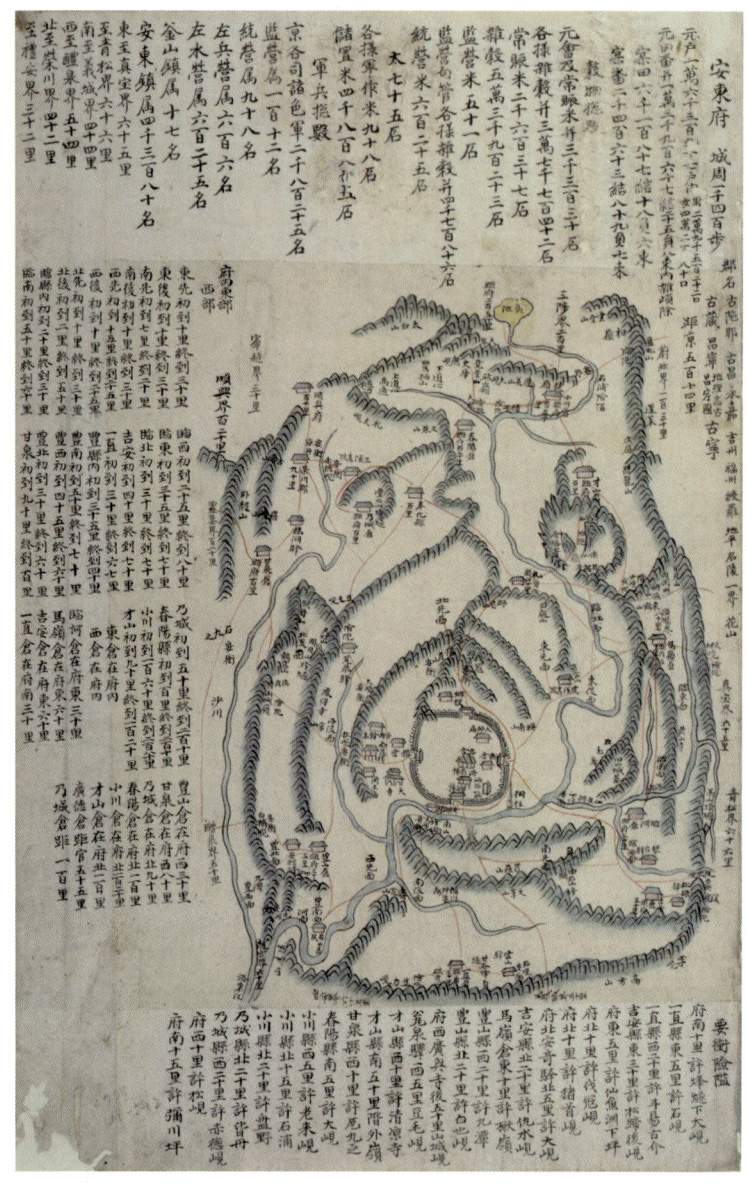

안동부, 《해동지도》

조선 시대에 사림파가 낙향해서 처음 자리를 잡은 곳은 낙동강의 우안(右岸)이다. 낙동강의 좌안(左岸)의 안동은 명종 때부터 사림파가 자리를 잡는다. 이언적이 경주 양동에, 권벌이 봉화 닭실 쪽에 정착하면서 낙동강의 좌안 쪽 인물이 드러나기 시작한다. 퇴계 이황은 그 다음 세대이다.

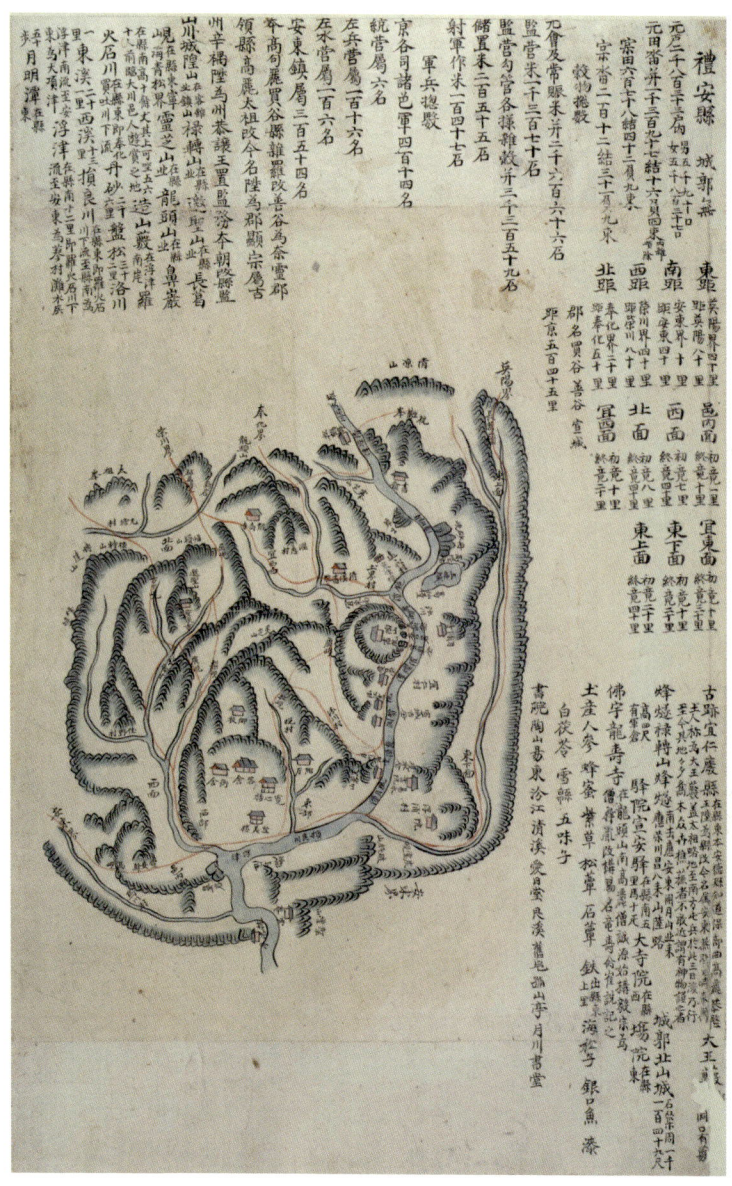

고려 말 우탁이 조정에서 물러나와 터를 잡고 살면서 알려지기 시작한 예안에서는 농암 이현보, 송재 이우, 퇴계 이황 등 이름난 인물들이 많이 배출되었다. 예안향교는 수몰에서 간신히 살아남았으나, 근처의 관아 건물, 진성 이씨, 영천 이씨, 광산 김씨 등의 동족 취락은 모두 수몰로 사라졌다.

무이구곡을
아십니까

우리나라 무이구곡과
원림의 역사

저는 1970년대 중반부터 조선 시대 취락사와 건축, 도시사를 공부하기 위해 전국을 답사했습니다. 그 과정에서 전국 곳곳의 ‹무이구곡도› 방작(倣作)들과 마주치곤 했습니다.

    중국의 주희가 그린 이 그림이 왜, 언제, 누구에 의해 제작되어 우리나라 반촌에 이렇게 보관되어 왔을까라는 의문이 생기지 않을 수 없었습니다. 이 분야에 관심을 가지고 연구한 결과 10여 종의 ‹무이구곡도›류를 실견했고, 조선조 사대부들이 경영한 구곡이 30여 군데 남아 있음을 확인했습니다. 구곡들은 물리적인 공간을 배경으로 해서 화(畵)로 그려지고 시(詩)로 읊어졌습니다. ‹무이구곡도› 연구가 공간적 배경과 공간 구조뿐만 아니라 그에 관한 글과 그림에 대한 연구로 확장되어야 하는 것은 이 때문입니다.

주자의 〈무이구곡도〉

주희의 〈무이구곡도〉는 철학적이고 사변적 성격을 가진 화풍의 작품으로, 남송대의 산물입니다. 이 그림은 남송화적인 묘사법을 바탕으로, 자연을 '지식인의 사색과 정신적 수양이 이뤄지는 공간'으로 표현하고 있습니다.

무이산(武夷山)은 선하산맥이 솟아오른 정점으로서, 신인(神人)인 무이군(武夷君)이 살았다 해서 이런 이름이 붙었다고 합니다. 이 산은 120리에 뻗쳐 36봉과 37암이 있고 시냇물이 그 사이를 감싸고 돌아 구곡(九曲)을 이루었는데 이것이 이른바 '청계구곡(淸溪九曲)'입니다.

주자는 55세 되는 봄에 〈무이구곡가(武夷九曲歌)〉[1]를 지었고, 그의 아버지인 주공(朱公)이 마음에 들어하며 살고 싶어 했던 건양현 서남쪽 삼계리에 1192년 고정(考亭)을 지어서 생애를 마칠 때까지 머물렀습니다. 고정을 마련한 지 2년 만에 문인의 수가 늘어 따로 학사(學舍)를 지어 '죽림정사(竹林精舍)'라 했다가 '창주정사(滄洲精舍)'라 개칭합니다. 그는 관직에 있던 9년을 제외하고는 줄곧 무이산 계곡에 위치한 숭안, 건양, 건안을 중심으로 200리 안에서 살았습니다.

주자는 1175년 〈운곡기(雲谷記)〉를 쓰면서 은둔할 뜻을 밝혔는데, 1183년 4월 숭안현 서남 20km 쯤 있는 무이산 아래에 '무이정사(武夷精舍)'를 짓고 무이산 산세, 정사 위치, 주변 승경, 인간에 끼치는 자연의 영향, 동호인·제자들과의 생활 등을 기술하였습니다. 그것이 곧 〈무이정사잡영병기(武夷精舍雜詠并記)〉입니다.

주자는 또 1184년 〈무이도가(武夷櫂歌)〉 10수를 짓는데, 이 작품은 서두를 제외하고는 모두 무이구곡의 실경을 묘사하고 있습니다. 이 〈무이도가〉는 뒷날 서거정을 비롯한 조선 성리학자들이 다양한 방작을 짓게 하는 계기가 되기도 했습니다. 칠언절구들로 이루어진 이 작품이 보여주는 세계관은 은사적(隱士的) 이상향을 벗어나 현세적 이상향을 지향하는 태도에 가깝습니다. 이는 신유학(新儒學), 즉 성리학의 기본 철학사상이

기도 합니다.

우리나라에 들어온 ‹무이구곡도›

주자의 ‹무이구곡도›와 ‹무이정사도(武夷精舍圖)› 등이 언제 우리나라에 전해졌는지는 확실치 않습니다. 고려 때 안향(1243-1306)[2]이 1298년(충선왕 24년) 공주를 호송하여 원나라에 갔다 오는 길에 «주자서(朱子書)»와 함께 공자·주자의 화상 등을 들여온 것이 우리나라에 유학이 들어온 시초라고 말해지곤 합니다. 또 고려 말 원천석(1330-?)이 찬한 «운곡시사(耘谷詩史)»에 이식의 ‹칠봉서원 제영시(七峯書院題詠詩)› 1수가 전하는데, 그 시 가운데 '의연구곡무이중(依然九曲武夷中)'이란 말구(末句)가 보이니, 이 당시에는 이미 주자의 무이구곡이 우리나라에 알려져 있었음을 알 수 있습니다.

‹무이구곡도›는 여러 장의 그림으로 이뤄진 분도(分圖)입니다. 고려시대 금화자기(金畫磁器)인 '천목잔(天目盞)'[3]은 무이산의 풍경이 그려져 있어서 '금채(金彩) 무이산풍경문(武夷山風景文) 천목잔'이라는 이름으로 불리기도 합니다. 이 잔에는 가운데 부분에 무이산 풍경이 그려졌고, 외곽 윤대(輪帶)에 ‹무이도가› 제1곡의 시가 씌어 있습니다.

안축(安軸, 1287-1348)은 경기체가 형식의 ‹죽계별곡(竹溪別曲)› 전 5장을 지었는데, 이 작품은 현재 소백산 아래 중봉(中峯)이 있는 초암(草庵) 금당 앞 계곡부터 백운동 소수서원까지의 승경을 읊은 것으로, 주자의 ‹무이도가›에서 영향을 받은 형식이라고 볼 수 있습니다. 이곳은 나중에 퇴계 이황이 풍기 군수로 있을 때 죽계십이곡이라 명명되기도 했습니다. 신필하가 초암 앞 냇가에 서 있는 구곡의 내용을 각자(刻字)한 것이 남아 있습니다.

안평대군은 서울 마포 북쪽 산기슭에 '담담정(淡淡亭)'(현재 서울 동도공업고등학교 자리)을 짓고 서적 만여 권을 저장했는데, 이곳에 선비들

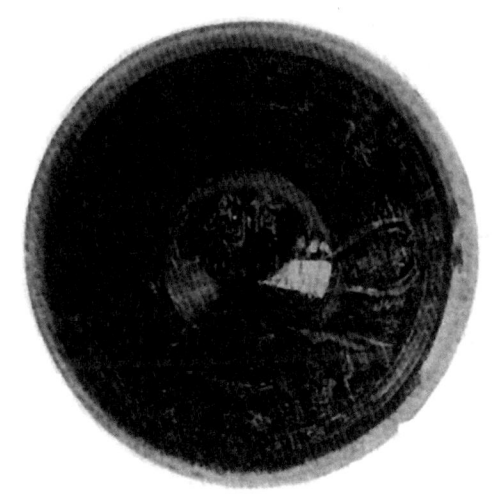

▲ 〈무위구곡도〉, 동천공 작

▼ 도자기 천목잔

을 모아 시회(詩會)를 베푸는 등 성리학에 몰두했다고 합니다. 그는 이곳에서, 십이과(十二果) 시문을 짓고 사십팔영(四十八詠)을 지었습니다. 안평대군은 그 후 도원(桃源)에서 노는 꿈을 꾼 후, 도성 북문 창의문(자하문) 밖 무계동에 '무계정사(武溪精舍)'를 지었습니다. 무계정사에는 이식의 기문이 있었다고 전해지는데, 무계라는 이름은 '무이구곡'과 '무릉도원'의 의미를 따서 지은 것으로 보입니다. 여기에서도 무이구곡의 영향을 볼 수 있습니다.

또한 사가 서거정(1420-1488)은 주자의 <무이정사잡영>을 차운(借韻)하여 <주문공무이정사도주문공운(朱文公武夷精舍圖朱文公韻)>이라는 오언절구를 지은 바 있습니다. 이 시는 무이정사 주변 풍경을 읊고 있는데, 아마 당시 유포되었던 <무이산도>를 보고 지은 것으로 보입니다.

무이구곡을 위시해 주변 경치를 노래한 주자의 시들이 우리나라에 본격적으로 등장해서 선비들의 사랑을 받은 것은 주로 퇴계 이후, 지역주의 학맥과 붕당에 의한 지연이 중심이 되면서부터인 것으로 생각됩니다.

<무이구곡도>의 모사와 변용

지금까지 전해지는 중국 전래 <무이구곡지도(武夷九曲之圖)>나 조선 시대 <무이구곡도> 모작 가운데 제가 직접 조사한 것은 약 10여 종입니다. 그 작품들을 하나씩 순서대로 소개해 보겠습니다.

먼저 <무이구곡지도>라 제목이 붙은, 운장각 소장 <무이산도> 족자[4]는 학봉 김성일이 선조 10년(1577) 9월 1일 사은사 윤두수와 함께 경사(京師)로 갔다가 돌아올 때 가져왔다 하는데, 그 집안에 전해져 내려옵니다.

퇴계 이황과 연관된 <무이구곡도>는 두 편입니다. 그의 글 <이중구가장무이구곡도발(李仲久家藏武夷九曲圖跋)>에서는 "세간에 전해지는 <무이구곡도>가 많으나 내가 전에 서울에 있을 때 몇 본을 얻어 사람을 시켜 이모(移摹)했다. 그림이 워낙 소략(疎略)해서 전해질 가치가 없었는데, 벗

이중구가 근래 한 벌을 보내 왔다"고 쓰고 있습니다. 이중구는 두 벌을 모사해서, 한 벌은 퇴계에게 기증하고 한 벌은 퇴계에게 제발(題跋)을 받아 자신이 소장했다고 합니다.[5]

퇴계가 글을 쓴 또 다른 모작 〈무이구곡도〉에는 1564년 작품도 있습니다. 1첩 12절, 28.8×17cm 크기의 화첩으로 되었는데, 제1절에 회암(晦庵)의 〈무이도(武夷圖)〉 서문이 있고, 제2절에는 운곡(雲谷)의 〈잡영서문(雜詠序文)〉이 있으며, 제3절부터는 1곡에서 9곡까지의 그림이 그려져 있습니다. 상단 좌우에는 주자의 무이도가와 퇴계의 〈한거독무이지(閒居讀武夷志)차구곡도가운십수(次九曲櫂歌韻十首)〉가 씌어 있으며, 제9곡의 우측 변에 퇴계의 글이 있고 글 끝에 '가정갑자답청일진성만은서(嘉靖甲子踏靑日眞城晚隱書)'라 되어 있습니다.

퇴계는 그 후 무이에 관해 〈무이지〉·〈답금성보별지(答金成甫別紙)〉·

〈무이구곡도〉, 작가 미상, 비단에 담채, 15세기

▲ 〈무위구곡도첩〉
▼ 〈무이구곡도〉 두루마리(이퇴계선생 무이구곡도) 부분, 이중구 모작, 1565년

〈무이구곡〉 등의 글을 남겼습니다.

이중구가 퇴계에게 기증한 〈무이구곡도〉는 〈이퇴계선생무이구곡도〉라는 제목으로, 세로 45.2cm 가로 689.4cm의 크기이고, 그림만의 크기는 세로 34.7cm 가로 587.7cm입니다. '주문공무이구곡도(朱文公武夷九曲圖)'라는 그림 좌측의 제서에서 시작해서, '주문공진상' 그림과 〈주문공진상, 엽공회의 근발〉, 〈진상자찬(眞像自贊, 주희의 글)〉, 〈선생화상찬(先生畵像贊, 왕백의 글)〉, 〈무이구곡도〉, 〈무이산기〉, 〈구곡계기(九曲溪記)〉, 〈무이정사잡영병서〉, 〈정사(精舍)〉·〈인지당(仁智堂)〉 등의 오언절구와 발문으로 구성되었습니다. 이 작품은 국립중앙박물관에 소장된 이성길의 〈무이구곡도〉(1592)보다 28년 앞서 제작된 것으로, 〈무이구곡도〉의 전래·수용·변용 과정을 알 수 있는 중요한 자료입니다.

퇴계의 문인(門人) 한강 정구(1543-1620)는 이중구가 소장했던 〈무이구곡도〉를 소유했다 유실했다고 합니다. 그가 남긴 〈서무이지부퇴계이선생발이중구가장무이구곡도후(書武夷志附退溪李先生跋李仲久家藏武夷九曲圖後)〉라는 글에 보면 "내가 전에 구곡도를 갖고 있었다. 그것은 퇴계 선생의 제발(題跋)이 붙고 이정존(이중구)이 소장했던 것으로 중국에서 만든 것의 모사품이었다. 이른바 구름과 연기가 눈에 가득하고, 정밀하고 교묘하여 자세히 설명하니 귓가에 도가(櫂歌)가 들리는 듯 황홀하다는 말이 맞다. 또 중국 책자 중에 〈총도(總圖)〉와 〈서원도(書院圖)〉를 얻었는데, 그때 마침 화산(花山)에서 우연히 화공을 만나 이를 모사하여 〈무이지〉 안에 넣고 퇴계 선생의 발문을 잇게 했다. 한가한 틈에 한 번씩 들여다 볼 때마다 이 몸이 주자가 돌아가신 지 4백년 후 동녘 땅에 태어났음을 깨닫지 못하고, 주자를 모시고 날로 도를 강론하는 데에 나아가며, 그 가운데서 읊고 노래하면서 어울리는 듯하였다. 그러하니 그 기상과 의취가 어찌 하였겠는가! 이 같은 감회가 있어 이를 적는다. 1609년 봄(乙酉暮春)"이라 되어 있습니다. 그러나 그가 소장하던 〈무이구곡도〉·〈총도〉··〈서원도〉·〈무이지〉 등의 행방은 이제 알 수가 없습니다. 정구는 〈앙화주부자무이구곡운(仰和朱夫子武夷九曲韻)〉 10수를 남기기도 했습니다.

우복 정경세는 달성 군수로 있을 때 〈무이구곡도〉를 옮겨 모사하고, 〈무이지후(武夷志後)〉를 쓴 바 있는데, 이 그림은 제가 직접 보았습니다. 우복의 〈무이지후〉에는 "회옹(晦翁)의 〈무이정사기〉 및 도가 10수를 읽고 일찍이 신유목상(神遊目想)하지 않음이 없어, 혜장(鞋杖)이 그 사이에 미치지 못함을 한하였다. 마침내 달성읍에 부임해 서행보 군의 집에서 〈무이지〉를 구해서 공사(公事)의 여가에 읽어서 매우 익숙해졌다. 36봉에 굽이쳐 흐르는 좌우에 기형이관(奇形異觀)이 마치 몸으로 겪고 눈으로 본 듯하니 어찌 상쾌치 않으리오. 드디어 한 벌을 베끼고 또 구곡 총도 한 폭을 구했으므로 공인을 시켜 모사하여 책머리에 끼우고 퇴도선생(退陶先生)의 〈화도가(和櫂歌)〉 10절을 책 끝에 붙였으니 다른 날 임기가 차서 고향에 돌아감을 기다려 고요한 가운데 읊조리면 어찌 별취가 없겠는가. 아! 월(越)의 산수의 기상이 메말라 무이산의 천하 제일일 수는 없는데, 후세 선구(仙區)를 평할 때 반드시 화두로 삼고, 그림 속에 넣어 완상함은 무슨 까닭인가. 이는 반드시 까닭이 있을 것이니, 이를 음미해야 한다"고 쓰고, 말미에 '정미초하(丁未初夏)'라고 연대를 밝히고 있습니다.

성호 이익(1681~1763)도 〈무이구곡도발(武夷九曲圖跋)〉을 남겼습니다. 이 글에서 주자의 〈무이구곡도〉와 그 글을 모사했다고 되어 있는데, 이것은 현재도 보존되어 있습니다. 또 금리 권직희(1856~1913)는 〈무이구곡도설병도(武夷九曲圖說幷圖)〉에서 그해 봄 구곡시를 접한 후 느끼고 생각했던 감회를 밝힌 후, "스스로의 느낀 바로써 감히 삼가 그 그림과 시 아래에 그림을 그린다(敢以私心之所感者謹圖其下)"라고 말하면서 손수 구곡도를 제작하기도 했습니다.

난고 장선충(1619~1693)[6]은 688×107cm 크기의 〈무이구곡도〉 그림을 본인이 직접 모사했는데 제목 옆에 '회암선생원물(晦庵先生原物)'이라 쓰고 구곡시를 적은 말미에 '난고산인(蘭皐散人)'이라 밝혔습니다. 이 구곡도는 학봉 종가 운장각에 소장되어 있는 «무이산지도»와 그 구성 내용이 매우 유사합니다. 가로·세로 비는 약간 다르지만 수계(水溪)의 흐름이나 봉우리와 바위 위치, 각 곡의 위치까지가 거의 정확하게 들어맞습니다. 애석하게도 장선충은 누구의 소장 작품을 모사했는지를 밝혀놓지 않았습니다.

또한 영정조대에 제작된 것으로 보이는 경북 안동군 임동면 후평의 ‹김시찬가장(金時贊家藏)무이구곡도› 10폭 병풍, 서울에 있다고 하는 소유자 미확인의 도산·무이구곡 전도는 연구의 가치가 있다고 보입니다. 이밖에도 조선조에 ‹무이구곡도›··‹무이도가›·무이정사에 관한 기(記)나 시를 남긴 명현들은 많이 있습니다.

조선 왕실 기록과 ‹무이구곡도›

«군서율기(群書慄記)» 아송(雅誦) 권8에는 정조가 직접 쓴 ‹무이도가› 예찬 글이 남아 있습니다. 정조는 문체반정을 시도했을 만큼 문예학에 관심이 컸던 왕으로, 주자의 시를 시경 3백편 이후 '사무사(思無邪)'를 얻은 유일한 작품으로 평가했습니다. 그래서 선비를 기르려면 주자의 시를 가르쳐야 한다고 강조하기도 했습니다.

정조는 주자의 글 중에서도 ‹무이도가›를 높이 평가했습니다. 시에 도(道)를 비유한 점을 되새기며 "그 체(體)와 용(用), 현(顯)과 징(徵)의 묘리를 징험하고자 한다면 ‹무이도가›를 보라"고까지 한 바 있습니다. 또한 무극(無極)과 태극(太極)의 의미나 모든 수도(修道)의 원리는 재거감흥(齋居感興)에서 찾고, 인산지수(仁山知水)와 연비어약(鳶飛魚躍)으로써 용(用)도 ‹무이도가›로 근거를 삼으라고도 했습니다.

왕실 관련 기록에서 ‹무이도가›나 ‹무이구곡도›에 관한 부분은 그리 많지는 않습니다. 먼저 중종실록 제85권 32년 5월 1일(기묘)조에 "상천사

(上天使, 공용경을 가리킴)가 글씨로 주문공의 〈무이구곡도시(武夷九曲圖詩)〉를 써서 20장을 보내왔으니 곧 병풍 2좌를 만들라"는 기록이 있으나 그 작품은 아직 확인되지 않고 있습니다.

한편, 《영조실록》 기록과 관련되어 그려진 〈무이구곡도〉도 있습니다. 영조 15년 기미(1739) 4월 11일(정해)조에는 이런 구절이 있습니다. "온릉에서 삭망(朔望)에 분향하는 일을 의논하였더니, '이미 위선당(爲善堂)에서 삭망전(朔望奠)을 행하였으니 능소(陵所)에서도 이에 따라 행해야 할 것이다.'라고 합니다. 능관(陵官)이 시기에 앞서 향을 받아가게 해야 하겠습니다"라 했고, 같은 해 5월 30일(을해)조에 이와 이어져 이렇게 기록되어 있습니다. "온릉봉릉도감(溫陵封陵都監)의 신하들에게 상을 주었다. 도제조(都提調) 송인명에게 말을 내리고, 제조(提調) 조최수·윤양래·박사정, 도청(都廳) 송징계·민정(閔珽)에게 모두 가자(加資)하고, 감조감역관(監造監役官) 7인과 본릉(本陵)의 참봉(參奉) 1인은 모두 6품에 올리고 이례(吏隷)에게는 차등을 두어 상을 주었다."

실록의 이런 기록과 관련되어 그려진 〈무이구곡도〉가 바로 영남대학교 박물관에 소장된 〈단경왕후무이구곡도〉 병풍입니다. 이 병풍은 8폭으로, 한 면에는 〈무이구곡도〉가 그려져 있고, 다른 한 면에는 우의정 송인명이 쓴 〈온릉봉릉도감좌목서(溫陵封陵都監座目序)〉가 있습니다. 글 첫머리에 '상지십오년기미(上之十五年己未)(영조 15년, 1739)'라고 제작 연대

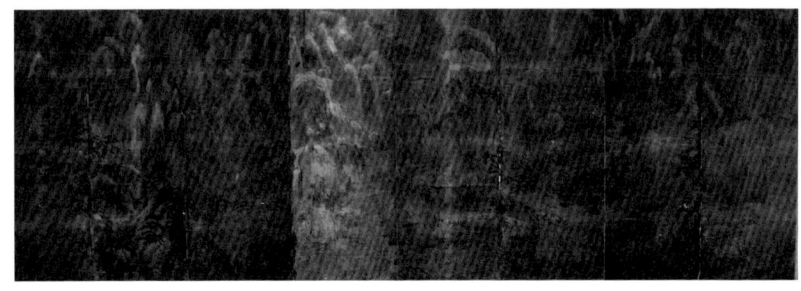

〈단경왕후무이구곡도병〉, 도화서 화원, 견본담채색, 1739

가 밝혀져 있고, 글 내용 중에 '도감필유계병 소이기동사 불망야(都監必有契屛所以記同事不忘也)'라고 병풍의 제작과 기록의 필요성을 설명하고 있습니다. 병풍의 〈무이구곡도〉는 통 그림으로 되어 있는데, 도감을 구성해서 왕실에서 제작한 〈무이구곡도〉로는 처음 발굴된 것이라 앞으로의 연구에 기대가 큽니다.

《승정원일기》 제 1008책 '영조 22년 병인 9월 망전'조[7]에는 "上日靜攝中欲以消遣, 玉堂有武夷九谷圖乎, 考出可也, 此則在春邸時所見者也", 즉 "조용히 몸을 조리하는 중에 시간을 보내고 싶은데, 홍문관에 〈무이구곡도〉가 있는가? 조사하여 내어 오는 것이 좋겠다. 이것은 내가 세제로 있을 때 보았던 것이다"라는 구절이 나옵니다. 영조가 세제 때라면 경종이 재위할 때인데, 그 당시 홍문관에 보존된 〈무이구곡도〉가 있었다는 말이 됩니다. 이 작품은 현존하지 않아 규모와 내용을 알 길이 없으니 안타까운 실정입니다.

성리학의 은둔적 세계관과 구곡 경영

고려 말 안축의 경기체가 〈죽계별곡〉으로 알려진 죽계천과 조선 시대 주세붕의 《죽계지(竹溪誌)》에 등장하는 죽계구곡은, 주자의 무이구곡을 모방하여 명명된 구곡으로는 우리나라 최초의 것입니다. 죽계천의 아래쪽에서부터 시작해서 위쪽으로 진행되는 구곡은, 제1곡 백운동 취한대(白雲洞聚寒臺), 제2곡 금성반석(金城盤石), 제3곡 백자담(柏子潭), 제4곡 이화동(梨花洞), 제5곡 목욕담(沐浴潭), 제6곡 청련동대(靑蓮東臺), 제7곡 용추비폭(龍湫飛瀑), 제8곡 금당반석(金堂盤石), 제9곡 중봉합류(中峰合流) 등으로 명명되었습니다.

이와 달리 초암구곡(草庵九曲)이라는 구곡도 있는데, "부의 서북 20리에 초암중동(草庵中洞)에 있다"고 설명되어 있으며, 그 위치는 초암동(草庵洞) 동쪽에서 월명봉 서쪽을 포함해서 원적봉 가운데(圓寂峯中)까지라고 합니다. 이 구곡 역시 죽계천을 끼고 있고, 초암에서 시작해 아래로 진행되고 있습니다.

추측컨대 이 초암구곡은 퇴계 이황이 명명한 것이 아닌가 합니다. 초암구곡을 설명하는 글 내용 중에 '백연봉연좌암우 이퇴계소명명 이청운대미상소화(白蓮峯宴座巖右李退溪所命名而靑雲臺未詳所化)'라는 설명이 보이기 때문입니다. 또한 현재 배점(裵店, 이화동)에는 퇴계 이황과 관계된 유적들이 있어서, 이런 추측의 근거가 되어줍니다.

초암구곡이 문헌에 나타나 있는 때가 1549년(기유년)인데, 퇴계 이황이 〈도산잡영병기(陶山雜詠幷記)〉를 쓴 것이 명종 16년(신유년, 1561)입니다. 그 가운데 "영지산(靈芝山) 한 가닥이 동으로 뻗어 도산(陶山)이 되었는데……"라고 하면서 건물 당호를 완락재(玩樂齋)·암서헌(巖棲軒), 사(舍)는 시습재(時習齋)·지숙요(止宿寮)라 했으며, 각각을 도산서당과 농운정사라 했다는 구절이 나옵니다.

퇴계는 도산서당 앞의 냇가 낙천(洛川)에 12곡을 명명하고 〈도산지곡지일,[9]의 가사를 짓기에 이릅니다.

퇴계의 도산12곡 경영은 서애 유성룡의 운선구곡, 한강 정구의 무흘구곡 등으로 이어졌습니다. 또 율곡 이이는 해주에 고산구곡을 조영하고, 〈고산구곡가〉[10]를 짓기도 했습니다. 고산구곡은 곡운 김수증(1624~1701)의 화양구곡(華陽九曲), 이계 홍양호(1724~1802)의 우이구곡(牛耳九曲), 화서 김평묵(1819~1888)의 옥계구곡(玉溪九曲) 등으로 이어져, 조선 말기까지 여러 곳에서 구곡이 경영되었던 사실이 확인됩니다.

글을 마치며

조선 500여 년 동안 중국 무이구곡을 실제로 참배한 성리학사는 한 사람도 없습니다. 다만 금계(錦溪) 노인(魯認)[11]이 1597년 남원에서 일본군에게 생포되어 일본 땅으로 잡혀갔다가, 1599년 3월 17일 명나라 사신의 배를 타고 일본을 탈출하여 중국 장주에 닿은 사실이 있습니다. 그는 같은 해 5월 22일 무이서원(武夷書院)에서 시를 지었습니다.[12] 그 후 같은 해 12월 25일에 귀국, 선조를 배알하였습니다.

조선 시대에 농업 기반이 안정된 시기는 세종과 문종 때라고 볼 수 있습니다. 이 시기는 권농정책으로 여러 가지 국가적 사업이 진행되었습니다. 이를테면 과학기술, 농업기술과 인쇄술을 장려했고, 토목사업을 펼쳐 제방이나 보를 설치했으며, 벼의 수경(水耕) 재배가 활발하게 발전한 것도 이 시기입니다. 고려 말에 도입된 〈소상팔경도〉 화풍이 성행한 것도 이 시기의 일이었습니다. 〈무이구곡도〉는 그로부터 약 100여년 후에나 성행하였는데, 이 사실은 왕조의 통치기반이 불안정했다는 점과도 관련이 있는 것으로 생각됩니다.

공간을 전공하는 제 입장에서는, 조선 시대에 생산된 주자의 무이구곡에 관한 글들은 몽유적 상상의 표현에 불과하다는 느낌이 듭니다. 우리나라 환경은 송나라와는 다른 공간적 특징을 갖고 있으며, 더욱이 무이구곡이라는 것은 멀리 떨어진 이국 땅에 있는 것이기 때문입니다.

〈무이구곡도〉 모사나 방작, 〈구곡도가〉의 차운(次韻) 같은 현상은 퇴계 시대에 이르러 사문(斯文)에 유행하였고, 그 유행이 조선 말기까지 이어집니다. 구곡 경영 역시 죽계구곡을 시작으로, 퇴계의 도산십이곡과 율곡, 한강 등을 거쳐서 조선 말기까지 성행했습니다. 조선 시대 전반에 걸쳐 성리학 이외의 학문과 사상은 받아들여지지 못했다는 점이 이런 현상의 원인으로 작용했을 것입니다.

구곡 경영은 곧 향촌 확보, 즉 장원(莊園)을 조성하는 실질적인 한 방법이 되기도 했습니다. 구곡이 성리학을 기본으로 하는 가족 및 친족 구조를 공고하게 다지는 하나의 토대가 된 것입니다.

구곡 영역은 최소 10리 내외에서 100여 리에 이르는 거리를 확보하기도 합니다. 구곡이 있는 장소들은 이전부터 경승처 또는 가경처로 알려져 있던 곳도 있고, 불교 사원의 전지(田地)인 곳도 많습니다. 불교 사원을 끼고 구곡을 경영했던 방식은 연구할 만한 대상으로, 이런 연구에서 불교와 유림의 공간적, 물질적인 관계도 밝혀질 수 있을 것입니다.

이 밖에도 연구되어야 할 분야는 더 있습니다. 〈무이도가〉를 차운해서 지은 시는 모두 한시(漢詩)인 데 비하여, 퇴계와 율곡이 경영한 도산십이곡이나 고산구곡을 다룬 시들은 왜 한글로 지어졌을까요? 이것은 아마도 악학사(樂學史)의 관점에서 다루어져야 할 문제일 것입니다.

〈무이구곡도〉가 전도(全圖)의 족자 형식에서 장축 두루말이, 화첩, 병풍으로 변모해가는 과정에 대해서도 미술사나 문화사 분야의 연구가 필요합니다. 두루말이와 화첩, 족자, 병풍은 각각 기능과 용도가 다르기 때문입니다. 병풍 형식의 〈무이구곡도〉는 대체로 영정조대에 다량으로 만들어져 성행하였는데, 그 이유는 무엇인지 궁금합니다.

건축사 측면에서 이 작품들의 공간적인 의미 관계도 연구되어야 할 것입니다. 또, 단경왕후를 위한 것으로 통그림 형식을 취한 영남대학교 박물관 소장 〈무이구곡도〉 병풍은 온릉을 치장, 정비하고 난 후 제를 올릴 때 사용하기 위해 제작된 것으로 판단되는데, 이 역시 영정조대의 정치 상황과 연계해서 연구되어야 할 필요가 있습니다.

퇴계와 율곡 학맥 문인들은 다수가 조선 말기에 이르기까지 구곡을 경영한 반면, 남명학파에서는 한강 정구를 제외하고는 남명 본인을 위시한 그의 문인들 누구도 구곡을 경영한 사실이 없다는 점도 특이합니다. 한강은 남명에게도 사사했지만 퇴계에게도 사사했기 때문에 두 학맥 모두와 연원이 닿아 있다는 사실을 상기한다면, 학풍과 구곡 경영의 관련 역시 고민할 만한 문제입니다.

〈무이구곡도〉는 하나의 그림 작품이 아니라 이처럼 다양한 문화사적 맥락에서 연구되고 이해되어야 하는 주제입니다. 공간을 구현하고 있지만 사상과 철학에 그 근본이 이어져 있으니, 단순한 산수화가 아니라는 말입니다. 아울러 이 작품이 우리나라의 구곡 경영과 가지고 있는 관련성에 대해서도 보다 차분하고 정밀한 연구가 필요합니다.

우리나라에서 조사된 ‹무이구곡도›의 특징과 변천상

그림 형식

1. 전래 초기 ‹무이구곡도›는 세로가 가로보다 긴 전도(全圖) 형식을 받아들였다. 예로는 운장각의 ‹무이구곡지도›가 있다.
2. 16세기 중기 이후, 세로 1척 내외, 가로 10척 이상으로 긴 장축(裝軸) 두루마리 형식으로 변용되었고 화첩류가 발생했다. 이중구가장(李仲久家藏)·이성길 작의 ‹무이구곡도›가 그렇다.
3. 17~18세기에 서책 형식의 화첩류가 유행한다. 이런 형식의 ‹무이구곡도›로는 정경세(鄭經世)가 모작한 «무이구곡도화첩(武夷九曲圖書帖)»이나 «무흘구곡도첩(武屹九曲圖帖)» 등이 있다.
4. 18세기 초 이후에는 8~10폭 병풍 형식이 유행한다. ‹김시찬가장 무이구곡도› 10폭 병풍과 ‹고산구곡도(高山九曲圖)› 12폭 병풍 등이 있다.

그림 내용

1. «무이산지(武夷山志)»의 전도는 서책 한 절 두 면에 표현되었는데 산과 계(溪)가 표현된 그림으로 볼 수 있다. 산봉우리 사이에 계류(溪流)가 @형으로 배치됐는데, 이러한 구도법은 세로 대 가로 길이의 비가 변해도 불변으로 남아 있다. 그렇지만 16세기 중엽 이후부터는 그림의 좌측에서 우측으로 진행되는 거의 직선형 계류 구도법이 나타난다.
2. 1739년 제작된 병풍 형식 작품에서는 눈에 띄는 변화를 찾아 볼 수 있다. 규모로는 기존에 발굴된 것들보다 엄청나게 큰 것이기는 하지만, 계류의 모양이 변용된 것이다. 그 중심이 되는 곳에 제5곡이 묘사되었고, 좌우에 4곡·6곡이 묘사되어, 세 개의 무리로 구성되었다. 왼쪽부터 1·2곡이, 중심부에 4·5·6곡이, 오른쪽 부분에는 7·8·9곡이 배열되었다. 병풍에서만 볼 수 있는 구성 내용인 것이다.
3. 정조·순조 대에는 여러 종류의 구곡도 병풍이 만들어졌는데, 대체로 10폭 병풍 형식들을 취했다. 현재 국보 제237호로 지정된 12폭 병풍 형식 ‹고산구곡도›(1803)는 기(記)와 시발(詩跋)이 첨가되어 만들어진 병풍 형식이다.

무이구곡과 관련된 조선 시대 문헌 자료

- 조식(曹植, 1501-1571)
  무제시에 〈무이구곡수의포(武夷九曲水依佈)〉의 시구 중 일부가 포함됨
- 김인후(金麟厚, 1510-1560)
  〈무이산부(武夷山賦)〉
- 기대승(奇大升, 1527-1572)
  〈무이도가화운(武夷櫂歌和韻)〉
- 고봉퇴계 왕복서신
- 김효원(金孝元, 1532-1590)
  〈구절벽차주자무이도가십수운 (九折壁次朱子武夷櫂歌十首韻)〉
- 조익(趙翼, 1579-1655)
  〈무이도가십수해(武夷櫂歌十首解)〉, 〈독퇴계왕복서(讀退溪往復書)〉
- 이만부(李萬敷, 1664-1732)
  〈무이지략(武夷志略)〉
- 이익(李瀷, 1681-1763)
  〈서무이구곡도(書武夷九曲圖)〉
- 권직희(權直熙)
  〈무이구곡도설(武夷九曲圖說)〉
- 이홍유(李弘有, 1588-1671)
  «둔헌집(遯軒集)», 권4, 〈제무이구곡도족자(題武夷九曲圖簇子)〉 2수
- 송준길(宋浚吉, 1606-1672)
  «동춘당집(同春堂集)», 권11, 〈여이사심경진(與李士深庚辰)〉

- 이충민(李忠民, 1588-1673)
  «모암집(慕巖集)», 권1, '초천도상별성천상인, 상인랑정미, 화무이구곡도, 상한강선생자야(椒泉道上別性天上人上人郞丁未畵武夷九曲圖上寒岡先生者也)'
- 임상덕(林象德, 1683-1719)
  «노촌집(老村集)», 권1, 〈경화무이도가십장(敬和武夷櫂歌十章)〉 중 6장
- 김진우(金鎭祐)
  «물천집(勿川集)», 권13, 〈제무이구곡도후 임오(題武夷九曲圖後 壬午)〉
- 정종영(鄭宗榮, 1513-1589)
  «항재집(恒齋集)», 권6, 〈소병풍무이구곡도발 (小屛風武夷九曲圖跋)〉
- 정종노(鄭宗魯)
  «입재집(立齋集)», 권6, '가유무이도병사적시문일권, 내선조문장공위달성시사공모이사인서자야, 구곡형승, 완여목격, 우퇴도차도가시, 급당시발어병재기중, 마사풍통, 불화천재지위원, 수성차편운(家有武夷圖幷事蹟詩文一卷乃先祖文莊公爲達城時使工摹而使人書者也九曲形勝宛如目擊又退陶次櫂歌詩及當時跋語幷在其中摩抄諷通不和千載之爲遠遂成此篇云)'
- 김인섭(金麟燮)
  «단계집(端溪集)», 권1, 〈독퇴계선생제황중장화십첩근차기운(讀退溪先生題黃仲掌畵十帖謹次其韻)〉
- 정조(正祖, 1752 - 1800)
  〈무이도가〉

무이정사잡영병기
武夷精舍雜詠幷記

무이산 계류는 동으로 흘러 모두 아홉 구비를 이루었는데, 그 중에서 제5곡이 가장 깊숙하다. 북에서 남으로 뻗은 산줄기가 이곳에서 멈추면서 솟아올라 바위 봉우리를 이루니 높이가 천 척이다. 봉우리 윗부분이 조금 평탄하고 얼마간 흙이 덮여 작은 숲을 이루었는데 매우 푸르러 볼 만하다. 네 귀는 약간 수그러지다가 치켜 올라가면서 잘리어 마치 사각형 건물에 모자를 씌운 듯하니, 옛 경전에 이른 바 '대은병(大隱屛)'이라는 것이 이것이다.

이 대은병 양쪽 산등성이[양록]는 매우 험하여 멀리 뻗어 갔다가 다시 들어와 서로 얼싸안으니, 둘러싸인 땅은 평탄하고 넓어서 수백 보가 되고 이 분지 밖 계곡 물은 산세를 따라서 서북에서 흘러서 네 번이나 꺾이다가, 처음으로 남쪽을 지나 다시 산을 감싼다. 동북으로 흐르는 물 역시 꺾이다가 두 줄기 계류를 이루며, 양쪽 붉은 벼랑과 푸른 절벽에 숲이 무성하니, 그 솜씨가 귀신의 조각 같아 이루 형언할 수 없다.

배를 타고 오르내리면서 좌우를 돌아보면 뜻밖에 놀라운 광경이 그치지 않다가 홀연히 평강장부(平岡長阜, 평평한 등성이와 길다란 작은 산)와 푸른 덩굴과 무성한 나무들을 만나며, 좁았다가는 다시 뚫리어 넓어지며, 뒤엉킨 칡넝쿨은 울창하게 뒤덮여 사람의 마음과 눈을 서요(舒窈)하며, 시(詩)도 광활하여 조망을 가리는 것을 없게 하니, 그 깊이가 더 없는 곳이 바로 '무이정사'다. 바로 양쪽 산등성이가 끌어안고 있는 한가운데 서남을 향해 세 간 집을 지었으니 '인지당(仁智堂)'이다. 인지당 좌우에 두 개의 건물이 있는데, 왼쪽 건물은 '은구재(隱求齋)'라 쉴 수 있도록 갖추어 놓은 곳이요, 오른쪽 건물은 '지숙요(止宿寮)'라 하니 친구와 손님을 맞이하는 곳이다.

산맥 왼쪽 산등성이 밖에서 다시 다가와 오른쪽 산등성이를 감싸는 곳에 하나의 언덕이 있어 쌓여진 바위로 문을 이루었으니, 이름 하여 '석문오(石門塢)'라 하였다. 그 안에 집 한 채가 있어 선비들을 거처하게 하여 배우며, 《예기》 '학기편(學記篇)'에 있는 '상관이선(相觀以善, 서로 깨달은 바를 권한다)'의 뜻을 취하여 '관선재(觀善齋)'라 하였다. 석문 서쪽 약간 남쪽에 또 집이 있어 도를 닦는 무리들이 거처하며 도가 서적과 《진화중어(眞話中語, 20권으로 양도광경이 편찬한 책으로 신선수진결의 내용을 다룸)》를 취해서 '한서관(寒棲館)'이라 하였다.

관선재 바로 앞산 아래 정자를 짓고 대은병을 돌아볼 수 있게 하여 알맞게 두었으니, 두자미(두보)의 시어를 취하여 '만대정(晩對亭)'이라 하였다. 그 동쪽에 배산임수한 곳이 있는데 또 정자를 지을 터로 삼고 호공(胡公) 인(寅)의 시어를 취해 '철적정(鐵笛亭)'이라 하였다.

한서루(寒棲樓) 밖 울타리를 따라 떡갈나무를 심어 양쪽 산등성이 입구를 경계로 삼고 사립문으로 입구를 삼아 '무이정사'라 편액했다.

순희(淳熙) 계묘(癸卯)년(1183) 봄 정자를 짓기 시작하여 4월 16일 완성하니 '인지당'이다. 사방에서 글 배우는 사람들이 오기 시작하여 그 수가 매우 많았으며, 좋은 경치를 칭찬하여 마지않으나, 다른 집들을 갖추지 못하여 오래 머물 수가 없었다.

낚시터와 차 달이는 아궁이 등은 모두 서쪽 여울가 바위 위에 있고 계류 북쪽 벼랑에 주방이 있다. 계류 중에 큰 바위가 있어 8~9명이 넉넉히 앉을 수 있고, 사면이 모두 깊은 물에 맞닿았다. 바위 한가운데 웅덩이가 패여 자연히 화덕을 이루어 차를 끓일 수 있다. 계수는 모두 아홉 구비를 이루는데 좌우가 다 석벽들이라 발을 딛고 올라설 만한 길이 없는데, 다만 남산 아래 지름길이 있을 뿐이다. 정사가 계곡 북쪽에 있으므로 모든 출입을 그리로 하지 않으면 안 되고, 고깃배가 아니면 건널 수 없다.

총총히 노래 읊어 모두 12편의 변변치 못한 시를 지어 그 사실을 적으니, 밝고 어두움의 모든 기상 변화와, 안개, 초목들의 이상한 모양들로부터 인간들의 나들이며, 새 소리와 짐승들의 울음소리가 하루 종일 끊이지 않는다. 동호인들은 내가 말하려고 하였으되 다 하지 못한 것을 발명(發明)하여 주기를 바란다. 순희(淳熙) 갑신(1184)(이하 시문은 생략)

국내 구곡 일람표

이름	위치	경영자	연대
우이(牛耳)구곡	서울 강북 우이동	홍양호(洪瀁浩)	18세기
벽계(碧溪)구곡	경기 양평 서종면	이항노(李恒老)	19세기
옥계(玉溪)구곡	경기 가평 군북면	김평묵(金平黙)	19세기
곡운(谷雲)구곡	강원 화천 사내면	김수증(金壽增)	17세기
남전(藍田)구곡	강원 철원 인근	노정옹(露頂翁)	17세기
태화(太華)오곡	강원 철원 갈말읍	김창흡(金昌翕)	17세기
고산(高山)구곡	황해 해주	이이(李珥)	16세기
운선(雲仙)구곡	충북 단양 가곡면	류성룡	16세기
화양(華陽)구곡	충북 괴산 청천면	송시열(宋時烈)	17세기
횡강구곡	충북 제천	권상하(權尙夏)	18세기
용하(用夏)구곡	충북 제천 덕산면	?	18세기
갑자(甲子)구곡	충남 공주 계룡면	尹아무개	20세기
용산(龍山)구곡	충남 공주 반포면	?	?
주자(朱子)구곡	전북 진안 용담면	김정중(金定重)	16세기
봉래(蓬萊)구곡	전북 부안 변산면	?	?
용호(龍湖)구곡	전북 남원 주전면	?	?
무이(武夷)구곡	전북 무주 설천면	?	-
쌍봉(雙鳳)십이곡	전남 화순 이양면	梁아무개	-
무흘(武屹)구곡	경북 성주 수륜면	정구	16세기
도산(陶山)십이곡	경북 안동 예안면	이황	16세기
죽계(竹溪)구곡	경북 영풍 순흥면	주세붕	16세기
초암(草菴)구곡	경북 영풍 순흥면	이황(?)	16세기
포천(佈川)구곡	경북 성주 수륜면	이원조(李源祚)	19세기
화지(花枝)구곡	경북 금릉 대항면	권섭(權涉)	18세기
고산(高山)칠곡	경북 안동 남선면	이상정(李象靖)	18세기
백련(白蓮)구곡	경북 을주 두동면	최남복(崔南福)	19세기
동계(東溪)구곡	경북 영풍 순흥면	김동진(金東鎭)	20세기
선유동(仙遊洞)구곡	경북 상주	?	?
와계(臥溪)구곡	경북 안동 임동면	김아무개	-
반변(半邊)구곡	경북 안동 임동면	김아무개	?

현재 상태	출전	기타
유원지, 일부 훼손	이계문집(耳溪文集)	벚나무
유원지, 1곡 수몰	문집 없음	
군부대 주둔	중암집(重菴集)	
일부 훼손	곡운집(谷雲集)	병풍 2좌(국립박물박 소장)
미확인	삼연문집(三淵文集)	
군부대 주둔	삼연문집(三淵文集)	
재이북, 미확인	율곡전서	구곡도
일부 훼손	도담행정기(島潭行程記)	유지양호
유원지, 양호	화양동지	구곡도 소실
부분 수몰	옥소문집(玉所文集)	
양호, 유원지	변문집	
극히 양호	각자(刻字)	해평 윤씨
미확인	?	
수몰	고지도	가전(家傳)병풍
폭포만 확인	구전(口傳)	
양호, 미확인	구전	
-	-	
양호	각자 구전	
일부 수몰, 훼손	한강집(寒岡集)	구곡도 화첩(도난)
수몰	퇴계문집(退溪文集)	십이곡도
일부 수몰	순흥 읍치	
양호	순흥 읍치	구곡 각자
양호	문집, 병풍	
최근 훼손중	옥소문집(玉所文集)	
최근 파손	대산문집(大山文集)	구곡도 화첩
9곡 수몰	도사집(陶寫集)	구곡도, 병풍
최근 일부 훼손	정산문집(貞山文集)	
유원지, 완형	구전	
일부 수몰	와계집(臥溪集)	의성 김씨
완전 수몰	구전	의성 김씨

주석

곳곳에 스민 임금의 권위:
전북 지역의 관아 건축

1. 고창읍성: 지도에 보이는 고창읍성은 모양성이라 불린다. «대동지지»에 따르면 둘레 3080척, 높이 12~15척으로 동쪽과 북쪽에 성문이 있었다. 성 안에는 못이 둘, 섬이 네 곳에 있었으며 관아 건물들이 있었다고 한다. 지금은 전부 헐리고 작청의 일부가 남았는데 북쪽으로 옮겨 지어 놓았으며 북문 자리에는 공북루(拱北樓)가 세워졌다. 성벽은 높이 3~5m, 둘레 10m 정도 규모로 옛 그대로 남아 있다.
2. «신증동국여지승람» 권36, 전라도 고창현.
3. 무장읍성: 무장읍성은 현재 무장면 성내리에 성터가 남아 있다. 고려 경종 때 쌓았는데 «신증동국여지승람»에 따르면 2639척에 높이 7척이었다고 한다. 지금은 터만 남아 있다. 조선 시대에 세운 진남문(鎭南門)루와 객사는 보존되어 있다.

역사의 완료가 아닌 축적:
경주의 도시 계획과 터 잡기

1. 무릇 제사의 예는 천신에게는 '사(祀)'라 하고, 지기(地祇)에게는 '제(祭)'라 하고, 인귀에게는 '향'이라 하고, 공자에게는 '석전(釋奠)'이라 한다.
2. 서출지: 서출지는 사적 제 138호의 유적지인데, 면적 7000㎡이고 못의 둘레는 약 200m이다. 신라 때부터 내려오는 저수지로서 제21대 소지왕 전설과 관련이 있다.
3. 무산: 사천성 무산현 동쪽에 있는데, 무협이라고도 한다. 파산산맥이 특별히 솟아 오른 곳으로 12봉이 있는데, 그 봉 아래에 신녀묘(神女廟)가 있다. 초양왕(楚襄王)이 운몽에서 놀았는데, 고당관에서 바라다보니 이상한 구름이 보였다. 물어 보니 '조운(朝雲)'이라 하며 선왕인 초나라 회왕의 고사가 있다고 했다. 회왕이 고당관에 왔을 때 꿈에서 무산 신녀를 만나 하룻밤을 보냈는데 신녀가 떠나면서 '저는 무산 남쪽 봉우리에 사는데 매일 아침이면 구름이 되고 저녁에는 비가 되어 양대에 머물겠다'라고 하였다. 과연 그 말과 같아서 사당을 지어 조운묘라고 하였다고 했다.
4. 석탈해: 정식 칭호는 탈해이사금(脫解尼師今)으로, 성은 석(昔)이다. 용성국(龍城國)의 왕과 적녀국(積女國)의 왕녀 사이에 태어난 알이 궤짝에 담겨 표류하다가 기원전 19년(박혁거세 39년) 아진포(阿珍浦;영일)에서 한 노파가 발견하여 기른 것이 후에 탈해왕이 되었다는 설화가 전한다. 기원후 8년(남해왕 5년)에 왕의 사위가 되고 10년 대보(大輔)에 올라 군국정사(軍國政事)를 맡아 보았다. 57년 유리왕이 죽자 선왕인 남해왕의 유언에 따라 왕위에 올랐다. 즉위 후 백제를 자주 공격했으며 일본과는 화친했다. 65년 시림에서 김알지를 얻고 시림을 계림(鷄林)이라 개칭하여 국호로 정하고, 주(州)에 주주(州主), 군(郡)에 군주(郡主) 등의 관직을 새로 만들었다. 77년 황산진(黃山津)에서 가야와 싸워 크게 이겼다. 능은 양정(壤井, 경주 북쪽)에 있다.

길이 생기자 많은 것이 달라졌다:
경남 덕유산 지역의 서원과 민가 건축

1. 이동항: 경기도 광주가 본관인 조선 정조 때의

학자로 자는 성재, 호는 지암이다. 1767년에 속리산을 방문한 후 기행문인 〈유속리산기〉를, 1790년 지리산을 유람한 후 《방장유록》을, 1791년에는 금강산을 둘러본 후 〈해산록〉을 남겼다.

2 표연말: 조선 전기의 문신. 성종 실록의 편찬에 참여하였고, 폐비 윤씨의 추숭(追崇)을 반대하였다. 소릉(昭陵, 文宗妃 顯德王后陵) 추복(追復)에 관한 사실을 사초(史草)에 적은 것과 김종직의 행장(行狀)을 미화해 썼다는 이유로 무오사화 때 유배 도중 죽었으며, 갑자사화 때 부관참시되었다가 뒤에 신원(伸寃)되었다.

3 경상우도: 경상도를 낙동강의 경계로 좌우로 나누어 분할하여 보는 조선 시대 지리 영역 표현이다. 여기에서 좌우 개념은 오늘날 우리가 흔히 지리적 방위 개념으로 쓰는 동서(東西)와는 다른 개념이다. 좌우 개념은 그 시대의 중심 인물인 임금님(한양)이 남쪽을 향해 보았을 때, 임금님의 좌측(지리적으로는 동향)과 우측(지리적으로는 서향)으로 나눈 방향 개념이다. 이런 좌우 개념은 동양의 방위 개념에서 나온 것으로, 중심과 전후좌우라는 오방(五方) 개념에서 유래한 것이다. 중심에 있는 인물을 기준으로 그 인물의 좌우를 표현하는 방식으로 전통 건축의 평면 배치를 설명할 때의 방위 역시 이에 따른다. 사찰 건축의 경우 어떤 특정한 건축물의 입지를 설명할 때, 중심 건축물(금당)이 바라보는 방향(정면성)을 기준으로 전후좌우 어떤 방향에 배치되었는가를 설명하는 방식이 대표적인 예이다.

4 원터마을: 원터마을은 경북 김천시 구성면 상원리의 전통 마을이다. 한국의 전형적인 농촌 마을이면서도 조선 시대 경북 지역 사대부 집안의 건축 양식을 엿볼 수 있는 몇 안 되는 지역 중 하나다. 마을 이름인 원터는 조선 시대 이곳에 관영의 숙소인 상좌원(上佐院)이 있었다 하여 유래되었다. 일명 원기(院基)라고도 한다. 이 마을에 사람이 살기 시작한 것은 조선 중기인 1510년(중종 5년) 즈음으로 추정된다. 연안 이씨 부사공파 일가가 처음 터를 잡고 마을을 이룬 이후 오늘까지 이 집안의 세거지로 명맥을 이어온다. 전형적인 배산임수형 지형에 입지하였으며 낮은 산이 마을의 세 면을 감싸고 마을 앞으로 벼를 키우는 넓은 들판이 펼쳐졌다.

5 방초정: 경북 유형문화재 제46호. 유학자인 이정복이 인조 3년(1625)에 지은 정자로, 원터 마을의 중심 시설이다. 1689년(숙종 15년)에 중건된 뒤 1727년(영조 3년)에 보수를 거쳐 1736년 홍수로 유실되었던 것을 《가례증해》를 저술한 이의조(李宜朝)가 1788년(정조 12년)에 다시 지어 지금에 이른다.

6 한수정: 충재 권벌은 57세 때인 조선 중종 29년(1534)에 심신을 휴양하고 독서를 하기 위해 거연헌이라는 건물을 세웠다. 이 자리에 그 후손이 1608년 세운 정자가 한수정이다. 찬물처럼 맑은 정신으로 공부하는 정자라는 의미의 이름이다. 여러 차례 중수를 거쳤으나 한국전쟁 때 많이 파손되었다. 현재는 주위로 송림이 무성하고 연못이 있다. T자형 평면으로 정면 3간, 측면 2간의 팔작지붕이다. 권벌은 예조와 병조 판서를 지내고 영의정에 추존되었다.

7 면앙정: 면앙정은 1533년(중종 28년) 송순이 건립하였는데 이황을 비롯한 강호의 학자, 선비들과 더불어 학문을 논하며 후학을 길렀던 곳이다. 전남 담양 봉산면 제월리 제봉산 자락에 있는데 "내려다보면 땅이, 우러러보면

하늘이, 그 가운데 정자가 있으니 풍월산천 속에서 한백년 살고자 한다"고 읊은 곳이다. 정면 3간, 측면 2간의 팔작지붕 건물이며 4개의 활주가 추녀 끝을 받치고 있다. 측면과 좌우에 마루가 있고 중앙에 방을 배치했다. 최초의 모습은 비와 바람을 겨우 가릴 정도의 초정이었다 한다.

8 팔경시: 팔경시의 기원은 소상팔경부터인데 북송의 문인화가 송적(宋迪)이 소수와 상수 주변의 여덟 곳의 경승을 그림으로 그린 데서 비롯되었으며, 곽희, 미우인, 법상, 맹진 등에 의해서도 반복해서 그려졌다. 심괄이 쓴 «몽계필담»의 시화편에 '도화원외랑인 송적은 그림을 잘 그렸는데 더욱 평원산수를 잘하였다'는 구절이 있다. 그것을 보고 전하는 이들이 '평사낙안, 원포귀범, 산시청람, 강천모설, 동정추월, 소상야우, 연사만종, 어촌석조' 등의 시제를 붙여 팔경이라 칭하고 호사가들이 이를 전했다고 한다. 고려 시대 이인로의 팔경시 차운을 비롯 많은 사람들이 팔경시를 읊었다. 조선 개국 초에는 정도전의 신도팔경시가 있는데, 1398년 4월에 임금에게 바친 것이다. 내용은 '기전산하, 도성궁원, 열서성공, 제방기포, 동문교장, 서강조박, 남도행인, 북교목마' 등의 제목으로 나뉜다.

9 «논어» 선진 편에 나오는 구절. 공자가 제자들에게 원하는 바를 묻자 제자 증점이 "늦은 봄 봄옷이 차려지면, 어른 오륙 인과 아이 육칠 인으로 기수에서 목욕하고(浴乎沂), 무우에서 바람을 쐬고(風乎舞雩), 노래하며 돌아오겠습니다(詠而歸)."라고 대답하니 공자가 탄식하며 "나도 너와 함께 하겠노라."라고 대답했다 한다.

10 정온: 본관이 초계로, 자는 휘원, 호는 동계, 고고자다. 시호는 문간이다. 1610년 진사로 문과에 급제하여 설서, 사서, 정언 등을 역임했다. 1614년 영창대군의 처형이 부당하다며 가해자인 강화 부사 정항의 참수를 주장하다가 제주도 대정에서 10년 간 유배 생활을 하였다. 그동안 «덕변록»과 ‹망북두시›, ‹망백운가› 등을 지어 임금을 사모하고 나라를 걱정하는 뜻을 토로하였다. 1623년 인조 반정으로 석방되어 헌납에 등용되었다. 1636년(인조 14년) 병자호란 때 이조참판으로 척화를 주장하다 화의가 이뤄지자 사직하고 덕유산에 들어 은거하다가 5년 만에 죽었다. 영의정에 추증되었고, 경기도 광주의 현절사, 제주의 귤림서원, 함양의 남계서원에 제향되었다. 문집으로 «동계문집»이 있다.

11 정여창: 본관이 하동이며 자는 백욱, 호는 일두, 시호는 문헌이다. 함양 출생으로 김종직의 문인이었다. 지리산에 들어가 3년간 오경과 성리학을 연구하였다. 1483년(성종 14년)에 성균관 유생이 되고 1490년 학행으로 천거받아 소격서 참봉이 되었다. 같은 해 별시문과에 병과로 급제, 검열을 거쳐 세자시강원 설서, 안음 현감을 지내고 1498년(연산군 4년)에 무오사화로 종성에 유배되었다. 성리학의 대가로 경사에 통달했고, 실천을 위한 독서를 주로 했다. «용학주소», «주객문답설», «진수잡저» 등의 저서가 있었으나 무오사화 때 그 부인이 태워 없앴고, 남은 글의 일부가 정구의 «문헌공실기» 속에 전할 뿐이다. 중종 때 우의정에 추증, 광해군 때 문묘에 배향되고 나주의 경현서원, 상주의 도남거원 등에 제향 되었다. 문집에 «일두유집»이 있다.

12 문회서원: «증보문헌비고»에 가정 계해년에 세웠으며 선조 병자년에 사액하였다고 되어

13 백원서원: 조선 중기 문신인 신잠이 세종대의 효자 김덕숭을 제향하기 위해 1608년 세웠던 서원이라 하는데, 본래는 사우 6간, 강당 6간, 동재와 서재 각 3간, 전사청 4간의 규모였다. 원생 25명, 집사 10명, 모속 30명, 복호 3구의 정원을 갖추었다고 한다. 1871년 서원철폐령에 의해 철폐되었으며 현재 그 위치에 사적비가 세워져 있다고 «증보문헌비고»에 씌어 있다.

14 안진: 고려 말기의 문신이다. 1318년 원나라로 가서 제과에 급제하였고, 1322년에는 진주 목사로 있으면서 촉석루를 재건하였다. 1346년 «편년강목»을 중수하였다. 원나라 과거에 응시하기 위해서는 먼저 고려에서 정동성 향시(征東省鄕試)를 치러야 하는데, 이 시험에 3명을 뽑아 이들에게 원나라 과거에 응시하는 자격을 주었다. 원나라 과거제에서는 지역의 예비시험이라 할 수 있는 향시를 거쳐 회시(會試), 전시(殿試)의 단계를 밟아야 하는데, 향시에서의 합격자 정원은 원이 지배하는 전 지역에서 300명이었고, 그 중 고려에 배당된 인원이 3명이었다. 정동성 향시의 합격이라는 것이 이미 큰 영예였다. 고려에서 3명의 향시 합격자를 원에 보내면 그 중에 겨우 1명이 합격할 정도였고, 그 합격자는 원의 관직을 받게 되는데, 고려의 관직보다 몇 단계 높은 지위가 되었다. 관직이 중요하다기보다 학자로서 최고의 영광이기도 했다. 고려인으로 원나라 과거에 급제한 사람들은 1318년부터 1357년까지 40년간 15명이었다.

15 함벽루기: 전문은 이렇다. "내가 15세부터 초가집에서 글을 읽으면서 세상을 모른 지가 10년이었다. 정사년 가을에 중국으로 과거에 응시하러 가면서 평양을 지나다가, 처음으로 영명사(永明寺)와 부벽루(浮碧樓)를 보았다. 5년 뒤에 진주 목사로 나와서 또 용두사(龍頭寺)의 장원루(壯元樓, 진석루)에 올랐다. 스스로 생각하기를, 평생에 본 바에 남북의 뛰어난 경치는 이 두 루보다 나은 것이 없으리라 하였다. 그저께 나라의 일로 인해서 강양에 가다가 도중에서 한 루를 바라보니, 처마와 기둥이 날아 춤추듯 하고 단청이 현란하여 봉(鳳)이 하늘을 나는 것 같았다. 내가 객을 돌아보며, '저 누는 어느 때에 지었는가.' 하니, 객이 답하기를, 지금 태수가 신축한 것이다.' 하였다. 나는 듣고 기뻐하여 곧 배를 띄워 강을 건넜다. 난간에 올라 사방을 바라보니, 그 강산의 형세가 거의 전일의 두 누보다 못하지 않고, 단청이 빼어난 것은 더 나은 듯하였다. 아, 이 고을이 생긴 이래로 이 강산이 있었고, 옛날 영웅호걸로 이 고을에 수령으로 온 자도 많았을 것이다. 그러나 한 사람도 푸른 석벽을 파고 맑은 흐름을 임해서 누를 지은 자는 없었다. 그런데 오직 군이 비로소 발견하였으니 이것이 어찌 하늘이 만든 것을 땅이 감추었다가 지을 사람을 보낸 것이 아닌가. 이에 잔을 들고 노래하기를, '흰 구름이 나는데 산이 푸르네. 밝은 달 돋는데 물이 출렁출렁. 노 위에서 사시로 보아도 부족하고, 아득할손 나의 회포 하늘 저쪽이네. 산이 무너지고 물이 말라도 사또의 덕은 잊을 수 없으리.' 하였다. 객이 나에게, '이 노래를 써서 이 누의 기문으로 하는 것이 마땅하다.' 하므로 나는 곧 붓을 잡아 쓰노라. 누를 짓는데 제도의 보태고 줄인 것과, 관람하는 경치의 큰 것 작은 것은, 시에 능한 자가 드러내는 것을 기다려도 또한 늦지 않다. 누를 함벽(涵碧)이라 한 이는 누구인가, 태수 자신이 이름 지은 것이다. 태수는 누구인가, 여러 대로 공신인

상락공(上洛公)의 아들 김군(金君)이다."
16 법보 사찰: 불교에는 삼보(三寶)가 있다. 부처님의 말씀을 기록한 (설)법, 승려, 부처님의 진신사리가 성보가 그것이다. 법의 대표적인 예가 해인사 장판각에 있는 대장경인데 이를 모신 사찰을 법보 사찰이라 한다. 뛰어난 승려들이 많이 모이는 사찰을 승보 사찰이라 하며 송광사가 여기에 속한다. 부처님 진신사리를 모신 사찰을 성보 사찰이라 하며 통도사가 여기에 속한다.
17 원당 사찰: 왕이나 사대부 등이 여러 가지 기원이나 사후 극락왕생을 위해 스님들에게 위탁하여 염원을 행하던 사찰.

조선 시대의 오디세이:
우암 송시열의 삶을 따라가는 여정

1 김장생: 조선 중기의 정치가·예학 사상가. 임진왜란 이후 주로 지방관을 역임하였으며, 인목대비 폐모 논의가 일어나고 북인이 득세하자 낙향하여 예학 연구와 후진 양성에 몰두하였다. 제자는 송시열 외에 서인과 노론계의 대표적 인물들이 많다.
2 송준길: 조선 중기 문신 겸 학자. 송시열 등과 함께 북벌 계획에 참여했으며 서인에 속해 분열된 서인 세력을 규합하는 데 힘썼다. 학문적으로는 송시열과 같은 경향의 성리학자로서 특히 예학에 밝았다. 이이의 학설을 지지하였으며, 문장과 글씨에도 뛰어났다.
3 윤휴: 조선 중기의 문신 겸 학자. 오가작통사목·지패법을 실시, 세법의 개혁을 시도했으나 실패하고, 문란한 군정을 바로잡기 위해 상평창·호포법을 실시하도록 하였다. 비변사를 폐지하고

체부를 신설하여 북벌에 대비하게 하였으나 결과가 나빠 모두 폐지되었다. 저서에 «독서기(讀書記)», «주례설(周禮說)», «중용대학후설(中庸大學後說)», «중용설(中庸說)» 등이 있고, 문집에 «백호집»이 있다.
4 양수삼산: '양수삼산(兩水三山)'은 세 개의 산 사이에 두 줄기의 강물이 합해지는 곳으로 불교의 이상적인 입지관을 표현한 것이다. 이것을 우리나라 승려들이, 삼각산·관악산·용문산이 있고 그 사이로 흐르는 북한강과 남한강이 양수리에서 합해지는 한강 주변이라고 풀이했을 가능성이 있다.

남명 선생이 지리산에 이르기까지:
남명 조식의 삶을 따라가는 여정

1 지엄: 호는 야로(埜老), 당호는 벽송(碧松). 부안 사람으로 속성은 여산 송씨이다. 28세에 허종(許琮)의 군대에 들어가 여진과 싸우는 데 공을 세우고 탄식하여 '심지(心地)를 닦지 못하고 싸움터에만 쫓아다니는 것은 헛된 이름뿐이다'라고 말한 후, 계룡산 와초암에 가서 조계(祖溪)에게 출가하였다. 연희(衍熙)에게 «능엄경»을 배우고, 정심(正心)에게서 전등(傳燈)의 비밀한 뜻을 연구, 지리산에 있으면서 지견이 더욱 밝아지고 계행이 청정하여 총림의 종사가 되었다. «선원집(禪源集)»과 «별행록(別行錄)»으로 초학자들을 지도하여 여실한 지견(知見)을 세우게 하고, 다음 '선요(禪要)'와 '어록(語錄)'으로 지해(知解)의 병을 제하고 활로를 열어주었다. 조선 중종 29년 제자들을 수국 앞에 모아 «법화경»을 강하다가 방편품에

이르러 "제법의 적별상 말로 선설(善設)할 수 없다"를 설명하다가 문을 닫고 고요히 죽었다. 나이 71세, 법랍 44세였다.

2   오건: 본관은 함양, 자는 자강(子强)이며 호는 덕계(德溪)다. 31세 때 남명 조식의 문하에 들어가 수학하였고 이후 퇴계 이황의 문하에서도 학문을 수학하였다. 1552년(명종 7년) 진사를 거쳐 1558년 식년문과에 급제, 1567년 정언(正言)을 거쳐 1571년(선조 4년) 이조좌랑(吏曹佐郎)으로 춘추관 기사관을 겸하고 명종실록 편찬에 참여하였다. 이듬해 사직하고 고향에 내려가 독서와 집필로 여생을 보냈다. 그의 학문은 궁리거경(窮理居敬)을 중시하였다. 학문적으로 퇴계 이황의 이기철학(理氣哲學)과 남명 조식의 경의철학(敬義哲學)을 융합한 것으로 평가된다. 저서로 «덕계문집», «정묘일기»가 있다. 산청의 서계서원에 배향되었다.

3   서계서원: 경상남도 산청군 산청읍 지리에 위치. 이 서원은 덕계 오건의 공적을 기리기 위하여 조선 선조 39년(1606)에 한강 정구 등의 사림이 창건하여 숙종 3년(1677)에 사액되었다가 1868년에 훼철되었으나 1921년에 복원되었다. 건물로는 팔작지붕의 목조와가 4간 건물인 덕양전(德陽殿), 맞배지붕의 목조와가 3간 건물인 창덕사(彰德祠), 맞배 지붕의 목조와가 3간 건물인 입덕루(入德樓), 팔작지붕 목조와가 3간 건물인 덕천재(德川齋), 동재, 서재, 맞배지붕의 목조와가 3간 건물인 고사(雇舍)가 있다. 창덕사에는 덕계 선생을 주향(主享)으로 봉안하고 수오당(守五堂) 오공(吳公) 및 용호(龍湖) 박공(朴公)을 배향하여 매년 4월 2일에 사림들이 제향을 봉향하고 있다. 건물의 배치 형태는 전형적인 서원의 배치 수법으로 솟을대문의 입덕루를 들어서면 좌우로 동재와 서재가 있고 그 뒤 중앙에 강당인 서계서원이 배치되었다. 강당의 뒤로 신성한 공간인 창덕사가 있고 덕천재와 장판각 및 비각은 축을 이루고 있다. 유물로는 덕계선생의 수필과 사호선생의 수필이 있다.

4   도천서원: 경상남도 산청군 신안면 신안리에 있는 문익점 선생의 공적을 기리기 위해 세운 사당. 충선공 문익점은 고려 때의 문신으로 우리나라에 목화를 처음으로 들여와 보급한 인물이다. 선생을 추모하기 위해서 1461년(세조 7년)에 나라에서 사당(祠堂)을 세웠으나 임진왜란으로 소실되었다가 중건되었다. 1787년(정조 11년)에는 '도천서원'이라는 사액을 받았다. 1871년(고종 8년) 흥선대원군의 서원철폐령으로 철거되었으나 18991년(고종 28년) 단성(丹城) 사림(士林)들이 노산정사(蘆山精舍)라는 이름으로 그 명맥을 유지했다. 그후 1975년 사당인 삼우사(三憂寺)를 새로 건립하고 서원으로 복원되었다. 공간 배치는 유생들이 공부하는 공간인 강당, 유생들이 기숙하는 동재·서재가 앞쪽에 있고, 제사를 지내는 공간인 삼우사가 뒤쪽에 있다.

5   정당: 왕의 문서를 만드는 일을 도맡아 하던 관리, 글을 잘 짓는 인재를 등용하던 관직.

6   강회백: 고려 말 조선 초의 문신. 밀직사판사, 이조판서, 정당문학 겸 대사헌 등을 지냈다. 조선 건국 후에는 동북면도순문사가 되었다.

학문과 이념이 지리를 만들다: 퇴계 이황과 안동

1   여기에서 좌우 개념은 오늘날 우리가 흔히

지리적 방위개념으로 쓰는 동서(東西)와는 다른 개념이다. 좌우 개념은 그 시대의 중심 인물인 임금님(한양)이 남쪽을 향해 보았을 때, 임금님의 좌측(지리적으로는 동향)과 우측(지리적으로는 서향)으로 나눈 방향 개념이다. 이런 좌우 개념은 동양의 방위 개념에서 나온 것으로, 중심과 전후좌우라는 오방(五方) 개념에서 유래한 것이다. 중심에 있는 인물이 바라보는 방향을 기준으로 그 인물의 좌우를 표현하는 방식으로 전통 건축의 평면 배치를 설명할 때의 방위 역시 이에 따른다. 사찰 건축의 경우 어떤 특정한 건축물의 입지를 설명할 때, 중심 건축물(금당)이 바라보는 방향(정면성)을 기준으로 전후좌우 어떤 방향에 배치되었는가를 설명하는 방식이 대표적인 예이다. 낙동강을 기준으로 경상좌도(慶尙左道), 경상우도(慶尙右道)로 나누는 지역 표시도 이 방식에 따른 것이다.

2 전탑: 구운 벽돌을 쌓아서 만든 탑.
3. 모전탑: 돌을 벽돌 같이 깎아서 쌓아 만든 탑.
4 영호루: 고려 충렬왕 초년(1274) 명현 김방경이 일본 원정에서 돌아오는 길에 고향인 안동에 들러 영호루에서 시를 지었다는 기록이 있다. 이로 보아 영호루의 건립은 고려 중엽 이전으로 추정된다. 고려 공민왕이 홍건적의 난을 피하여 안동에 몽진하면서 이곳에서 자주 소일하였고 환도 후 영호루라는 어필을 하사하였다. 공민왕 17년(1368) 안동 판관 신자전이 누각을 중건하고 임금이 하사한 액자에 금을 입혀 편액 하였다. 120년이 지난 선종 19년(1488), 벼락으로 인하여 손상을 입자 중수하였다. 영조 2년(1547) 7월에 홍수로 유실되어 5년 후 부사 안한중이 복원하였다. 선조 38년(1605)에 두 번째 유실되어 74년 후인 숙종 2년(1676)에 부사 맹서가 복원하였다. 영조 51년(1775) 홍수로 세 번째 유실되어 12년 후 부사 신익이 복원하였으며 정조 16년(1792) 홍수로 네 번째 유실, 4년 후 부사 이집두가 복원하였고 139년 후인 갑술년 7월에 홍수로 다섯 번째 유실되어 1970년에 김낙현 안동 시장이 재직 중 강 건너 남암현 위치로 이건하였다.

5 불천위: 국가에 큰 공을 세우고 벼슬을 하사받은 것을 기리기 위해, 국가에서 영원히 사당에 모시도록 명하는 것을 말한다.
6 절 서쪽 10리 못되는 곳,
소나무 전나무 빽빽하게 들어섰다.
산과 시내는 온갖 풍파 다 겪은 후,
쓸쓸한 옛 절만 남았구나.
선경에 구름 연기 자욱하고
음침한 골짜기에는 도깨비들 울부짖는데
문을 나와 나를 맞이하는 것은
무무(貿貿)한 중 서넛 뿐일세.
비바람에 시달리다 남은 긴 집은,
반나절이나 불에 타 없어지고
빈 뜰에 서 있는 탑 층계가 희미한데,
금부처의 빛깔 초췌하다.
7 퇴계 이황은 1561년 명종 16년에 ‹도산잡영병기(陶山雜詠幷記)›를 썼다. 그 가운데에, "영지산(靈芝山) 한 가닥이 동으로 뻗어 도산(陶山)이 되었는데…"라는 구절이 있어서 부근의 지리적인 배경을 설명한다. 건물의 당호를 완락재(玩樂齋)·암서헌(巖棲軒), 사(舍)는 시습재(時習齋)·지숙요(止宿寮)라 했고, 각각을 도산서당(陶山書堂)과 농운정사(儱雲精舍)라 했다는 기록이 있다. 이는 남송대 주희의 ‹무이산잡영병기›의 서술 형식을 착실하게 모방하여 지은 것입니다.

보론. 무이구곡을 아십니까:
우리나라 무이구곡과 원림의 역사

1 무이구곡가: 원래는〈무이도가(武夷櫂歌)〉로 명명된 것이 청계구곡(淸溪九曲)과 연관되어 〈무이구곡가〉로 통칭된 듯하다.

2 안향: 안향은 충렬왕 15년(1289) 3월에 《주자서》를 읽고, 1290년 3월 이를 필사하고 공자와 주자의 초상을 그려 고려로 돌아왔다. 1297년 12월 세자 이보(貳保)의 저택 후원에 정사(精舍)를 건립하고, 공자와 주자의 초상을 봉안하였다. 1301년 태묘리(太廟里) 저택을 국학신관(國學新館)으로 만들어서 조정에 헌납하고 양온동(良醞洞)으로 이사했다. 태묘리란 유학, 즉 주자학을 가르치는 국학이 있다 하여 붙은 지명이다. 안향은 권부·우탁·이색·이숭인·하륜·정도전 등을 길러냈고, 정몽주·길재 등 고려 말 성리학 유학자들의 연원도 이로부터 이어진다.

3 천목잔: 개성에서 출토된 이 천목잔은 길주요(吉州窯)에서 제작된 것으로 보인다. 천목잔이 제작된 것으로 보아 충렬왕 때 《주자서》만이 아니라 주자와 관련된 그림이나 판각화 같은 것들도 같이 전래되었다고 추측할 수도 있다.

4 족자의 크기는 세로 156cm, 가로 87cm, 그림 크기는 세로 123cm, 가로 73cm이다.

5 〈이중구가장무이구곡도(李仲久家藏武夷九曲圖)〉는 '가정(嘉靖) 갑자이월길(甲子二月吉)' 이라고 연대가 밝혀져 있다. 1564년 모작한 작품으로, 현재 영남대학교 박물관에 소장되어 있다.

6 장선충: 평안도 관찰사 신(紳)의 아들로, 젊어서 집안이 화를 입은 후 일찍부터 벼슬을 단념하고 장유(張維)의 문하에서 학문 연구에 전심했다. 박세채(朴世采), 민정중(閔鼎重) 등에 의해 여러 번 천거되었고, 1682년(숙종 8년) 호조 참의에까지도 천거되었으나 사양하였고, 부임한 경우에도 곧 사임했다고 한다.

7 《승정원일기》, 영조 22년 9월 2일(英祖二十二年丙寅九月望前)

8 - 第一幅: 總　圖
　- 第二幅: 第一曲圖
　- 第三幅: 第二曲圖
　- 第四幅: 第三曲圖
　- 第五幅: 第四曲圖
　- 第六幅: 第五曲圖
　- 第七幅: 第六曲圖
　- 第八幅: 第七曲圖
　- 第九幅: 第八曲圖
　- 第十幅: 第九曲圖

9 〈도산지곡일〉
其一:
이런돌 엇다ᄒ며 뎌런돌 엇다ᄒ료
草野愚生이 이러타엇다ᄒ료
ᄒ믈며 泉石膏盲울 고텨므슴ᄒ료
其二:
春風에 花滿山ᄒ고 秋夜에 月滿臺라
四時佳興ㅣ 사롬와 ᄒ가지라
ᄒ믈며 魚躍鳶飛雲影天光이 아어늬그지이슬고

〈도산지곡이(陶山之曲之二)〉
其一:
天雲臺도다드러 玩樂齋蕭洒ᄒ듸
萬券生涯로樂事窮ᄒ여라.
이듕에 往來風流를닐어므슴홀고
其二:
愚夫도 알며 ᄒ거니 긔아니 쉬운가
成人도 몯다ᄒ시니 귀아니어려운가
쉽거라 어렵거낫듕애 느러눈주를 몰래타

10 〈고산구곡가〉
    고산의 아홉 굽이 못을
    세상사람 일찌기 몰랐었네.
    땃집짓고 와서 사니,
    벗들이 모두들 모여드네.
    무이(武夷)를 상상해 보니,
    소원은 주자를 배우는 것 뿐.
    첫째 굽이 어디메뇨
    관암에 햇볕 비치는 곳.
    편편한 들판에 안개 걷히면
    먼 산이 진정 그림 같아라.
    소나무 사이에 술 항아리 두고,
    친구 오길 우두커니 기다리네.

11 노인: 본관은 함평으로, 1592년(선조 25년) 임진왜란 때 원수 권표(權慓)를 따라 진산(珍山)의 이치(梨峙), 행천(幸川), 선령(宣寧) 등지의 전투에 참가했고, 1597년 정유재란 때 포로가 되어서 일본에 잡혀갔다가 1599년 환국, 1603년 무과에 급제하고 수원, 옹진을 다스리기도 했다.

12 「무이서원시〉
    나날이 슬픈 눈물 목이 메이고
    내 고향 금리(錦里)로 꿈만 오가오
    어버이 아우 언니 어찌 되었나
    원한은 늘어가고 해만 저무오
    呑聲無日不悲啼
    歸夢長勞錦里溪
    未知骨肉誰存歿
    哀怨常增落照西